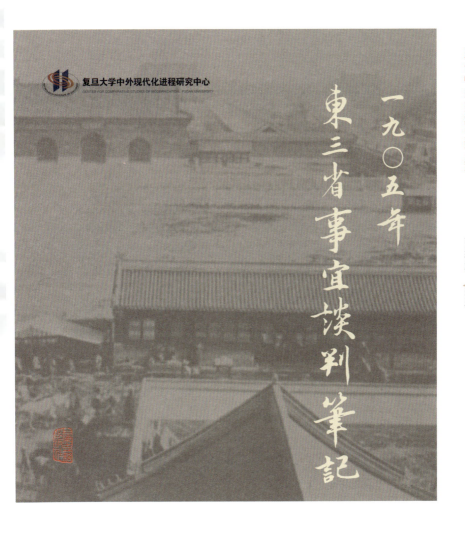

复旦大学中外现代化进程研究中心
CENTER FOR COMPARATIVE STUDIES OF MODERNIZATION, FUDAN UNIVERSITY

一九〇五年東三省事宜談判筆記

近代中外交涉史料丛刊

薛轶群　整理

近代中外交涉史料丛刊

第二辑

复旦大学中外现代化进程研究中心　主编

编委会成员（以姓氏拼音排序）

本辑执行主编：戴海斌

1905 年中日会议东三省事宜谈判官员合影
（上海图书馆藏，题记为瞿鸿禨所作）

1905 年中日会议东三省事宜谈判官员合影
（上海图书馆藏，下方列有出席官员姓名，题记为曹汝霖 1948 年冬所作）

大日本國皇帝陛下及大清國皇帝陛下ハ均シク
明治三十八年九月五日即光緒三十一年八月七
日調印セラレタル日露兩國講和條約ヨリ生ス
ル共同關係ノ事項ヲ協定セムコトヲ欲シ右ノ
目的ヲ以テ條約ヲ締結スルコトニ決シ之カ為
ニ大日本國皇帝陛下ハ特派全權大使外務大
臣從三位勲一等男爵小村壽太郎及特命全權公
使從四位勲二等内田康哉ヲ大清國皇帝陛下ハ
欽差全權大臣軍機大臣總理外務部事務和碩慶

《中日会议东三省事宜条约》正约日文版首页
（日本外务省外交史料馆藏）

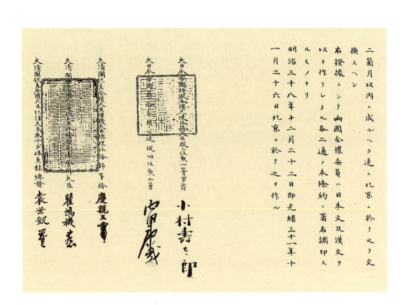

《中日会议东三省事宜条约》正约日文版尾页
（日本外务省外交史料馆藏）

总　序

　　梁启超在 20 世纪初年撰《中国史叙论》,将乾隆末年至其所处之时划为近世史,以别于上世史和中世史。此文虽以"中国史叙论"为题,但当日国人对于"史"的理解本来就具有一定的"经世"意味,故不能单纯以现代学科分类下的史学涵盖之。况且,既然时代下延到该文写作当下,则对近世史的描述恐怕也兼具"史论"和"时论"双重意义。任公笔下的近世史,虽然前后不过百来年时间,但却因内外变动甚剧,而不得不专门区分为一个时代。在梁启超看来近世之中国成为了"世界之中国",而不仅仅局限于中国、亚洲的范围,其原因乃在于这一时代是"中国民族连同全亚洲民族,与西方人交涉竞争之时代"。不过,就当日的情形而论,中国尚处于需要"保国"的困境之中,遑论与列强相争;而面对一盘散沙、逐渐沦胥的亚洲诸国,联合亦无从说起,所谓"连同"与"竞争"大抵只能算作"将来史"的一种愿景而已。由此不难看出,中国之进入近世,重中之重实为"交涉"二字。

　　"交涉"一词,古已有之,主要为两造之间产生关系之用语,用以表示牵涉、相关、联系等,继而渐有交往协商的意思。清代以前的文献记载中,鲜有以"交涉"表述两个群体之间的关系者。有清一代,形成多民族一统的大帝国,对境内不同族群、宗教和地域的治理模式更加多元。当不同治理模式下的族群产生纠纷乃至案件，或者有需要沟通处理之事宜时，公文中便会使用"交涉"字眼。比如"旗民交涉"乃是沟通满人与汉人，"蒙民交涉"或"蒙古民人交涉"乃是沟通蒙古八旗与汉人，甚至在不同省份或衙门之间协调办理相关事务时，也使用了这一词汇。乾隆中叶以降，"交涉"一词已经开始出现新的涵义，即国与国之间的协商。这样的旧瓶新酒，或许是清廷"理藩"思维的推衍与惯性使然，不过若抛开朝贡宗藩的理念，其实质与今日国际关系范畴中的外交谈判并无二致。当日与中国产生"交涉"的主要是陆上的邻国，包括此后被认为属于"西方"的沙俄，封贡而在治外的朝鲜与服叛不定的缅甸等国。从时间上来看，"交涉"涵义的外交化与《中国史叙论》中的"乾隆末年"基本相合——只是梁启超定"近世史"开端时，心中所念想必是马嘎尔尼使华事件，不过两者默契或可引人深思。

道光年间的鸦片战争，深深改变了中外格局，战后出现的通商口岸和条约体制，致使华洋杂处、中外相联之势不可逆转。故而道咸之际，与"外夷"及"夷人"的交涉开始增多。尤其在沿海的广东一地，因涉及入城问题等，"民夷交涉"蔚然成为一类事件，须由皇帝亲自过问，要求地方官根据勿失民心的原则办理。在《天津条约》规定不准使用"夷"字称呼外人之前一年，上谕中也已出现"中国与外国交涉事件"之谓，则近百年间，"交涉"之对象，由"外藩"而"外夷"，再到"外国"，其中变化自不难体悟。当然，时人的感触与后见之明毕竟不同，若说"道光洋艘征抚"带来的不过是"万年和约"心态，导致京城沦陷的"庚申之变"则带来更大的震慑与变化。列强获得直接在北京驻使的权力，负责与之对接的总理衙门成立，中外国家外交与地方洋务交涉进入常态化阶段。这是当日朝廷和官员施政新增的重要内容。因为不仅数量上"中外交涉事件甚多""各国交涉事件甚繁",而且一旦处置不当,将造成"枝节丛生,不可收拾"的局面,所以不得不"倍加慎重",且因"办理中外交涉事件,关系重大",不能"稍有漏泄",消息传递须"格外严密"。如此种种,可见从同治年间开始,"中外交涉"之称逐渐流行且常见,"中外交涉"之事亦成为清廷为政之一大重心。

在传统中国,政、学之间联系紧密,既新增"交涉"之政,则必有"交涉"之学兴。早在同治元年,冯桂芬即在为李鸿章草拟的疏奏中称,上海、广州两口岸"中外交涉事件"尤其繁多,故而可仿同文馆之例建立学堂,往后再遇交涉则可得此人才之力,于是便有广方言馆的建立。自办学堂之外,还需出国留学,马建忠在光绪初年前往法国学习,所学者却非船炮制造,而是"政治交涉之学"。他曾专门写信回国,概述其学业,即"交涉之道",以便转寄总理衙门备考。其书信所述主要内容,以今天的学科划分来看大概属于简明的国际关系史,则不能不旁涉世界历史、各国政治以及万国公法。故而西来的"交涉之学"一入中文世界,则与史学、政教及公法学牵连缠绕,不可区分。同时,马建忠表示"办交涉者"已经不是往昔与一二重臣打交道即可,而必须洞察政治气候、国民喜好、流行风尚以及矿产地利、发明创造与工商业状况,如此则交涉一道似无所不包,涵纳了当日语境下西学西情几乎所有内容。

甲午一战后,朝野由挫败带来的反思,汇成一场轰轰烈烈的变法运动,西学西政潮水般涌入读书人的视野。其中所包含的交涉之学也从总署星使、疆臣关道处的职责攸关,下移为普通士子们学习议论的内容。马关条约次年,署理两江的张之洞即提出在南京设立储才学堂,学堂专业分为交涉、农政、工艺、商务四大类,其中交涉类下又有律例、赋税、舆图、翻书(译书)之课程。在张之洞的设计之中,交涉之学专为一大类,其所涵之广远远超过单纯的外交领域。戊戌年,甚至有人提议,在各省通商口岸无论城乡各处,应一律建立专门的"交涉学堂"。入学后,学生所习之书为公法、约章和各国法律,接受交涉学的基础教育,学成后再进入省会学堂进修,以期能在相关领域有所展布。

甲午、戊戌之间,内地省份湖南成为维新变法运动的一个中心,实因官员与士绅的协力。盐法道黄遵宪曾经两次随使出洋,他主持制定了《改定课吏馆章程》,为这一负责教育候补官员和监督实缺署理官员自学的机构,设置了六门课程:学校、农工、工程、刑名、缉捕、交涉。交涉一类包括通商、游历、传教一切保护之法。虽然黄遵宪自己表示"明交涉"的主要用意在防止引发地方外交争端,避免巨额赔款,但从课程的设置上来看包含了商务等端,实际上也说明即便是内陆,交涉也被认为是地方急务。新设立的时务学堂由梁启超等人制定章程,课程中有公法一门,此处显然有立《春秋》为万世公法之意。公法门下包括交涉一类,所列书目不仅有《各国交涉公法论》,还有《左氏春秋》等,欲将中西交涉学、术汇通的意图甚为明显。与康梁的经学理念略有不同,唐才常认为没必要因尊《公羊》而以《左传》为刘歆伪作,可将两书分别视为交涉门类中的"公法家言"和"条例约章",形同纲目。他专门撰写了《交涉甄微》一文,一则"以公法通《春秋》",此与康梁的汇通努力一致;另外则是大力鼓吹交涉为当今必须深谙之道,否则国、民利权将丧失殆尽。在唐才常等人创办的《湘学报》上,共分六个栏目,"交涉之学"即其一,乃为"述陈一切律例、公法、条约、章程,与夫使臣应付之道若何,间附译学,以明交涉之要"。

中国传统学问依托于书籍,近代以来西学的传入亦延续了这一方式，西学书目往往又是新学门径之书。在以新学或东西学为名的书目中，都有"交涉"的一席之地。比如《增版东西学书录》和《译书经眼录》，都设"交涉"门类。两书相似之处在于将"交涉"分为了广义和狭义两个概念，广义者为此一门类总名，其下皆以"首公法、次交涉、次案牍"的顺序展开，由总体而个例，首先是国际法相关内容，其次即狭义交涉，则为两国交往的一些规则惯例，再次是一些具体个案。

除"中外交涉"事宜和"交涉之学"外，还有一个表述值得注意，即关于时间的"中外交涉以来"。这一表述从字面意思上看相对较为模糊，究竟是哪个时间点以来，无人有非常明确的定义。曾国藩曾在处理天津教案时上奏称"中外交涉以来二十余年"，这是以道光末年计。中法战争时，龙湛霖也提及"中外交涉以来二十余年"，又大概是指自总理衙门成立始。薛福成曾以叶名琛被掳为"中外交涉以来一大案"，时间上便早于第二次鸦片战争。世纪之交的1899年，《申报》上曾有文章开篇即言"中外交涉以来五十余年"，则又与曾国藩所述比较接近。以上还是有一定年份指示的，其他但言"中外交涉以来"者更不计其数。不过尽管字面上比较模糊，但这恰恰可能说明"中外交涉以来"作为一个巨变或者引出议论的时间点，大约是时人共同的认识。即道咸年间，两次鸦片战争及其后的条约框架，使得中国进入了一个不得不面对"中外交涉"的时代。

"交涉"既然作为一个时代的特征，且历史上"中外交涉"事务和"交涉"学又如上所述涵纳甚广，则可以想见其留下的相关资料亦并不在少数。对相关资料进行编撰和整理的工作，其实自同治年间即以"筹办夷务"的名义开始。当然《筹办夷务始末》的主要编撰意图在于整理陈案，对下一步外交活动有所借鉴。进入民国后,王彦威父子所编的《清季外交史料》则以"史料"为题名,不再完全立足于"经世"。此外,出使游记、外交案牍等内容,虽未必独立名目,也在各种丛书类书中出现。近数十年来,以《清代外务部中外关系档案史料丛编》、《民国时期外交史料汇编》、《走向世界丛书》(正续编)以及台湾近史所编《教务教案档》、《四国新档》等大量相关主题影印或整理的丛书面世,极大丰富了人们对近代中外交涉历史的了解。不过,需要认识到的是,限于体裁、内容等因,往往有遗珠之憾,很多重要的稿钞、刻印本,仍深藏于各地档案馆、图书馆乃至民间,且有不少大部头影印丛书又让人无处寻觅或望而生畏,继续推进近代中外交涉相关资料的整理、研究工作实在是有必要的,这也是《近代中外交涉史料丛刊》的意义所在。

这套《丛刊》的动议,是在六七年前,由我们一些相关领域的年轻学者发起的,经过对资料的爬梳,拟定了一份大体计划和目录。复旦大学中外现代化进程研究中心的章清教授非常支持和鼓励此事,并决定由中心牵头、出资,来完成这一计划。以此为契机,2016年在复旦大学召开了"近代中国的旅行写作、空间生产与知识转型"学术研讨会,2017 年在四川师范大学举办了"绝域轺轩:近代中外交涉与交流"学术研讨会,进一步讨论了相关问题。上海古籍出版社将《丛刊》纳入出版计划,胡文波、乔颖丛、吕瑞锋等编辑同仁为此做了大量的工作。2020 年 7 月,《近代中外交涉史料丛刊》第一辑十种顺利刊行,荣获第二十三届华东地区古籍优秀图书一等奖。《丛刊》发起参与的整理者多为国内外活跃在研究第一线的高校青年学者,大家都认为应该本着整理一本,深入研究一本的态度,在工作特色上表现为整理与研究相结合,每一种资料均附有问题意识明确、论述严谨的研究性导言,这也成为《丛刊》的一大特色。

2021 年 11 月、2024 年 6 月，由复旦大学中外现代化进程研究中心与复旦大学历史学系联合举办的"钩沉与拓展：近代中外交涉史料丛刊"学术工作坊、"出使专对：近代中外关系与交涉文书"学术工作坊相继召开，在拓展和推进近代中外关系史研究议题的同时，也进一步扩大充实了《丛刊》整体团队，有力推动了后续各辑的筹备工作。《丛刊》计划以十种左右为一辑，陆续推出，我们相信这将是一个长期而有意义的历程。

这一工作也是国家社科基金重大项目《晚清外交文书研究》（23&ZD247）、教育部人文社科重点基地重大项目《全球性与本土性的互动：近代中国与世界》（22JJD770024）的阶段性成果。

整理凡例

一、本《丛刊》将稿、钞、刻、印各本整理为简体横排印本,以方便阅读。

二、将繁体字改为规范汉字,除人名或其他需要保留之专有名词外,异体、避讳等字径改为通行字。

三、原则上保持文字原貌,尽量不作更改,对明显讹误加以修改,以〔 〕表示增字,以( )表示改字,以□表示阙字及不能辨认之字。

四、本《丛刊》整理按照国家标准标点符号用法,进行标点。

五、本《丛刊》收书类型丰富,种类差异较大,如有特殊情况,由该书整理者在前言中加以说明。

目　录

前　言

　　1904—1905 年发生在中国东北地区的日俄战争,也有"第零次世界大战"之称,尽管清政府在这场战争中宣布"局外中立",但这场 20 世纪初的大战,无论是对中国的国内政治形势,还是对中、日、俄三国关系及列强在东亚的关系演变等国际层面,都产生了极为深远的影响。在美国总统西奥多·罗斯福的调停下,1905 年 9 月 5 日,日本与俄国签订《朴茨茅斯和约》,规定俄国享有的辽东半岛的租借权、长春至大连的铁路及相关特权均转让给日本,但须取得清政府同意。1905 年 11 月,日本全权大臣特派全权大使外相小村寿太郎、特派全权公使内田康哉与中国全权大臣军机大臣庆亲王奕劻、军机大臣外务部尚书瞿鸿禨、北洋大臣直隶总督袁世凯在北京举行会谈,最终签订《中日会议东三省事宜条约》正约三款及附约十二款,日本自俄国继承的权益正式得到清政府承认。本书是对日本所藏此次谈判完整记录进行整理与翻译后的成果。

　　关于此次中日谈判的过程,日本外务省编纂的《日本外交文书》第 38 卷内辑有《満洲ニ関スル日清交渉談判筆記》(《关于东三省事宜的中日交涉谈判笔记》),完整记录了双方的会谈情形,其底本则是日本外务省外交史料馆所藏档案。① 此外,作为会议纪要,分别存有日文版的《満洲ニ関スル日清交渉会議録》与中文版的《中日全权大臣会议东三省事宜节录》。前者同样收录于《日本外交文书》第 38 卷,后者由王彦威、王亮父子整理,并收录于 1930 年代出版的《清季外交史料》。② 中文版的节录载有每次会谈的概要及双方讨论修改的条约草案,故受到国内学界的较多重视。但日文版谈判笔记完整记录了二十一次谈判的全过程,③不仅包括双方全权大臣的详尽发言,甚至还记录了相关人员的神情举止。据参加会谈的署理外务部右丞邹嘉来记载,会谈时其与杨士琦负责记录中文笔记,金邦平记录日文笔记,④但这两份笔记的所在目前已不可考。因此,从资料的完整性而言,日文版谈判笔记无疑具有重要的史料价值。本书整理版本即是依据收录于《日本外交文书》第 38 卷的《満洲ニ関スル日清交渉談判筆記》,并参照档案底本及中、日文版会议节录,对日文原文进行断句标点后进行全文翻译,同时对日文资料及《清季外交史料》中的若干舛误进行了更正,并在脚注中对相关人物、事件加以简要说明。附录一、二的中文版条约、会议节录依据的是外交史料

---

① 外务省编纂:《日本外交文书》第 38 卷第 1 册,東京:日本国际连合协会,1958 年,第 202—383 页。外务省外交史料馆所藏档案记录为:戦前期外務省記録 2.1.1《満州ニ関スル日清交渉談判筆記》,亚洲历史资料中心(https://www.jacar.go.jp/)上该文件的典藏号为:B06150027000。

② 外务省编纂:《日本外交文书》第 38 卷第 1 册,第 164—202 页。王彦威、王亮编,王敬立校:《清季外交史料》卷 193—卷 194,北平:外交史料编纂处,1932—1935 年。日本此后曾将会议录与谈判笔记合编为一册,作为日俄议和的相关史料出版。见明治期外交资料研究会编:《満洲ニ関スル日清交渉会議録 満洲ニ関スル日清交渉談判筆記》,《日露講和関係調書集》第 9 卷,東京:クレス出版,1995 年。

③ 1905 年 12 月 22 日第二十二次会议为中日全权大臣签约仪式,谈判笔记未载。

④ 邹嘉来著,近代史研究所史料学研究室、郭黎鹏整理:《仪若日记(二)》(光绪三十一年十月二十一日),中国社会科学院近代史研究所《近代史资料》编辑部编:《近代史资料》第 146 号,2022 年 10 月,第 153 页。

编纂处出版的《清季外交史料》，附录三为 1932 年 1 月 14 日日本
外务省公布之《秘密协定书》日、中、英文版，依据的底本为外务省
外交史料馆所藏调查书《满洲事变及上海事变相关公开文件集》
中辑录的 1905 年北京会议文件。①

　　以下，整理者在简要回顾相关研究史的基础上，拟就中日会议
东三省事宜谈判的背景、内容、焦点、影响等作一介绍，以期为读者
把握全貌提供些许参考。

　　关于 1905 年中日会议东三省事宜，吕思勉认为附约中的条款
皆超出《朴茨茅斯条约》的规定，批评清政府全盘接受日本的要
求，丧失诸多利权。② 王芸生主要利用会议节录以专章论述北京
会谈的经过，也认为日本不仅继承了俄国的地位，还攫得许多额外
利益。③ 随着外交档案的不断公开，陆续有学者从谈判的准备过
程、策略、影响分析谈判的成效，肯定中方谈判主要人物袁世凯的
外交努力，认为其挽回了部分利权。④ 近年来，王刚关注 1900—
1905 年间俄国出兵东北、战时日本侵犯主权利益、战后围绕东三
省善后事宜等各个时期中日的多重交涉，尤其运用中、日文资料详
细论述了 1905 年北京会谈的过程和影响。⑤ 李皓分析了从战事爆
发到日俄议和期间清政府内部对战争善后筹议过程，认为这些讨

---

① 《满洲ニ関スル日清条约附属取極》（1932 年 1 月 14 日発表），外务省情报部：《满洲
　 事变及上海事件関係公表集》，1934 年，第 103—116 頁。亚洲历史资料中心
　 （JACAR）上该文件的典藏号为：B02130940200。
② 吕思勉：《日俄战争》，上海：商务印书馆，1928 年，第 103 页。
③ 王芸生：《六十年来中国与日本》卷 4，天津：大公报社，1932 年，第 251—344 页。
④ 李恩涵：《唐绍仪与晚清外交》，《中央研究院近代史研究所集刊》第 4 期（上），
　 1973 年 5 月，第 86 页。张华腾：《袁世凯对东北问题的关注与东三省改制》，《中国
　 边疆史地研究》2010 年第 2 期。吕慎华：《清季袁世凯外交策略研究》，新北：花木
　 兰文化出版社，2011 年，第 275 页。
⑤ 王刚：《清末中日关系研究：以日俄战争时期的中日交涉为中心》，北京：知识产权
　 出版社，2016 年。

论为应对战局发展和处理善后事务提供了重要参考,基本确定了战争善后的总体框架。①

对 1905 年北京会议的认识与评价的变化,部分原因是中日双方在谈判期间采取严格保密措施,对谈判内容秘而不宣。尽管坊间猜测纷纷,但会议形成的节录长期未予公开,导致外界无从得知谈判详情。实际上,1905 年 6 月传出日俄即将议和的消息后,清政府即要求各衙门官员密奏因应之策及将来东三省善后办法。为准备与日本的谈判,新任盛京将军赵尔巽还草拟有关收回主权的 18 条建议,同时派委员进京面呈议约大臣等枢要,为中方的主张提供了重要的事实依据。②

自 11 月 17 日开议以来,庆亲王奕劻因病只出席了第一次、第十六次、第十七次、第十八次、第二十二次会谈,除去首尾两次礼节性的仪式外,实际只参加了三次会谈。从谈判笔记可知,中方主要的发言者为袁世凯。另据邹嘉来日记载,在收到日方的大纲十一款后,袁世凯亲自起草了中方修正案,经与庆亲王、瞿鸿禨商定后再与日方续议。③ 因此,袁世凯可视为实质的交涉负责人。第一次会议伊始,双方即约定所有事宜应严守秘密。会议期间袁世凯严密控制相关人员的出入,监视信函的往来,并对有关东三省问题的新闻电报实行审查,内外都处于戒备森严的状态。④ 为免日、英

① 李皓:《被"局外中立"遮蔽的历史:清政府日俄战争善后筹议》,《安徽史学》2021 年第 2 期。
② 王刚:《清末中日关系研究:以日俄战争时期的中日交涉为中心》,第 137—142 页。李皓:《赵尔巽与清末奉天政局(1905—1907)》,北京:中华书局,2019 年,第 244—246 页。
③ 邹嘉来著,近代史研究所史料学研究室、郭黎鹏整理:《仪若日记(二)》,《近代史资料》第 146 号,2022 年 10 月,第 153 页。
④ 《清国政府の検閲》,《東京朝日新聞・朝刊》1905 年 12 月 1 日第 2 頁;《北京会議(四)秘密の保たるる所以》,《東京朝日新聞・朝刊》1905 年 12 月 6 日第 4 頁;《袁の電報検閲》,《東京朝日新聞・朝刊》1905 年 12 月 13 日第 3 頁;《北京会議 始終秘密中止論》,《東京朝日新聞・朝刊》1905 年 12 月 31 日第 2 頁;《停止检查满约电信事》,《申报》1905 年 12 月 5 日第 2 版。

等国通讯员擅发新闻电报影响谈判进程,袁世凯还向日方寻求协助,要求日本公使馆审查日文电报的拍发(详见第七次正式会议谈判笔记)。正是在相关信息受到严格管控的影响下,中国舆论界的态度从前期担忧主权将失,转变为后期对谈判和平公正的乐观,并未充分认识到条约对中国东北主权的侵害。① 会议结束后,虽然唐绍仪将此次会谈的特征概括为"三密——亲密、详密、秘密",②但从日本报纸的报道来看,谈判的进展缓慢超出了日方的预期,日方难掩焦虑之情,一时坊间甚至传言会谈或将不欢而散。③

翻查谈判笔记,可知会议进程大体可分为两个阶段,第一个阶段为 11 月 17 日第一次会议至 11 月 29 日第七次会议,双方就日本提出的大纲十一款展开讨论,除撤兵、铁路经营权等问题外大致达成协议。第二个阶段自 11 月 30 日第八次会议开始讨论中方的补充条款八款及日方的补充条款六款,直至 12 月 18 日第二十次会议议定所有问题(12 月 19 日第二十一次会议商议条约表述及条款顺序,12 月 22 日第二十二次会议正式签约)。其中,日本报纸披露的谈判陷入停滞时期多在进入第二阶段之后,双方主要围绕撤兵、护路兵及铁路等问题展开了激烈的争论。

---

① 曹庆琳:《中国舆论界对 1905 年〈中日会议东三省事宜条约〉谈判的反应》,《中国边疆学》第 18 辑,2024 年 4 月。
② 外务省编:《小村外交史(下)》,东京:新闻月鑑社,1953 年,第 227 页。
③ 《長時間の談判(行悩みの情形あり)》,《東京朝日新聞・朝刊》1905 年 12 月 11 日第 3 頁;《北京会議 所謂行悩の疎通》,《東京朝日新聞・朝刊》1905 年 12 月 13 日第 3 頁;《北京会議中止論》,《東京朝日新聞・朝刊》1905 年 12 月 16 日第 3 頁;《北京会議 交渉進捗と休会》,《東京朝日新聞・朝刊》1905 年 12 月 19 日第 5 頁;《北京会議 嚮後の豫想如何》,《東京朝日新聞・朝刊》1905 年 12 月 24 日第 4 頁;《同上 依然不得要領》,《東京朝日新聞・朝刊》1905 年 12 月 26 日第 4 頁。

（一）关于撤兵与护路兵问题

中方于 11 月 23 日第二次会议时提出补充条款八款,其中第一款即言明"中国政府为维持东方永远和平起见,应请日本国政府将现驻军队从速撤退,自日俄定约之日起除旅大借界外,按十二个月内一律全撤。至保护铁路兵队,应由中国政府查照中俄两次条约中国承认保护之责,并保护该铁路职事各人。所用兵队由中国政府特选精锐,分段驻扎巡护,按每华里驻兵五名,以期周密"。可知撤兵与护路兵两项是清政府最为重视的问题。

因俄国趁庚子事变出兵东北后并未依约撤兵,《朴茨茅斯和约》虽规定日俄两国于十八个月内完成撤兵,但日俄大军驻留东北始终充满未知因素,因此清政府希望将撤兵期限尽量缩短至一年内,力图在取得日本的同意后再与俄国商议。小村则认为问题的关键在于俄国是否能切实履约如期撤兵,且日俄议和时已限定以十八个月为期,如中国先取得俄国同意,日本可相应就此协商。至于外国设护路兵事宜,袁世凯指出并无条约依据,应由中国自行保护,且日本方案中未提及撤去护路兵期限。但小村辩称日俄和约规定铁路沿线每公里驻兵十五人,碍难更改,而日本无意永久驻留,待中国可在东三省确保外国人生命财产安全时,愿与俄国同时撤去护路兵,坚持此事应与撤兵问题采取同一处置方法(详见第八次正式会议谈判笔记)。之后,袁世凯又拟定新提案,重申东三省铁路应由中国自行设法保护,日本护路兵未得中国允许应一概撤去,同时作出一定让步,同意日本可暂留专为保护南满铁路的巡捕队若干名,但不得干涉中国地方行政权,也不可擅出铁路界限,且最迟须在日本撤兵后十二个月内撤走。此外,袁世凯还强调十八个月的撤兵期限太过缓慢,要求日本尽速撤兵,并将与俄国商议缩短期限事项写入会议节录(详见第十三次正式会议谈判笔记)。

由于中方态度坚决,小村拟以全权之责,提议以吉长(吉林省城至长春段)铁路、新奉(新民屯至奉天段)铁路的经营权交换护路兵条款,承诺日俄两国军队撤退后,如俄国同意撤去护路兵,日本也将同时撤退(详见第十五次正式会议谈判笔记)。中方认为日本的提案未明确撤去护路兵期限,无法照允。双方一度僵持之后,中方再次让步,提出将护路兵撤退条件写入条约,并将限制护路兵条款存入会议节录。同时袁世凯坚持将中国认为护路兵问题仍未完全解决,保留抗议之意列入会议节录内,而在小村要求下,袁世凯最终同意删去抗议字样得以定案。中方尽管同意护路兵暂时驻留东三省,但也取得艰难进展,如列明撤退条件为俄国允撤,或中俄拟妥办法,或中国可切实保护东三省外国人安全之时;且限制护路兵在未撤之前不可干扰地方行政,也不可擅出铁路界限之外(详见第十七、十八、十九次正式会议谈判笔记)。至于撤兵期限问题,因此事牵涉俄国,日本为免贻有变更日俄和约的口实,推托无法单方面承诺,中国终未能实现既定目标。

(二)关于安奉、新奉、吉长铁路问题

铁路问题是中日谈判过程的另一个焦点所在,日本在第一次会议提交的大纲第七款要求,"中国政府允将由安东县至奉天省城以及由奉天省城至新民屯所筑造之铁路,仍由日本国政府接续经营。由长春至旅顺口之铁路将来展造至吉林省城一事,中国政府应不驳阻"。其中,安奉铁路为战时日本为从朝鲜调运军队和物资私自敷设的军用窄轨铁路;新奉铁路同样是战时日本私自敷设的军用短途铁路,但为人力推车;吉长铁路则是尚未敷设的铁路。日本旨在通过谈判将战时非法攫取的利益正当化,借此进一步染指中国铁路沿线的权益。中国在第二次会议时对此提出修改意见:安奉铁路须于五年之内拆除,或由中国出价买回,在此期间专门用于运送各国工商贸易货物,也可运送中国官商货物及士兵、军需物资;新奉铁路由中国赎买改建,其余各处军用铁路一律拆除;吉长铁路由中国筹款自造,资金可向日本贷借,其他南满铁路支线应予拆除。

双方自第四次会议起正式商议铁路问题,小村认为安奉、新奉铁路在日本的东三省防御体系中作用极为关键,希望比照南满铁路,由日本经营管理。袁世凯指出东三省为中国领土,日军敷设两铁路时未与中国商议,自有权要求日本拆除。如俄国将来在其势力范围内采取同样举动,中、日均无法拒绝,因此应按中国的方案办理,但经营年限满期后可以酌情展延。双方围绕主权及军事问题,就安奉铁路的经营年限、改良方式、改良期限等反复辩驳。为打开僵局,袁世凯提出两个新方案:其一,铁路改良期限设为二年,改良办法由中日派员商定,日本经营期限自改良竣工之日起,以十五年为限,期满后中国出价买回,中国货物由该路转运,按照山海关内外铁路章程给价,运送中国士兵、饷械可按照东省铁路章程办理;其二,中日合办安奉铁路公司,将现有铁路售予该公司,经营期限定为二十五年,期满后中国出价买回。小村倾向接受第一个方案,双方又就改良期限的计算方式、改良办法等展开商议才达成一致(详见第四、五、六次正式会议谈判笔记)。

关于新奉铁路,中国指出 1898 年借英款修建关内外铁路时,已订明不许他国敷设支线,且新民屯位于辽西中立地区,须由中国自行敷设。小村遂提出折衷办法：新奉铁路以辽河为界，奉天至辽河段由日本经营，辽河至新民屯段由中国经营，横跨辽河的铁桥由双方合资修建。但袁世凯以英国有优先承办关内外铁路支线权利，及奉天为清帝陵寝所在，北京至奉天的铁路必须由中国自造为由拒绝了该项提议（详见第六、七次正式会议谈判笔记）。

吉长铁路方面，小村表示日俄议和时日本以放弃长春至哈尔滨铁路的权利换得该铁路的敷设权，实将其视为南满铁路的延长线，希望按照安奉铁路办法一律办理。袁世凯则声称清政府已两度下旨由中国自行敷设该铁路，惟需借款时可先向日本商借（详见第七次正式会议谈判笔记）。

由于双方的立场存在明显分歧，进入第二个阶段后，为获取新奉、吉长铁路的经营权，日本调整了策略。小村在第十五次会议上提交新方案，表示吉长铁路所有权归属中国，但敷设及经营权，交由南满铁路公司办理；新奉铁路辽河以东路段比照安奉铁路办法办理，辽河搭桥事宜由中日合办。同时声明一旦中国接受此方案，作为交换条件，日本可承诺日俄两国撤兵后，如俄国同意撤去护路兵，日本也将同时撤退，此外也将撤回渔业权的要求。但袁世凯始终坚持吉长铁路应由中国自行筹款建造，款项不足部分可借用日款，不超过工程总费用的半数。双方就聘用日本工程师、具体借款办法等多次商议后，才基本达成一致（详见第十五、十六、十七、十八、十九次正式会议谈判笔记）。

至于新奉铁路，中方不同意小村的提议，只是允以辽河以东路段可聘用两名日本人协助经理。而日方始终坚持比照吉长铁路办法办理，如中国不允则搁置另议（详见第十六、十九次正式会议谈判笔记）。最后，袁世凯予以一定让步，在提出的新方案中保留中国赎买改造的条款,同意辽河以东线路的建造款项向日本贷借半数,偿还期限为十八年,借款办法比照山海关内外铁路借款合同拟定,其余军用路轨一律拆除,同时要求日本交还占取的新奉间电信线。小村也不再坚持,只是提出其他军用路轨于撤兵时必然拆除,无需特别订明,而电信线事宜日前已商定将来随时协商,不必再列入会议节录。袁世凯坚持将军用铁路问题列入节录,但在得到小村回国后当从速催办电信线相关交涉的承诺后,同意删去相关条文(详见第二十次正式会议谈判笔记)。至此,铁路问题的交涉大体尘埃落定。

自 11 月 17 日双方开议,至 12 月 22 日正式签订《中日会议东三省事宜条约》,中日在 36 日内举行了 22 次正式会谈,且谈判时长多为两至三个小时,讨论最激烈的第五次则近五个小时。相较于日俄朴茨茅斯和谈在 27 日内举行了 10 次正式会谈,强度之大、交涉进展之困难可想而知。袁世凯虽然在会谈期间抱病在身,[1] 但每次会议都长时间与日方争论条款细则,最终迫使日本作出让步,一定程度上挫败了日方欲在"南满"大幅扩张权益的企图。[2] 除上述撤兵、护路兵及铁路问题外,中日还就恢复东三省行政、设

---

[1] 据为袁世凯诊治的日本医生透露,袁在天津时已有感冒症状,进京后一度暂有好转,但因政务繁忙而致失眠。由于医生叮嘱须专心静养,故有数次不得已临时通知日方休会。见《小村全権大使ヨリ桂臨時兼任外務大臣宛(電報)》1905 年 12 月 6 日,外务省编纂:《日本外交文書》第 38 卷第 1 册,第 136 頁;《袁世凱の病気》,《読売新聞》1905 年 12 月 10 日;《北京会議 又復た休会》,《東京朝日新聞・朝刊》1905 年 12 月 20 日第 4 頁。

[2] 据参加会谈的曹汝霖回忆,谈判结束后的欢送宴会上小村曾向其吐露:"此次我抱有绝大希望而来,故会议时竭力让步,我以为袁宫保必有远大见识眼光,对于中日会议后,本想与他作进一步讨论两国联合对抗俄国之事,不意袁宫保过于保守,会谈时咬文嚼字,斤斤计较,徒费光阴。"这从侧面反映了袁世凯坚持维护主权,甚至令谈判对手小村也感到难缠。见曹汝霖:《一生之回忆》,北京:中国大百科全书出版社,2009 年,第 49—50 页。

立通商口岸、东三省林木采伐权、内河行船权、渔业权、奉天省附属铁路矿产等诸多问题进行了商议。虽然在直接关系主权的撤兵、护路兵问题上收效甚微，但在铁路问题方面对日本的无理要求进行了较大程度的抵制。至于其他由俄国转让给日本的权益，日本最初拒绝按照中国拟增的九项补充条款商议细目，但在袁世凯的争取下，其提出的日本须遵照中俄借地、造路原约，遇事随时与中国妥商厘定的条款得以列入正约，对日本恣意解释继承权利进行了限制。考诸谈判笔记中所载双方活动及最终签订的正约、附约及会议节录，当可对具体条款的形成过程有一深入认识。

然而，就《中日会议东三省事宜条约》的影响而言，围绕最终形成的会议节录，之后相继衍生出所谓"满铁"平行线问题及新法（新民屯至法库门段）铁路、大石桥支线、抚顺烟台煤矿、安奉铁路沿线煤矿、京奉铁路延长线等东三省"五悬案"的交涉，以及"二十一条"要求中的"南满洲"各矿开采权、吉长铁路经营权等问题，意义可谓十分重大。

1932年1月14日，日本外务省公布所谓《秘密协定书》（详见附录三），其内容即为会议节录存记条文中的十六款条文。[1] 此举

---

[1] 日本公布的版本删去了会议节录内第十五款"日本国所留长春至旅大借地界内之护路兵队，虽已载在本约条款，但中国视为尚未完备，应将此意在会议节录内声明"一文，且日方版本的具体条款排列顺序与中方版本有所不同。见《23. 满洲ニ関スル日清条约附属取極》，亚洲历史资料中心（JACAR），典藏号：B02130940200，《满洲事变及上海事件関系公表集》（情—96），外务省外交史料館。此外，有关吉长铁路的条款内，日本公布的版本比《清季外交史料》中所载多出一段"中国政府在吉林地方准与别国人造路之权利，或与别国人合办造路，断无其事"。第十九次会议中日协商吉长铁路事宜时，小村曾提出希望在会议节录内附加"中国政府特自声明：在吉林省城一带地方不将筑造铁路之权允许他国人，并不与他国人合办筑造铁路"，袁世凯表示如此则意味主权受人所制，只同意将中国断无其事之意在会议节录内载明。从谈判笔记及下文小村在枢密院审议时所作说明来看，吉林地方不许他国造路，也不与他国合办铁路应也是双方达成的共识。

是为应对"九一八事变"后国联调查团所作的资料准备工作,旨在强调中国不守信诺,将中日争端的起因归咎于中国,该协定书后由外相芳泽谦吉提交给国联调查团。① 与此同时,担任国联代表团中方顾问的顾维钧也召集众多研究中日关系和东北问题的专家,编制说帖以备国联调查团参考。4 月 27 日,南京国民政府向国联代表团提交《关于平行线问题及所谓一九零五年议定书之说帖》,指出日本所谓《秘密协定书》只是自每次会议所载的临时谅解任意摘出,1905 年北京会议签订的正约及附约内并未提及平行线问题,也无条文赋予日本阻止中国在东北建筑铁路的权利,因此该《秘密协定书》并无法律意义及效力。② 王芸生也附以专论《辟所谓〈秘密协定书〉》,从外交惯例和法理层面阐述会议节录并无法律效力,并比照日俄朴茨茅斯会议录,认为两者形式与性质完全相同,驳斥了日方的主张。③ 以下就谈判当时中日双方的主要认知作一简要考察。

首次会谈中,为记录会议纲领,中日双方决定每次用中、日文存记会议节录,并由两国全权委员署名,会议之事严守秘密。第二次会议时,小村提出不便公开事宜可作便宜处理,也可列入会议节录,袁世凯表示了同意。然而第十二次会议再次讨论日本议和大纲第一、第二款东三省内政改革事宜时,中方认为此两款有损中国主权,且有他国在各自势力范围内援引此例之虞,拒绝列入条约之

---

① 武向平:《满铁与国联调查团研究》,北京:社会科学文献出版社,2015 年版,第 100—101、108—109 页。

② 顾维钧编:《参与国际联合会调查委员会中国代表处说帖》,沈云龙主编:《近代中国史料丛刊续编》第 49 辑,台北:文海出版社,1974 年,第 28—31 页。宋书强:《为中国发声:南京国民政府致国联调查团说帖研究》,《日本侵华南京大屠杀研究》2023 年第 1 期。

③ 王芸生:《六十年来中国与日本》卷 4,第 345—354 页。

中。小村提议可将其两款合并为一项声明存记会议节录内,袁世凯与其反复磋商文案表述时,曾言及"条约自当公布,会议节录虽为秘密记录,但将来与条约一同保存,具有同等效力,惟如密约性质"。第十八次会议伊始,中方欲将吉长铁路自行筹款筑造的修正案写入会议节录时,庆亲王曾发言称"会议节录应与条约有同等效力",可知当时的中方全权大臣均认为会议节录与条约具有同样的约束力。

另一方面,日方全权大臣小村寿太郎回国后,为履行条约批准手续于 1906 年 1 月 6 日接受枢密院审议时曾作如下说明:"新奉铁路虽于条约内未有载明,实则名义上由中国政府敷设,日本掌握实权,此乃会议节录承认之密约。吉长铁路亦如上述由中国政府敷设,实权操诸我手,此亦作为密约载明于会议节录。与其他铁路相关者亦有两个密约,其一为中国在吉林地方不允许日本以外的外国或外国人敷设铁路,亦不与日本以外的外国或外国人合办敷设铁路;其二为不敷设与旅顺长春段铁路的平行干线,也不敷设有损南满铁路利益的支线。"①当日明治天皇出席枢密院会议,听取小村说明后,议长山县有朋宣布表决,全场一致通过批准该条约。由此可知,日方全权大臣也有类似的认识,并在政府高层范围内形成共识。

须注意的是,会议节录的内容并不能单独脱离《中日会议东三省事宜条约》正约、附约,其条款正是对条约的解释补充,及对条约内未涉及问题的初步谅解,这三部分内容构成了北京会议

---

① 《枢密院会议笔記 満洲二関スル日清条約》,亚洲历史资料中心(JACAR),典藏号:A03033544200,《満洲二関スル日清条約御批准ノ件・会議筆記》,1906 年 1 月 6 日,国立公文書館。

所涉议题的各个方面。综观谈判笔记中双方具体讨论的记载，可知对会议节录内容的斟酌并不亚于对条约条款的重视，如若相关条文对双方不具有约束力，显然无法回答一个疑问，即两国全权大臣为何要就此费尽精力反复辩驳。然而，会议节录的部分内容只涉及重要问题的原则依据，如何就具体问题进行沟通、制定解决办法仍有待中日之间的进一步协商。如日本屡次提及的"满铁"平行线问题，袁世凯在第十一次会议讨论时曾强调中国作为地主，自有敷设铁路之权，即便节录第八款列明"中国政府在未收回南满铁路之前，于该路附近不筑并行干路及有损于该路利益之枝路"，但有关"附近"的具体距离、"并行"的定义、"干路、支路"的解释等双方并未形成统一的结论，这也成为了日后中日交涉的一大悬案。①

至于日本 1932 年 1 月公布的所谓《秘密协定书》，不可否认其具有"秘密"的一面，但决非日本宣称的"协定书"。这一点不仅顾维钧、王芸生等即时给予了反驳，就连"满铁"调查部 1930 年代末期开始编纂交通史时也坦承："所谓秘密协定书，并不具备协定书的形式，而是自北京会议的节录中摘录的秘密事项。"②而国联调查团历经半年多的调查后，于 1932 年 10 月公布报告书，其中第三章《一九三一年九月十八日以前中日关于满洲之争执》部分就《秘密协定书》的存在指出，"所谓一九零五年十一月至十二月间中国出席于北京会议之全权代表关于'并行铁路'之允诺，并未载于任何正式条约，惟一九零五年十一月四号北京会

---

① 兒嶋俊郎：《満鉄併行線禁止規定の存否と法的効力について：〈満州交通史稿〉における検討》，《長岡大学研究論叢》第 11 号，2013 年 7 月。

② 川本久雄：《鉄道権益ニ関スル支那側ノ保障》，解学诗主编：《满洲交通史稿》第 2 卷，北京：社会科学文献出版社，2012 年，第 600 页。

议第十一日之会议记录中载有此项所谓承诺",认为真正的问题在于会议节录的性质,即"华方有无履行之义务,是否有正式条约之效力,且在适用上并不受时间及事态之限制",需要从国际法的观点进行阐释,"取决于公正法庭之判断"。报告书进而明确指出:"此段关于'并行铁道'彼此争辩之文字,实为中国全权代表之一种声明旨意之语,是则毫无疑义者也。"①这也体现出日本肆意曲解"并行线"表述,抗议中国在东北修筑铁路的行为是站不住脚的。

1905年中日订约后,日本大肆在东北扩张利权,炮制"间岛问题"、东三省"五悬案"等问题,极力制造其在东北的"特殊地位",种种行径实际上已严重违反条约的相关规定。但在与清政府的交涉中,日本片面强调条约中对其有利的条款,不惜恃强凌弱以既成事实强行施压,对维护中方利益的条款则强词夺理,拒不承认,这些都导致条约的约束力丧失殆尽,随之而来的就是日本对中国东北地区的侵略日益加深。②

今年适逢日俄战争爆发120周年,相较于欧美、日本学界对日俄战争史料整理的重视与研究的积累而言,中国的相关工作无论在广度和深度上都仍有不小的进步空间。期待本书的整理出版或对推动中国与日俄战争关系的研究有所裨益。

此次有幸参与《近代中外交涉史料丛刊》第2辑的整理工作,实出于复旦大学历史学系戴海斌教授的热情相邀,整理过程中承

① 上海申报社编:《国联调查团报告书:附世界各国人士之意见》,上海:上海申报社,1932年,第28—29页。
② 王刚:《清末中日关系研究:以日俄战争时期的中日交涉为中心》,第185—187页。李花子:《中日"间岛问题"和东三省"五案"的谈判详析》,《史学集刊》2016年第5期。

蒙徐家宁先生惠赐中日会议东三省事宜谈判官员合照,责任编辑郑芳蕊老师细心核对译稿,提出若干宝贵修改意见,谨此一并深表感谢。

限于整理者学识浅薄,本书中的错讹在所难免,自应完全由本人负责,恳请读者方家不吝赐教。

本书是国家社科基金一般项目《明治时期日本驻华外交官的情报活动与对华决策研究》(22BSS024)、国家社科基金重大项目《1912 年至 1937 年间日本驻华使领商务报告整理与研究》(20&ZD236)的阶段性成果,特此说明。

薛轶群
2024 年 6 月

第一次正式会议谈判笔记

一九〇五年十一月十七日下午三时十五分开议

列席者

日本：小村寿太郎、内田康哉两全权大臣，外务省政务局长山座圆次郎、驻华公使馆书记官落合谦太郎、驻华公使馆书记官郑永邦

中国：庆亲王奕劻、外务部尚书瞿鸿禨、北洋大臣袁世凯三全权大臣，署理外务部右侍郎唐绍仪、署理外务部右丞邹嘉来、商部右参议杨士琦、翰林院检讨金邦平

庆亲王：先行相互阅看委任状，可乎？

小村男爵：然也。委任状及汉文译本在此。

（递过委任状及汉文译本【附件第一号、第二号】。）

庆亲王：（一览之后呈示中国皇帝之委任状。）此乃我方之委任状。

（递过该委任状【附件第三号】。）

内田全权：欲将其副本收下。

（郑书记官称"方才已传达收下副本之意"。）

内田全权：（阅毕中国皇帝委任状之末段。）此乃委任状之满

文翻译乎?

(郑书记官答曰"然也"。)

(庆亲王递予中国皇帝委任状之副本,郑书记官将其翻译成日文进行说明。)

小村男爵:该委任状实质与形式均无可非议。

庆亲王:贵方之委任状亦然。

小村男爵:既然如此,可确认双方全权之委任状已经查验。

庆亲王:可也。

小村男爵:如此次两国派出全权大臣就国际事件进行谈判,依照迄今各国之惯例通常有既定之手续。此次亦希望按此惯例举行谈判,为有助此次磋商,我方已拟成相关手续方案,还请参阅。

庆亲王:容待阅看。

小村男爵:另有简要议事概略,视之可否?

(提出作为预备事项之办法【附件第四号、第五号】。)

庆亲王:(阅后。)甚可。

小村男爵:书记官定为五名以下可否?

庆亲王:可也。

小村男爵:则我方任命山座(圆次郎)政务局长、落合(谦太郎)书记官、郑(永邦)书记官及高尾(亨)书记生,今后再酌情可加派一人。

(小村男爵又命郑书记官列记书记官姓名,交予清国全权大臣。)

庆亲王:尚有一名书记官未定乎?

小村男爵:暂时未定,可根据需要再定无妨。

庆亲王:我方书记官亦如是。

（随后提交任命会办唐绍仪、随员邹嘉来、杨士琦、金邦平、曹汝霖之书面文件。）

小村男爵：如此查验委任状及商定预备事项均已完毕，即可正式开议，贵全权意下如何。

庆亲王：可也。

小村男爵：会议伊始，先有一言相告王大臣阁下。众所周知，去岁二月吾国不得已与强邻骤起衅端，迩来历经廿月，付出生命及财力之巨大牺牲，方复得和平。期间所谓付出巨大牺牲者，不外乎海陆军共死伤约二十一万人，且战时及迄至撤兵完成时之诸经费几臻二十亿日元。盖吾国之所以不惜如此牺牲，仍要开战，非仅为帝国自卫，亦出自维护东洋全局康宁之精神。为达此目的，吾日本帝国倾全力迎战。其结果在满洲之地，日本自不待言，俄国亦动员古今未有之兵力。开战以来已行数次大决战，幸而非常岁月时日未久已归和平，日本帝国初衷已然达成，是为彼此之幸。吾国已同俄国缔结和约，其结果满洲善后事宜尚须与贵国协商。因此为商定相关事宜，此次特奉钦命前来贵地，现将两国间须商定之事宜概述之，兹有如下三类，即：

第一，战争之结果，俄国允让渡日本之权益，务必使其确切落实。

第二，中国政府须在满洲改善施政举措，完全保护各国人民之生命财产，避免将来该地成为国际纷争之源。

第三，促进满洲贸易商业之发展，除中国以外，还须增加各国之利益。

上述三条之外，日本帝国不仅旨在自卫，还为维持东洋全局之康宁付出巨大牺牲，倘若日本对强邻侵略满洲坐视不理，东亚全局将受何种影响,此节须请贵王大臣深思。日本平素旨在加深中日睦交,使其历久弥坚,兼顾维持东亚全局之康宁,此乃日本之主要目的。诚如适才所陈,日本此次付出牺牲甚巨,展开一场大战,终得以维持东洋大局。如若此番日本不启战端,遑论满洲,贵帝国将受到何种影响,只要阁下深思此层,此次就日本所提满洲善后事宜之条件,双方尽快商妥想非难事。

(此时庆亲王本欲发言,小村男爵称尚有少许余言未尽,庆亲王遂止。)

小村男爵:本大臣等秉承适才所述之目的宗旨,以期诚信相符、和衷共济,早日协商妥定,不负两国皇帝陛下之一致圣望。此亦是本使与同僚之共同切望,祈望贵王大臣处事亦可持同一宗旨。

庆亲王:贵国为维持东亚之大局不幸与俄国开战,此后以仁义之师护卫我国列祖皇陵,使其得保周全,我国皇太后与皇帝陛下(此时中国全权大臣皆起立敬礼示意,日本全权大臣亦起立应礼。)并一众皇族,皆深感谢意。日本于奉天用兵,我国虽一直力守局外中立,然东三省始终是我国之土地,其善后之事如阁下首段所言,即俄国让渡日本之事项,亦与我国有关,此节诚应彼此和睦协商。其次,关于商业等相关事宜,如彼我两国及其他各国皆能享平等利益,则自然商贸兴隆。且贵国皇帝陛下旨在保全东洋大局,我国皇帝陛下亦是同样考虑。如两国互持此意协商,应决非难事。于奉天整顿吏治、警察、兵制、教育,并逐渐向吉、黑两省推广一事,乃是我国理所当然应行之事,我国将极力践行,务必避免东三省成为与他国纷争之缘由。

(此番庆亲王之言虽经金书记官翻译,但未得要领。兹根据郑书记官席间听闻之记忆修正补录。)

小村男爵：大体而言，得悉贵国皇帝体察日本不惜巨大牺牲赌上国运一战之宗旨，本使甚为满意。

庆亲王：正因维护东洋之大局，贵我两国为唇齿关系之故，必须谋求互益之举。如一方得利，他方受损，则危及他方，不符维护东亚大局之目的，亦与彼此得益之宗旨背道而驰。

小村男爵：为达维持大局之目的，此次日本独力对抗强邻，实则如与贵国联手，日本将有莫大之方便。但日本尽力意欲避免此次战争引起世界大乱，故当初即决意单独交战。议和亦仅在交战国之间进行，并以行动践行之。

庆亲王：适才贵全权所言不涉及他国，单独开战一事，即我国严守局外中立之故，此事亦不甚容易。关于保全东亚大局，如两国坦诚相商，当无难事。贵国对于我国之情谊，吾深信不疑，且不使东三省成为与他国纷争之缘由一事，当互相充分磋商。

小村男爵：得悉尊意甚为满意，大体事宜可暂告一段落，继而可开始有关满洲须议定事项的协商。就此我方已拟成各条大纲，故希请仔细核阅作复，以便于在该回复基础上会商各条。

庆亲王：两国皇帝陛下之目的皆为保全东亚大局，即两国之事如保持权衡器之均衡，便可合乎该目的。我国决不有失偏颇，即旨在保持两国之平衡。

（金书记官之翻译又未得要领。郑书记官补充曰："所云尽量公平即如天平一般，我国亦充分了解两国之敦谊，故可谓相互公平处置当无难事。"）

庆亲王：各项条款现可否受领？

小村男爵：否。现所持者为大纲，即两国间须商定之纲领，一俟其确定后再行商定其他细目。首先交付该大纲，就此妥细核阅答复后，再就各条进行磋商。

内田全权：意指须逐条回答。

小村男爵：就各条希望附以王大臣书面意见，以此回复为基础再逐条商议。

庆亲王：可也。

小村男爵：此以日文为正文，附上汉文译文，还请阅看。

（提出议和大纲及汉文译本【附件第六号、第七号】。）

庆亲王：此乃共十一条。

小村男爵：然也。此间有须说明之事项，兹简述如下。关于第五款，正如庆亲王殿下所知，日俄战争之前日美两国已就在满洲增开商埠事宜与中国展开谈判，但俄国表示异议，终向各国通告不反对于满洲铁路地带之外土地开设商埠。其结果惟有奉天、安东县及大东沟开埠，俄国铁路沿线土地均未开埠。而此次日俄议和，俄国宣布无论在满洲何处开埠均无异议，并载明于会议节录内。为供参考特述此事。

庆亲王：关于此事，商部已有上奏，中国将在东三省必要之处自开商埠，并经圣裁，今日亦将秉承该旨意。故奉天之外，吉林、黑龙江两省内必要之处亦将陆续开设商埠。

小村男爵：适才所言是谓如在满洲新设商埠，俄国已在和谈时确定不能对此提出异议，此意还请理解。

庆亲王：即在日俄条约中有所规定乎？

小村男爵：否。乃载明于条约之外会议节录内，稍后可供阅看。会议节录内言明无论于满洲何处开埠，俄国均无异议。

庆亲王：且待仔细核阅后，再详述各条意见作复。

小村男爵：祈望如贵大臣所言。另有一项希作说明以供参考。关于第七款之末项，日俄和谈时日本曾要求旅顺至哈尔滨铁路，但俄国表示碍难应允，最终提出以长春作为两国铁路之分界点。日本虽坚持岂止长春，须让渡至哈尔滨铁路，但俄国多次申明难以允诺，故我方不得已以附加条件接受。该条件即俄国承诺对日本敷设长春至吉林之铁路不表异议，即此为日本放弃要求长春以北铁路之代价，从而达成协议。此点亦为贵全权参考而述。

庆亲王：且俟详加考虑后再行答复。

小村男爵：最后尚有一言相告。贵全权审阅此大纲时，希铭记如下两点事项。其一，将来如满洲有事，可凭实力预防者惟有日本。其二，此大纲或是细目蕴含贵国酬谢日本之意在内，日本自当不向贵国谋求金钱之报酬，盖贵国自此如进行诸般改革，当花费巨额费用，因此已决定不索取金钱之报酬。然所提条款中或含有金钱以外某种报酬之意，希请一并谅解。

庆亲王：关于贵大臣言辞，若一一辩驳，或于两国情谊有碍，因此当下应暂且不表。然我方虑及贵国有保全大局和平之意，我方亦有同样希望，一致愿就此进行协商。中国处于局外中立之地位，自难以所谓赔偿或报酬之意回应。当然贵国之主旨为保全和平已经了然，故须和衷共济，彼此协商，尽力自两国情谊促成定约，以副两国之利益。惟报酬如何之语在此辩驳恐说来话长，故暂行按下，我方之宗旨在于既然为双方利益考虑，当和衷协商，且关于大纲十一条现欲详加核阅，再定意见。

（此时瞿鸿禨提醒庆亲王称日俄两国在东三省交战，中方亦受极大损失，但庆亲王未就此点插入相关言辞。）

小村男爵：以上为大体事宜，还请贵全权等就各条核定意见后再行商议。

袁全权：适才涉及第五款、第七款贵全权已作说明,还望可见示会议节录之相关部分。

小村男爵：可也。贵方可有和约之汉文?

(唐书记官称"有载于日本报纸之汉文译本"。)

袁全权：我方附上意见回复时遣人送至贵处否?

小村男爵：否,亦于此处会晤时领受。

内田全权：答复大概需几日?

瞿全权：(解释小村男爵之言。)第二次会晤时提出。

庆亲王：(对于内田全权所述。)现尚难以立即告知约需几日,应不至太久。

小村男爵：则下次俟贵方通知后再行会晤。

庆亲王：可也。大抵将于会晤前日通知时间。

袁全权：本大臣认为可先将我方所拟意见回复送至贵处,贵方核阅后再定下次会晤之时间。

小村男爵：此法或甚便利。如此就各条款一待拟定意见回复即可送来,之后再定会晤日期。

内田全权：如此亦有翻译之暇余,甚佳。

庆亲王：则再次会晤时协商也可尽早协调。

(小村全权将日俄和约的法文、英文及日文译文印本各一份交予中国全权大臣,唐书记官答曰"拜谢"。)

小村男爵：今日就此散会。

(下午四时四十分散会。)

(十一月十九日郑书记官携带此次会商时小村男爵与中国全权大臣约定之日俄和约会议节录抄译【附件第八号、第九号】,亲手转交袁全权。)

【附件第一号】

天佑ヲ保有シ万世一系ノ帝祚ヲ践ミタル大日本皇帝(御名)其書ヲ見ル有衆ニ宣示ス:

朕満州ニ関スル事項ニ付キ、大清国トノ間ニ協定ヲ遂クル為、茲ニ朕ノ信任スル特派全権大臣外務大臣従三位勲一等男爵小村寿太郎及北京駐劄特命全権公使従四位勲二等内田康哉ニ委スルニ、各別ニ又ハ共同シテ清国ノ全権委員ト会同商議シ、条約ヲ締結シ、之ニ記名調印スルノ全権ヲ以テス、其議定スル所ノ各条目ハ朕親シク検閲ヲ加ヘ、其妥善ナルヲ認メテ後、之ヲ批准スヘシ。

神武天皇即位紀元二千五百六十五年明治三十八年十一月四日東京宮城ニ於テ親ラ名ヲ署シ璽ヲ鈐セシム。

御名　国璽

外務大臣伯爵　桂太郎　印

【附件第二号】

文凭译汉文

保有天佑践万世一系之帝祚之大日本国皇帝睦仁宣示阅此书之有众:

朕因关乎满洲事宜,应与大清国彼此有所商订,兹简派朕所信任之特派全权大使外务大臣从三位勋一等男爵小村寿太郎、驻扎北京特命全权公使从四位勋二等内田康哉,委以各别或会同与清国全权大臣商议一切妥订条约签名盖印之全权,其所议定各条款,朕当亲加查阅,果属妥善即予批准。

神武天皇即位纪元二千五百六十五年明治三十八年十一月四

日于东京宫城亲自署名并令钤玺。

御名　　御玺

外务大臣伯爵　桂太郎

【附件第三号】

大清国

大皇帝敕谕：现因商办东三省事宜，特授庆亲王奕劻、外务部尚书瞿鸿禨、北洋大臣袁世凯为全权大臣，与大日本国所派全权大臣会同商议，便宜行事，订定条款，予以署名画押之全权。该王大臣等公忠体国，夙著勋劳，定能详慎将事，益固邦交，不负朕之委任，所定条款，候朕亲加察阅，果为妥善，便行批准。特敕。

光绪三十一年十月十九日

【附件第四号】

一、会議ノ用語ハ日清両国語ヲ用フルコト。

二、各会見ニ付キテハ、日清両国文ヲ以テ会議録ヲ作リ、両国全権委員之ニ記名スルコト。

右会議録ハ単ニ会議ノ要領ノミ記載スルコト。

三、議事ハ厳ニ秘密ニスルコト。

四、各会見ノ終ニ於テ次ノ会見ノ日時ヲ定ムルコト。

五、書記官ハ五名以内トシ、互ニ其姓名ヲ通知スルコト。

【附件第五号】

一、会议时所谈语言彼此应用中、日两国语言。

二、每次会晤用中、日两国文字存记会议笔记，两国全权大臣彼此签名为证，但此项会议笔记只将会议纲领记录。

三、所有会议之事各宜秘密勿泄。

四、于每次会晤完毕后将下次会晤日期时刻互相商定。

五、参赞官以五名以内为限，将衔名彼此知会。

【附件第六号】

第一：日露講和条約第三条ニ因リ、日露両国軍隊満州ヨリ撤退シタル時ハ、清国政府ハ直ニ右撤退ノ地方ニ於テ安寧秩序ヲ維持スルニ足ル行政機関ヲ設定スヘキコト。

第二：清国政府ハ満洲ニ於テ善政ヲ確立シ、外国居留民ノ生命財産ニ対シ、適当且有効ナル保護ヲ与フルノ目的ヲ以テ、満洲ノ施政改善ニ着手スヘキコト。

第三：清国政府ハ満洲ニ於ケル日本軍戦死者ノ墳墓及忠魂碑所在地ヲ完全ニ保護スル為メ、総テ必要ノ処置ヲ執ルヘキコト。

第四：清国政府ハ如何ナル名義ヲ以テスルモ、日本国ノ同意ナクシテ、満州ノ一部タリトモ別国ニ割譲シ又ハ別国ノ占領ヲ承諾セサルヘキコト。

第五：清国政府ハ清国ニ於ケル他ノ開市場ト同一ノ条件ヲ以テ、満洲ニ於ケル左ノ都市ヲ外国人ノ商工業及居住ノ為ニ開放スヘキコト。

盛京省：鳳凰城、遼陽、新民屯、鉄嶺、通江子、法庫門

吉林省：長春（寬城子）、吉林、哈爾賓、寧古塔、琿春、三姓

黒龍江省：斉々哈爾、海拉爾、愛琿、満洲里

第六：清国政府ハ露国ガ日露講和条約第五条及第六条ニヨリ、日本国ニ対シテ成シタル一切ノ譲渡ヲ承諾スルコト。

第七：清国政府ハ日本政府ニ於テ安東県奉天間及奉天新民屯間ニ敷設シタル鉄道ヲ維持運用スルコトヲ承諾スルコト。

長春旅順間ノ鉄道ヲ将来吉林ニ延長スルコトハ清国政府ニ

於テ異議ナキコト。

第八：清国政府ハ韓国国境ヨリ一定ノ距離以内ニ於ケル鴨绿江沿岸ノ森林截伐権ヲ日本ニ与フルコト。

第九：清国政府ハ遼河、鴨绿江、松花江及其支流ニ於ケル航通ノ自由ヲ承認スルコト。

第十：清国政府ハ盛京省沿岸ニ於ケル漁業権ヲ日本臣民ニ許与スルコト。

第十一：満韓国境貿易ニ関シテハ、相互ニ最恵国ノ待遇ヲ与フルコト。

【附件第七号】

第一款：按照日俄和约第三款，一俟日、俄两国军队由东三省撤退后，中国政府应立即在该地方布置行政机关，以期维持地方治理静谧。

第二款：中国政府务须以在东三省地方确切施行良政，并妥实保护外国侨寓商民之命产为宗旨，应将东三省向来所施治政即行从事改善。

第三款：中国政府为妥行保全在东三省各地方阵亡之日本军队将兵坟茔以及立有忠魂碑之地，务须竭力设法办理。

第四款：中国政府无论如何措词，非经日本国应允，不得将东三省地土让给别国或允其占领。

第五款：中国政府按照中国已开商埠办法，应在东三省将下开各地方开作各外国人贸易工作以及侨寓之地：奉天省内之凤凰城、辽阳、新民屯、铁岭、通江子、法库门；吉林省内之长春（即宽城子）、吉林省城、哈尔滨、宁古塔、珲春、三姓；黑龙江省内之齐齐哈尔、海拉尔、爱珲、满洲里。

第六款：中国政府将俄国按照日俄和约第五款及第六款业经向日本国允让之一切，概行允诺。

第七款：中国政府允将由安东县至奉天省城以及由奉天省城至新民屯所筑造之铁路，仍由日本国政府接续经营。由长春至旅顺口之铁路将来展造至吉林省城一事，中国政府应不驳阻。

第八款：在鸭绿江沿岸之地，由韩国交界划分界限，其在划界以内之木植采伐权，中国政府允让给日本国。

第九款：中国政府允各国船只在辽河、鸭绿江、松花江以及各该支流任便航行。

第十款：中国政府允将奉天省沿海渔业权让日本国臣民。

第十一款：满韩交界陆路通商，彼此应按照分待最优国之例办理。

【附件第八号】

日俄和约第四款会议录（此项会议录两国全权大臣签名为证者）撮要：

明治三十八年八月十四日日本全权大臣将和议草约提示俄全权大臣，其第四云：日俄两国允约中国为振兴满洲地方商工事业起见应办一切事宜，其系各国一体均沾者，彼此均不得妨阻。

为复日本国全权大臣所交议和草约，于八月十二日俄国全权大臣交日本国全权大臣之节略第四云：本国政府（俄国自称）查本条款所开主见悉行承允，并声明如日本国未经将此一款列入所交条款内，则俄国当以自行拟认为尽责。

八月十五日磋商此条之会议录内云：日本国全权大臣领会俄国全权大臣承允本条款之意，因向其表明深为欢洽。其次小村男爵声叙当日本国按照一千九百年义和团变乱后所订通行约条，中

日两国新订条约,其于会商之间求中国允将满洲某处开作外国商
场,乃俄国从中驳阻。旋虽将此驳阻之议收回,惟在铁路沿线之各
镇市仍坚持前议之实据,并声称为免将来有所误会起见,在满洲地
方口岸或某处现在已开或将来应开作为外国商场一节,愿预知俄
国成见若何。维迭大臣答云:在满洲地方糜烂之时,曾有此项事
体,且只止在铁路上某某车站而言,并云在满洲各地口岸以及某
处,无论其在何处开作外国商场,俄国可允得并不驳拒。惟此项约
定须以彼此相等,辽东一带(注解:惟除租借地界)亦包括在内,作
为相抵之条。小村男爵闻此见解,即行承允,并声言日本国应将大
连湾一照俄国治理时成法,仍开作外国商场,并无异议。因两国全
权大臣于上开各节彼此所见相符,第四条即认为确实订定。

(附件第八号译文)

日露講和条約第四条ニ関スル会議録記載ノ要略:

日露講和条件トシテ明治三十八年八月十日日本全権委員ヨ
リ露国全権委員ニ提出シタル個条書第四ニ曰く:

第四:日本国及露西亜国ハ清国カ満洲ノ商工業ヲ発達セシ
メムカ為列国ニ共通スル一般ノ措置ヲ執ルニ方リ、之ヲ阻碍セ
サルコトヲ互ニ約スルコト。

露国全権委員カ日本全権委員提出ノ講和各条件ニ対スル回
答トシテ、同八月十二日日本全権委員ニ交付シタル個条書第四
ニ曰ク:

第四:帝国政府(露国政府ヲ指ス)ハ本条記述ノ主意ニ対シ
全然同意ヲ表シ、若シ此ノ規定ニシテ日本国提出ノ条件中ニ挿
入シアラサリセハ、露西亜国ハ自ラ之ヲ提出スルヲ以テ其ノ義
務ト認メタリシナルヘキコトヲ声明ス。

本条ノ討議ニ関スル同八月十五日ノ会議録ニ曰ク：

日本全権委員ハ此ノ条ニ関スル露国全権委員ノ同意ヲ領シ、之ニ関シ満足ノ意ヲ表セリ。次ニ小村男爵ハ日本カ千九百年義和団事変後協定セラレタル一般約束ノ結果トシテ、日清新条約締結ノ交渉中、満洲ニ於ケル某々場所ヲ外国貿易ノ為開カムコトヲ清国ニ要求シタリシ時、露国ハ故障ヲ提起シ、後ニ至リテ之ヲ撤回シタレトモ、鉄道沿線ノ諸市ニ関シテハ尚依然トシテ之ヲ固持シタル事実ヲ挙ケ、将来ノ誤解ヲ避クル目的ヲ以テ、満洲ニ於ケル外国貿易ノ為メニ既ニ開カレ又ハ今後開カルヘキ港又ハ場所ニ対シテ、露国ノ意向ヲ確メ置キタシトノ希望ヲ述ヘタリ。「ウヰッテ」氏ハ之ニ答ヘテ、此等ノ事実ハ満洲カ混乱ノ状態ニ在リシ時代ノコトニシテ、且鉄道ノ某々停車場ニノミ関シタルコトナリト云ヒ、且露国ハ満洲ニ於ケル如何ナル港又ハ場所ナルヲ問ハス、其ノ外国貿易ニ開カルルコトニ反対セサルコトヲ約スヘシ。但シ此ノ約束ノ相互的ニシテ遼東方面（注解：但シ租借地界ヲ除ク）ヲ含ムモノタルコトヲ条件トスヘシト云ヘリ。小村男爵ハ此ノ見解ヲ承諾シ、且日本ハ大連湾ヲ露西亜国行政ノ下ニ在リタル時ト同様ノ条件ニ於テ、外国貿易ノ為ニ開キ置クコトニ故障ナカルヘキ旨ヲ声明セリ。各全権委員ハ叙上ノ諸点ニ付一致シタルヲ以テ、第四条ハ確定ノモノト認メラレタリ。

【附件第九号】

兹将和约第六款所定俄国让给日本之铁路分界之地定为长春情节，由会议录中撮要录左：

明治三十八年八月十日日本全权大臣将和议草约提示俄全权

大臣,其第七云:大俄国须允不另要索抵偿,将由哈尔滨以至旅顺口之铁路及各枝路并附属铁路之各项权利、优权、产业以及附属铁路或为铁路取用之煤矿,一律让给大日本国政府。

为复日本国全权大臣所交议和草约,于八月十二日俄国全权大臣交日本国全权大臣之节略第七云:本国政府(俄国自称)允诺本款宗旨,但除日本国军队现在占守之铁路外不能允让。至上开应让之铁路划分之界,须由两国相商核定。

是月十六日磋商此条之会议录,内将日本全权大臣要索铁路必至哈尔滨之理,并俄全权大臣只欲允让现在日军占守之铁路之旨一并详晰记载后,再记述如左:

小村男爵声称俄国如以让给至哈尔滨之路线为必不可行,则本大臣以为此铁路划分之界应酌核其地势及天然形势,务须择定足为扼要之地,因拟将此条铁路由哈尔滨迤南第二次行过松花江之地点应作划分之界。维迭大臣始而云,想此划分之界,须求诸一繁要都会之地,不可求诸地势上以为扼要之地,继又云,然今姑将铁路划分之界择定为日军前敌地方之议作为罢论,改为公主岭以北首要大都会,即贸易冲要兼以吉林枝路所分车站所在之宽城子(长春)代之亦可云云。小村男爵答称,俄国如以由宽城子以及吉林枝路允归日本,则可允以宽城子为划分之界,并称以本男爵所知言之,该枝路未及着实兴工。维迭大臣答称,如该枝路向未经着实兴工,则可归日本任便施行,毫无异议。但此事本大臣未知实在情形如何,因拟立即电询以资核复,并云如果业经兴工,则其权须属现在经营之人。

于是两国全权大臣将择定宽城子为铁路划分之界一节,其在维迭大臣接到复电得知前开枝路有无兴修情事以前,暂行停议,因先将议和草约第七款底稿彼此允认如左：

大俄国政府允约不另要索抵偿，并由中国政府承允将由□□至旅顺口之铁路及各枝路，并在该地方附属铁路之各项权利、优权、产业以及在该地方附属铁路或为铁路取用之煤矿，一律让给大日本国政府。日俄两国彼此允约前段所订由中国承允一节，须向中国政府邀允。

嗣至是月二十九日议和首要各条款业经议定，其会议录内云：

小村男爵所提示第二事项，即系议和草约第七款所列两国铁路应在何地划界之议，此事俟接到俄国复电以知由宽城子至吉林之枝路有无兴工，暂行停议。而今俄全权大臣已经接电，即知该枝路未经兴工等情，俄全权大臣乃兹允诺声明，日本如兴修由宽城子或将来所有之一车站起，以至吉林之枝路，俄国并无异议等事。于是两国全权大臣定议择定宽城子作为两国铁路划分之界，并照此宗旨定妥第七款所阙之文。

（附件第九号译文）

日露講和条約第六条ニ於テ露国カ日本ニ譲渡シタル鉄道ノ区分点ヲ長春（寛城子）ト決定シタル事由ニ関シ、会議録記載ノ要略：

日露講和条件トシテ明治三十八年八月十日日本全権委員ヨリ露国全権委員ニ提出シタル個条書第七ニ曰く：

第七：哈爾賓旅順口間ノ鉄道及其ノ一切ノ支線並之ニ附属スル一切ノ権利、特権及財産及該鉄道ニ属シ、又ハ其ノ利益ノ為メニ経営セラルル一切ノ炭坑ハ、何等ノ債務及負担ヲ伴ハシメスシテ露西亜国ヨリ之ヲ日本国ニ移転譲渡スヘキコト。

露国全権委員カ日本全権委員提出ノ講和各条件ニ対スル回答トシテ、同八月十二日日本全権委員ニ交付シタル個条書第七二曰ク：

第七：帝国政府（露国政府ヲ指ス）ハ主義ニ於テ本条ヲ承諾ス。但シ日本国軍隊ノ現ニ占領中ナル鉄道線ノ外ハ、之ヲ抛棄スルコト能ハス、而シテ右ノ条件ヲ以テ譲与スヘキ鉄道線ノ終点ハ、双方合意ヲ以テ之ヲ定ムルヲ要スヘシ云々。

本条ノ討議ニ関スル同八月十六日ノ会議録ハ、日本全権委員カ哈爾賓迄ノ鉄道ヲ要求スル理由ノ論旨ト、露国全権委員カ現ニ日本軍隊ノ占領セル鉄道線ノミニ限リ譲渡セントスル理由ノ論旨トヲ詳密ニ記載シタル後、左ノ如ク記述セリ：

小村男爵ハ若シ露国ニシテ哈爾賓ニ至ル迄ノ線ヲ譲渡スルコト絶対ニ不可能ナルニ於テハ、此ノ区分点カ地勢上及天然上ノ見地ニ於テ重要ナル場所タラサルヘカラサルコトヲ考量シ、該鉄道ノ第二回ニ松花江ヲ通過スル所ノ点ヲ以テ区分点トナスコトヲ提議セムト云ヘリ。「ウキッテ」氏ハ此ノ区分点タル之ヲ重要ノ都会ニ定ムヘクシテ、地勢上重要ナル場所ニ定メラルヘカラサルコトヲ述ヘタル後、右区分点ヲ日本軍ノ前面陣地ノ在ル限界ニ於テ定ムルノ主義ハ之ヲ抛棄シ、之ヲ公主嶺以北ニ於ケル第一ノ大都会、即チ商業ノ大中心ニシテ、吉林ニ向テ出発スル停車場ノ所在地ナル寬城子（長春）迄移スコトトスヘシト附言セリ。小村男爵ハ之ニ答ヘテ、若シ寬城子吉林間ノ支線ニシテ日本ニ渡サルルニ於テハ、寬城子ヲ以テ区分点トナスコトヲ承諾スルコトヲ得ヘシ。尤モ同男爵ノ知ル所ニ依レハ、寬城子吉林間ノ線路ハ未タ少クトモ永久的ニハ敷設セラレサルナリト陳述セリ。之ニ対シ、「ウキッテ」氏ハ若シ此ノ支線ニシテ未タ永久的ニ敷設シアラサルニ於テハ、之ヲ日本ノ為ス所ニ任スニ

於テ異議ヲ有セス。尤モ此ノ事ニ就テハ実際ノ事情ヲ知ラサル
ヲ以テ、直チニ電報ヲ以テ問合スヘク。而シテ若シ此ノ支線ニ
シテ既ニ存在セムニハ、其ノ現在ノ所有者ニ属スヘキモノナリ
ト説明セリ。

爰ニ於テ双方全権委員ハ寛城子ヲ区分点トシテ選定スルコ
トハ、「ウヰッテ」氏カ寛城子吉林間ノ支線存否如何ニ付報道ヲ
得ル迄、之ヲ留保スルコトト決シ、第七条ニ就キ次ノ如キ文案ヲ
確定ト認メタリ：

露西亜国政府ハ……旅順口間ノ鉄道及其ノ一切ノ支線並同
地方ニ於テ、之ニ附属スル一切ノ権利、特権及財産及同地方ニ於
テ該鉄道ニ属シ又ハ其ノ利益ノ為ニ経営セラルル一切ノ炭鉱ヲ
補償ヲ受クルコトナク、且清国政府ノ承諾ヲ以テ日本帝国政府
ニ移転譲渡スヘキコトヲ約ス。両締約国ハ前記規定ニ係ル清国
政府ノ同意ヲ得ヘキコトヲ互ニ約ス。

而シテ講和ノ主要諸条件悉ク協定セラレタル同八月二十九
日会議ニ関スル会議録ニ曰ク：

小村男爵ノ提出シタル第二ノ問題ハ、講和条件第七条ニ掲
ケタル両国鉄道ノ区分点確定ノ件ニシテ、此問題ハ寛城子吉林
間鉄道ノ存否ニ関スル精確ナル報道ノ達スル迄延期セラレタル
モノナリ。然ルニ今ヤ露国全権委員ハ、前記鉄道ノ未タ存在セ
サルコトヲ確カメタル回答ヲ得タルヲ以テ、日本カ前記寛城子
若ハ日本ノ所有ニ属スヘキ他ノ停車場ヨリ吉林ニ至ル迄ノ鉄道
支線ヲ敷設スルコトニ異議ナキ旨ヲ声明スルコトヲ承諾シ、次
ニ両国全権委員ハ寛城子ヲ以テ日露両国鉄道ノ区分点ト為シ、
此ノ趣旨ニ依リ第七条ノ文言ヲ完成スヘキコトニ決定セリ。

第二次正式会议谈判笔记

一九〇五年十一月二十三日下午三时七分开议

列席者

日本：小村、内田两全权大臣，山座、落合、郑、高尾书记官

中国：瞿、袁两全权大臣，邹、杨、曹、金书记官

庆亲王因病未到。

小村男爵：第一次会议之会议节录已整理完毕，今日既然庆亲王未到，署名一事延至下次会议如何？

瞿全权：今日实则无妨。

小村男爵：既如此可也。此为已经誊抄确认之记录，贵全权尚未过目，待今日会议结束后，可请一览。

瞿全权：知悉。

小村男爵：前日贵全权送来之答复（【附件第一号】。）业已阅毕，今日可由我方最初提出之各项条款开始逐条讨论。

瞿全权：可也。

小村男爵：则先自我方提议之第一条、第二条开始。据贵全权回复，意欲将该两条一并删去。

袁全权：然也。

小村男爵：如此则就日本政府提出第一条及第二条之缘由予以说明。该两款并非日本欲干涉中国内政之意，只为满洲行政完善与否关系将来是否能维持满洲之安全，万一行政欠佳招致国际纷扰，如引发类似此次之大战争，不啻不利于贵国，实亦不利于日本，甚而影响日本之安危。故此刻虑及满洲将来之安危，且为根除满洲将来引起国际纷扰之隐患，贵国政府必须充分实行改革，别无他途。

是以提出如上条款，如只是修改文案字句以使双方都能接受尚可允商，但将其完全撤回断难承允。因此对前次我方之提案稍作修改，将第一条、第二条合并为一条，再者不以约定之形式而改为宣言之形式，即中国声明主动进行改革，而文案可照前述允商，但撤回之议难以承允。如此等事项无法约定，日本政府及臣民亦无法安心，故切望参酌此文案后务必照允。兹将合并条款案之日文及汉文译本递呈，还请阅看。

（此时小村全权将合并案之日文、汉文译本各一份【附件第二号、第三号】交予袁、瞿两全权。）

瞿全权：日前晤谈曾述及我方允诺该第一条、第二条实有困难。现已详细阅览贵全权提出之修正案，然与此前提出之条件大略相同。关于本条，鉴于已详细阐述中国困难之处，是以暂请缓议，先商下一条款如何？

小村男爵：关于本件，日前答访贵全权时已详细了解贵国情况。然该两条宗旨日本政府实尤为注重，此事关系满洲之安全无须赘述，相关事宜亦关乎东洋之安危，故日本政府必不能应允将其全行删去，如只修改字句尚可允商。

瞿全权：姑且容后再议，不知意下如何？

小村男爵：则依贵国所请，可暂且缓议。

瞿全权：中国将尽力确保东三省之安全，决意不让内地其他地方重蹈覆辙，此点还请贵国谅察。如此宗旨明了，并无必要特意声明此条款，且一旦声明则关乎中国体面。

小村男爵：本件之协商虽已允诺缓议，但请贵全权注意日本关于本件之立场，实因关乎东洋之治乱、国家之安危，故颇为重视，贵国绝不可轻视此意。

（郑书记官翻译此段时瞿全权屡屡插话。）

瞿全权：诸如本条款不仅涉及中日两国，亦关乎各国之事项，不将其列为独立条款，如何？

小村男爵：然应该如何处理？

瞿全权：（避而不作说明。）此事还是应容后再议。

小村男爵：如此续议第三条，贵全权既无异议，故就此议定。

瞿全权：然既已允诺，如各项均可如此简要商定则万幸矣。

小村男爵：继而议第四条，贵全权拟请删去，但本条决非新例。现贵国与俄国签订《交收东三省条约》时，已在条约中约定俄国交还之土地，贵国不得割让给他国，或允他国占领，故此事并非首创。

瞿全权：关于本条，如前日所述东三省土地割让给他国，日本固然不予赞成，中国亦绝难允认，故彼此宗旨一致，愚意无须列明。又现今援照之前例于我国而言，实为一恶例，故思不援引此等恶例亦可。

小村男爵：适才所述前例除中俄条约外，尚有贵国与英国缔结之有关扬子江之约定。

瞿全权：总之关于本条，如前日所述有损中国体面，且对贵国而言非有特别重大利益,还望删去。

小村男爵:此非新例,载于条约并无不可,然贵国如允第一条及第二条而予以实行,料想第四条假设之情况当无可能发生,故如能承允第一条及第二条之主旨,可将第四条删去。

瞿全权:可也。

小村男爵:然本条亦与第一条、第二条同样缓议。

瞿全权:不如同意第一条、第二条随后另行商议,本条直接删去。

小村男爵:则第一条、第二条大体已应允之意乎?

瞿全权:大体同意。

小村男爵:然即删去第四条。继而第五条贵全权之答复亦大致允诺,惟有表述尚有可议之处。

袁全权:大体同意,但字句方面,贵国提案中"已开"二字宜改为"自开",并在末段加入"由中国另订开埠详细章程"字句。

小村男爵:此事双方意见实质并无差异,惟需调整条文之具体表述。满洲已有新开商埠之先例,照此成例应无异议。前年缔结之《中日通商行船条约续约》,已有于奉天、大东沟新设商埠之例,可依此例无妨。

(此时小村全权将修正案【附件第四号及第五号】交予中国全权大臣。)

内田全权:(面向瞿全权。)《中日通商行船条约续约》内本条事宜,本官曾与张(之洞)大臣协商,并得到外务部大臣之允认,此点贵全权亦应知晓。

(瞿全权不明如何回复。)

袁全权:此条所拟新开商埠共有十六处,为数不少,然于中国而言,彼此皆有利益,故愿应开尽开。但涉及开埠,须派委员前往各地调查当地情况,限于六个月内甚感困难,同时一举开设多处商埠,筹措诸项费用亦决非易事,故希望将六个月之期限删去。尤其我方将从速着手,或可能于六个月内就绪,抑或可能超出六个月。

小村男爵:然不必订明期限,改为从速云云无妨。

袁全权:我方亦望可尽快开埠。

小村男爵:日本亦然。

袁全权:贵全权原案之末段有开埠章程由中日两国会商订定等语,原本东三省乃面向各国开放,若条约规定仅由中日两国商定章程,恐有招致他国猜疑之虞,故实际虽可由两国会商,但不在条约中载明如何?

小村男爵:然中日间协定事项各国原可利益均沾,非日本所能独占利益,故决无招他国挟疑之虑。现贵国二三年前与日本及美国缔结之通商续订行船条约即是如此之例,并无妨碍,因此还望照此允诺。

袁全权:本大臣之意为所谓开埠之地多达十六处,如限定仅由中日两国协商,担心即便各国本可享均沾之利,亦会对中日相互之间事宜心怀揣测,总不免招致他国猜疑。

小村男爵:若此条款订明专为日本人居住使用,诚如阁下所担忧。但如前屡次所述,此为一般外国人共用,亦为一般外国人制定规则,故不能专为日本人营私。前年奉天、大东沟新开商埠,议定条款与本案相同,并未引他国猜疑,且无可引发猜疑之由,故此次依照我方提案所拟字句,亦无招致任何挟疑之虑。

袁全权:然末段写明由中日两国商定,又作何意。

小村男爵:此乃依照惯例,日中两国条约之中不能列入规定中国与各国缔约之语,即意指日中之间的条约也。

袁全权:删去中日两国政府之语如何?

小村男爵:若删去文体不通,且文意将产生歧义。

袁全权:最初贵全权提案之中,岂非并无此等表述?

内田全权:最初之提案基本无甚差异。该提案所称"照已开商埠同一办法"虽无必要特别指明中日两国,但既然此次改为"自行开埠",则有必要详细载明。且如本条之表述,并非仅限于贵国与日本之条约,现贵国与美国商定之条约中关于开埠亦载明该条款。然此等诸条约之条款,迩来两三年迄今尚无他国提出异议,因此即便允诺照我方修正案,当决无贵全权之杞忧。

袁全权:此言虽有充分之理由,但中国开埠历来有多种方法及先例。如最近山东省济南府周村及潍县,皆为自开商埠,与之相关章程均为中国自行订立。另如东三省之例,此前仅有奉天、安东等二三处开埠,有别于此次开放众多商埠,此次开埠数量极多之实情诚望贵全权考虑,此次应开十六处商埠内,吉林、哈尔滨、满洲里等地系接近俄领之地,多有俄商居留,故基于中日两国共通利益制定章程时,如俄国故意不遵章程,或致滋生纷扰。

小村男爵:此言虽是,但将此等城市辟为通商口岸乃出于贵国主权,且此次日俄和谈时,俄方全权大臣已先言明撤兵后满洲境内无论何处开埠,俄国均无异议之意。若俄国有所窒碍,应可依据主权及和谈时之约定予以排除。

袁全权:十六处通商口岸中,哈尔滨地区俄国商人居住者颇众,诸项繁杂之事甚多,对于仅由中日两国商定将多有窒碍。对此,地方或力有未逮,故由两国协商议定虽合理,但将其明文列入条款之中似仍有待斟酌。

小村男爵：对于贵全权主旨并无异议，而所虑之事仅为方才所言如何表述之问题，则将末段字句单独于公文内列明如何？

袁全权：要言之，此处欲开埠之处数量极多，若按此前惯例由各国在该处区域自设居留地，俄国必欲索取甚为广大之土地，故我方希望统一设定各国之共同居留地。此种情况下，必须由我方选定任意区域，因此即使实际应与贵国协商，但甚难将其写明，而列入公文等同于公之于世，亦有难处。

小村男爵：然贵全权之意是否为必须应完全由贵国政府制定章程？

袁全权：条款约定中国自定，应由我方制定东三省开埠章程，而具体制定时可事先与贵国驻华公使协商。

小村男爵：如将此事公开甚为困难，可在条款中删去本项末段，适才所言之主旨应载入会议节录内。此会议节录本为秘密，不应公开事项可作便宜处理。

袁全权：载入会议节录事宜为本官方才所言之主意乎？

小村男爵：然也。

袁全权：则允诺可载明也。

内田全权：即贵国制定开埠章程时须与驻京日本公使预作商议之语。

袁全权：然正如本大臣所言。此处有一事望先行确认，各商埠确定后贵国会否派遣商务委员？

小村男爵：均设领事也，即为保护监督居住于各国居留地内日本商民，有必要派出领事。

袁全权：然是十六处商埠将派驻十六名领事之意乎？

小村男爵：亦不尽然。日本最初将采取便宜之法，于重要商埠设置领事一名,兼辖二三处,暂无一时悉数派出十六人之举也。

袁全权:依本全权之见,不设领事,代之商务委员无妨也。

小村男爵:就日本而言,如非领事则无裁判权,若无裁判权,管理人民则多生枝节。

袁全权:我方亦多有不便,为应对各地之领事,必须派出各地方官处理各种交涉事宜,一时之间甚难募集诸多人才。

小村男爵:(微笑。)我方亦一时难以派出如此众多领事,且待商埠日渐繁荣,再行增派。

(此时袁全权与瞿全权就条款之字句进行商议,所谈派遣领事之问题自然告终。)

袁全权:详细事宜仍然有待研究,首先条款中"已开"二字改为"自开"无妨乎?

小村男爵:无妨。

袁全权:则如最初所述,末项"由中国另订"等语可乎?

内田全权:所谓此章程与我方商议之事乎?

袁全权:自是当然,但日本不可对此有所窒碍。

小村男爵:自不待言,贵国必须同样如约相商。

(此时袁全权就小村男爵之新提案进行修改后提出【附件第六号】。)

小村男爵:如删去六个月一语,希望改为决定后从速之语。

袁全权:本官可否试作修改?

(此时又从小村男爵处接过修正案。)

袁全权:改为"中国政府应允两国撤兵后从速开埠"如何?

小村男爵:知悉。然末段一项全部删去之意也。

袁全权:毕竟如保留在内不利于我方。

内田全权：如此则意旨完全不同。

（此时郑书记官向袁全权询问其修正案之意义，及将末段接续前段如何。）

袁全权：愚意可接续前段。

内田全权：所谓自定之语终究意在保全体面乎？

袁全权：制定其规则时将与日本公使商议，然条约中须载明为自定。

内田全权：既称为自行开埠，不在条约内言明由自身制定规则亦可。条约之中虽称自定章程，实则须与日本协商，此乃于理不合。

袁全权：我方之意无他，如奉天之开埠虽是自开，条约中载明须商订章程，惟此次为区别于前例，故希望采取前述说辞。

内田全权：但实际为协商而定，故条约不可承认名实不符之处，因此须与实际保持一致。

袁全权：此毕竟为区别其他地方之例，表面先承认自定，内部言明须与日本公使协商，如仅为有别于他例，并无甚不妥。

小村男爵：双方协商之语未在条约载明，而是存入会议节录，然条约中明确规定由贵国制定此规则，会议节录所载即是虚伪，此为不妥。故为避免此节，先承认贵国自行开埠，则文义亦包含贵国制定规则之意，再删去末段，会议节录内写入同意双方协商议定章程之语。现今条约中承认中国自定规则，则与最初之意旨迥异也。

袁全权：本大臣认为表面由中国自定章程与内里于会议节录承认事先协商两事各自有别，并无相互冲突。自定章程只是表面而已，实际为空言，毕竟如贵国不同意我方之章程，终无法成立，故无不妥也。

小村男爵：非也。条约表述为贵国完全自定章程，与会议节录内所云与我国协商自相矛盾，故末段务必请删去，如此则如贵方所述无甚不妥。

袁全权：然我方宗旨仅为区别于大东沟、安东县、奉天等地，为简单表明此区别，而将前段字句定为自定章程开埠。

小村男爵：其结果如出一辙。

袁全权：否。另定章程应无详细表述。

小村男爵：文字虽减，宗旨依然不变。

袁全权：意在简略述之。

内田全权：毕竟协商章程之主旨正出于如自行开埠自定章程时，即便行开埠之举，仍设无异于闭关之限制以致无可奈何。出于此担心，对于此条约之表述，日本臣民毋庸赘述，外国亦有认为不妥申诉异议之虞，届时若不将本属秘密之会议节录公之于众，示以实情，人民难以满意，故希望删去该段。即使不言明此事，将其与奉天、安东县之例比较时，岂非即可知与删去末段规定有区别乎？

袁全权：对我方而言，必须兼顾各国之利益。若非如此，亦不能允诺贵国。且规定无益于他国之事亦无济于事，故绝无因有所窒碍而公开会议节录之必要。

内田全权：故条约内可删去该段也。

（袁、瞿两全权私语片刻后曰："此章程视各国贸易情况而定，故改为须考察各国贸易情形后再定章程如何？"）

（此时袁全权将自身改订的草案出示小村男爵，草案为"中国自定外国人公共合宜之章程"云云。）

小村男爵：合宜当为何意？

袁全权：此章程为无论哪国皆无异议之意。

小村男爵：如此若有一国提出异议时，最终都无法履行条约之意乎？

袁全权：然将各国之文字改为两国如何？

小村男爵：两国具体何指？

袁全权：意指中日两国也，且原先条款内外国人正是皆指日本人。

瞿全权：要之我方只是维持外表之体面，关于内里之实际问题则与内田公使协商决定。

小村男爵：实则诚如所言可也，然所谓外在之体面，我方亦不可或缺，且必要程度远在贵国之上。

瞿全权：将各国改为中日两国大体与之前并无差异。

内田全权：否，其大有区别。

瞿全权：当然实际约定应与贵国协商，惟于条款表述方面须考虑一般人阅看时之感受。

小村男爵：我方亦然，实际上此与我方之意旨虽然相同，但如贵全权提案付诸条文时，完全未体现主旨，与实际不符，故甚为困难。

（此时双方全权相视而笑。）

小村男爵：结果本款只是为主张双方之体面，如实际彼我完全一致，不如表面亦争取名实相符，即改为中国自定章程，须经日本允诺，如何？

袁全权：中国此前未有开埠，且在保守之地东三省开设十六处商埠，完全似屈从于日本，无疑当声名大损，备受谤议，贻笑列国。

小村男爵：上述所言，日本颇有申辩之处。因俄国出兵蹂躏满洲,日本不惜开战付出巨大牺牲夺回满洲,有论者谓将付出如此牺牲夺回之土地交还中国莫非因惧怕中国而为之乎,甚至有论者谓既是非常之力夺取之土地,日本绝不会交出满洲,故贵全权所言等同于屈从日本,此事亦不得不辩也。

袁全权:中国一时多达十六处开埠,即大有维持贵国体面之考虑。主旨既为开埠,余皆为小事,故望给予我方少许体面。

内田全权:双方皆需形式。

小村男爵:如非言形式不可,双方皆相同也,故彼我皆不能妥善决定,便无协定之意义。我方既已同意贵国自开商埠之表述,已保全贵国之体面,故会议节录内写入章程由贵国与日本公使协商而定,有何不可?

内田全权:袁全权最初多次强调设十六处商埠为保全日本体面,恰似已对日本作出巨大让步之意,但不仅外国人无不希望开放满洲全域,如今贵国政府高官中亦有持此论者,甚至日本人中认为理应全部开放者亦不在少数,故相反开放十六处商埠应认为过少,由此不如说是我方作出巨大让步。

袁全权:空论自可夸夸其谈,单言应行开放虽易,然实际决非如此,即从所需合适之人才及庞大费用而言,开放十六处已甚为困难。

内田全权:困难最终会转化为贵国之利益,可教化未开之人民,谋求土地之兴旺,乃为莫大之利益,今日之困难诚为贵国富强之基础。

袁全权:利益纵然不假,但姑且不论获得诸如所言之利益毕竟在十年二十年之后,如今直感困难重重也。

内田全权:终究为了将来,现今惟有忍受困难。言归现在之问题,删去末段字句以便解决,尽快达成协议方为上策。

袁全权:惟允认中国自定章程一语徒具虚名矣,实际之美名仍在贵国,故望仅将此虚名让与我方,务必保留此末段。

内田全权:所求美名亦是虚空之事,此点还望贵全权明白。

袁全权:即便虚空,因攸关体面还请务必保留。

小村男爵:非也。满洲开设商埠并非虚名,实际之形式由贵国自定章程,有何不可乎?惟事实上虽须与日本公使商议,表面采取贵国自定之形式,故若论美名,岂不足以满足?

袁全权:中国克服诸多困难,与贵国约定开设十六处商埠,贵国已然享有莫大之盛名,故表面上章程由我方自定,实际与贵方协商一事为极小之问题,切望可予以让步。

小村男爵:惟我方为难之处在于如条约内保留贵全权提案之表述,最终实际情况变为虚假,表里自相矛盾,即如允诺章程明言由贵国自定,实际却与日本协商,名不副实则为不妥。如将末段删去,仅存记会议节录内,则无名实相悖之事。

袁全权:若云名不副实,则删去会议节录内会商等语如何?

内田全权:此乃破坏根本之举也。

小村男爵:如此则变更讨论之根本,完全不值一提。

瞿全权:但贵国之主张为实,我方之主张仅为名也。

内田全权:我方亦为名,奉天、安东县等开埠条约中规定应会商决定,故此次原本亦欲在条约内载明章程须协商妥订,因贵全权称有困难之处,故于条约内删去该语,然如今条约与会议节录若皆删去极为不妥。

袁全权:我方如此做法,并不关乎贵国体面。原先有关此条款之答复内,应已事先申明章程由我方自定。

内田全权：然此为贵全权意见，而我方之原案中设有双方协定之表述，因双方意见冲突，故提议双方均于条约内删去，而载明于会议节录内。

袁全权：如将此事载明于条约内，因奉天及安东县等相关条约亦有会商章程之条款，其规定有与此次混淆之虞。

小村男爵：决不致如此，盖奉天、安东县之条约内载明有日中两国应协商订定，此次之条约则无该文字，凭此差异当不致混淆。

袁全权：条约中虽无，会议节录内载有会商章程，故最终岂非易于混淆乎？

小村男爵：会议节录非公开之物，奉天、安东县开埠条约中既有相关条款，彼此有别，但实际上仍须两国商定。

袁全权：然如贵全权所云，仅与会议节录有关，事实上岂非仍难免混淆乎？

内田全权：事实上与奉天、安东县采取同一做法自不待言，其区别在于奉天、安东县之条约内载明会商章程之语，此次之开埠为贵国之体面未于条约内言明，而载入会议节录内，事实上当然与前者并无不同。

袁全权：若云既无区别，则亦无必要讨论。然如此修改如何，即既不列入会议节录内，亦删去条约文案之末段。

小村男爵：若如此完全颠覆讨论之基础也。

袁全权：若贵国无意在条约内写入章程由中国自定之条款，我方亦可不在会议节录内提及。

小村男爵：会议节录内载入协商订定一事乃贵全权已允诺之问题，如今再作讨论时，反显复杂，甚为不妥。现讨论之主旨在于条约案末段之字句是否应予保留，然影响到应载入会议节录等已解决之问题，岂非不妥乎。

袁全权：从协商之顺序而言，我方意在会议节录内写入与贵方协商自定之开埠章程，即以条约本文内载明由中国自定章程为主，确定此事后再允准会议节录内保留协商而定之表述，故条约内若不载明自定章程，殊难同意在节录内写入协商之语。

内田全权：贵全权所言差矣。为免误解，慎重起见尤须提醒贵全权，此前允诺者为"自行开埠"一事，该事决定后再商定于会议节录内写明由贵国自定章程，须与我方商议。

袁全权：若条约明文中不写入中国自定章程，则会议节录亦无必要写入双方协定之语。

小村男爵：如此则于会议节录内写入其意义，即允诺章程由中国自定，但制定时须与日本公使协商，如何？

袁全权：条约内未载明之事项存入会议节录内，又待如何？

小村男爵：条约虽无载明，但双方商妥之事存记会议节录内，即开埠章程由中国自定，而制定时与日本公使协商事宜写入节录内，可免将来误解。

袁全权：然对我方而言，此乃条约内凭空之事存记会议节录也。

小村男爵：非凭空之语，条约内删去章程制定办法时作如下约定如何，为免将来产生误解，会议节录内订明章程由中国而定，制定时须与我方协商。决非空言。

袁全权：原本我方冀望自定章程之语未能载入条约内，而条约未载明事宜列入会议节录内又当何解？

小村男爵：条约内未有任何明言，故须在会议节录内明确之理也。

（此时唐书记官向袁全权耳语，袁全权与瞿尚书又耳语片刻，袁表示"应进一步起草草案示之"，并与瞿全权、唐书记官等商量起草。）

（内田全权称"对方似有所误会"。）

瞿全权：本项之讨论当初即甚为担心。

小村男爵：然也。本项事实上彼我双方一致，此事已有奉天等地开埠先例，故以为对于我方之提案，贵全权应无任何异议。

（此时袁全权称"此乃存记会议节录表述之草案"，并将自己起草之草案出示小村大使，其文意如下：开埠章程应由中国自定，但须与驻京日本公使妥商，不得格外挑剔【附件第七号】。）

（内田全权表示"文末格外挑剔等语不妥，中国亦存挑剔之举"。）

小村男爵：以此意旨为妥，即文末仅保留"须与驻京日本公使妥商"即可，无须"不得格外挑剔"之语。

瞿全权：此亦可。

内田全权：（笑。）若勉强言及挑剔等语，不应单指我方不得挑剔，而须言明彼我双方均不得挑剔。

袁全权：然可删去末段。

（即删去"不得格外挑剔"数语。）

小村男爵：本日时日已晚，今日暂且到此为止，余项明日再议如何？

瞿全权：同意。然明日仍自下午三时开议，且庆亲王病体未愈，仍由吾等二人出席。

小村男爵：知悉。

袁全权：唐侍郎虽为书记官，但自本日起得充任会办出席会谈，特此告知。

（旋将皇帝任命唐侍郎之谕旨副本【附件第八号】交予小村男爵。）

小村男爵：会议节录明日三时开会时再行署名，之前由双方书记官相互宣读。

袁全权：可也。

（下午五时四十五分散会。）

【附件第一号】

正约　　此款重要应请提作正约。

第六款：中国政府将俄国按照日俄和约第五款及第六款业经向日本国允让之一切，概行允诺。

按此款拟增改如下：

中国政府将俄国按照日俄和约第五款及第六款业经向日本国允让之一切，允诺如下：

甲：中国政府允许将旅顺口大连湾一带凡借与俄国各地址，均移借与日本国接受。

乙：应将旅顺口岸上划地一段，作为各国贸易商埠。大连湾全口均作通商口岸，由中国设关征税，所有居留借用界内日民与华民争讼案件，由中日两国派员会同讯办，其中国在该界内一切公私产业，日本国均应切实推重，至金州城内暨旅大定界以北之际地，仍归中国自行治理。

丙：中俄借地原约系订二十五年为限，应将俄国已享之年限控除，按现余之年限计十八年接借。

丁：旅顺口应作为中日两国公同享用军港，另订实行公用章程。

戊：日本政府允认断不侵中国主此地之权利，并允不设总督、巡抚名目。

己：该界内所驻日本军队非经中国允许不得擅出界外。

庚：应参酌中俄借地原约厘订专约。

辛：中国政府允准将由长春即宽城子达旅顺口之铁路暨业经订约许给俄国之附属利权移交日本国接受。至中俄所订中国东省铁路公司原约所有中国应享之权利，仍应照旧，惟须另订中日两国实行合办、管理、稽查各章程，其原约内所订全归中国及由中国收回各年限，应将俄人已享之年限控除，按所余年限计算。

壬：按日俄和约第八款所有两国开议联络铁路约章，中国政府得派员同议核定。

另件　以下各款除应请删去四款外，余请列为另件。

第一款：按照日俄和约第三款，一俟日俄两国军队由东三省撤退后，中国政府应立即在该地方布置行政机关，以期维持地方治理静谧。

按：此款侵涉本国内政，应请删去。

第二款：中国政府务须以在东三省地方确切施行良政，并妥实保护外国侨寓商民之命产为宗旨，应将东三省向来所施治政即行从事改善。

按：此款亦嫌侵涉，应请删去。

第三款：中国政府为妥行保全在东三省各地方阵亡之日本军队将兵坟茔以及立有忠魂碑之地，务须竭力设法办理。

按：此款素为本国所痛惜，甚愿竭力办理，应许照列。

第四款：中国政府无论如何措词，非经日本国应允，不得将东三省地土让给别国，或允其占领。

按：本国断不肯以地土让给外国，更不能允人占领，且此款损碍主权，应请删去。

第五款：中国政府按照中国已开商埠办法，应在东三省将下开各地方作为各外国人贸易工作以及侨寓之地：

奉天省内之凤凰城、辽阳、新民屯、铁岭、通江子、法库门；

吉林省内之长春（即宽城子）、吉林省城、哈尔滨、宁古塔、珲春、三姓；

黑龙江省内之齐齐哈尔、海拉尔、爱珲、满洲里。

按：推广通商本为我政府素愿，前曾恭奉大皇帝谕旨分饬筹办，正与此款相合，但首行所载"已开商埠"之"已"字，请改为"自"字，并由中国另订开埠详细章程。

第七款：中国政府允将由安东县至奉天省城以及由奉天省城至新民屯所筑造之铁路，仍由日本国政府接续经营。由长春至旅顺口之铁路将来展造至吉林省城一事，中国政府应不驳阻。

按：此款拟分别改列如下：

中国政府允将由安东县至奉天省城所筑造之行军铁路，仍由日本国政府接续经营，改为专运各国工商贸易货物，自此约画押之日起，以五年为限，届期一律拆去，或请一公估人估价，售与中国，其五年以内所有中国官商货物由该路转运，应按照山海关内外铁路章程价值给付，并准由中国运送兵丁、饷械，可按东省铁路章程办理。

由奉天省城至新民府所筑造行军轨路，应由两国政府派员公平议价，售与中国，另由中国改造铁路。此外各处军用轨路应一律拆去。

由长春展造至吉林省城一路,由中国政府自行筹款筑造,如须贷借洋款,可先向日本政府贷借。

再南满洲铁路业已工竣,所有前因造路运料暂筑至营口之枝路,应照中俄原定合同知照拆去。

第八款:在鸭绿江沿岸之地,由韩国交界划分界限,其在划界以内之木植采伐权,中国政府允让给日本国。

按:沿江居民仰给木植糊口者不下数十万,本政府断不忍夺其生计,酌改如下:

中国政府允许设一中日合办木植公司,应先划定采伐地界。至该地段广狭、年限多寡暨公司如何设立,并一切合办章程,应另订详细合同,总期中日股东利权均摊。

第九款:中国政府允各国船只在辽河、鸭绿江、松花江以及各该支流任便航行。

按:此款颇涉宽泛,保护稽查,在在为难,酌改如下:中国政府允各国船只在辽河、鸭绿江、松花江一带,凡经指定开设商埠地方,均可照内港行船章程办理。

第十款:中国政府允将奉天省沿海渔业权让日本国臣民。

按:沿海贫民大半资渔业为生,本政府尤不忍绝其生计,应请删去。

第十一款:满韩交界陆路通商,彼此应按照相待最优国之例办理。

按:此款尚公允,应许照列。

拟增另件　中国政府拟请增入七款。

第一款:中国政府为维持东方永远和平起见,应请日本国政府将现驻军队从速撤退,自日俄定约之日起除旅大借界外,按十二个月内一律全撤。至保护铁路兵队,应由中国政府查照中俄两次条约,①中国承认保护之责,并保护该铁路职事各人。所用兵队由中国政府特选精锐,分段驻扎巡护,按每华里驻兵五名,以期周密。

第二款:中国政府为尊重主权起见,应请日本国政府将因变乱或军事所有日本官民强占、擅管中国各项公私权利、产业、地方均即退出交还。若系有意损坏、强取、擅用公私财产,应由两国委员会同查明,分别补还,以昭公允。

第三款:中国政府按应有完全主权,为地方治安起见,在日本军队尚未撤完之前,得以酌派军队弹压地方、防剿土匪。惟两国军队有时逼近相遇,必由两国官员随时彼此知照,以免误会。

第四款:奉省附属铁路之矿产,无论已开未开,均应妥订公允详细章程,以便彼此遵守。

第五款:所有奉省已开商埠暨虽允开埠尚未开办各地方,其划定租界各办法,应由中国官员另行妥商厘定。

第六款:营口向驻之中国地方官,应立即饬令赴任视事,所有事权一如未经占据以前完全无缺。

第七款:日本国军官前代收奉天税捐等项,应即交还该地方官,以备地方善后之需。

【附件第二号】

日本全権委員提案第一及第二ハ一条トシテ、左ノ如ク修正スルコト:

清国政府ハ日露講和条約第三条ニ因リ、日露両国軍隊満洲

---

① 指中俄于 1896 年 9 月 8 日签订的《中俄合办东省铁路公司合同》及 1902 年 4 月 8 日签订的《交收东三省条约》。

ヨリ撤退シタル時ハ、直ニ右撤退ノ地方ニ於テ自ラ安寧秩序ヲ維持スルニ足ル行政機関ヲ設定スヘキコト、並ニ満洲ニ於テ善政ヲ確立シ、外国居留民ノ生命財産に対シ、適当且有効ナル保護ヲ與フルノ目的ヲ以テ、満洲ノ施政改善ニ着手スヘキコトヲ声明ス。

【附件第三号】

日本国全权大臣所拟条款第一、第二两款合为一款,拟改订如左:

中国政府声明按照日俄和约第三款,一俟日俄两国军队由东三省撤退后,应立即在该撤退地方自行布置行政机关,以期维持地方治理静谧暨在东三省地方确切施行良政,并妥实保护外国侨寓商民之命产为宗旨,应将东三省庶政自行从事改善。

【附件第四号】

日本全権委員提案第五ハ左ノ如ク修正スルコト。

清国政府ハ日露軍隊撤退ノ日ヨリ、六箇月以内ニ外国人ノ居住及貿易ノ為メ、自ラ進テ満洲ニ於テ左ノ都市ヲ開クヘキコトヲ約ス。

盛京省：鳳凰城、遼陽、新民屯、鉄嶺、通江子、法庫門

吉林省：長春(寛城子)、吉林、哈爾賓、寧古塔、琿春、三姓

黒龍江省：斉々哈爾、海拉爾、愛琿、満洲里

上記ノ都市ニ於テ外国人ノ使用ニ供スル為メニ、適当ナル地域ノ選択並外国人ノ居住及貿易ノ為メ定ラルル場處ノ規則ハ、日清両国政府協議ノ上之ヲ定ムヘシ。

【附件第五号】

日本国全权大臣所拟条款第五款拟改订如左:

中国政府应允由日俄两国军队撤退之日起,六个月以内将下开各地方中国自行开埠通商。

奉天省内之凤凰城、辽阳、新民屯、铁岭、通江子、法库门;吉林省内之长春即宽城子、吉林省城、哈尔滨、宁古塔、珲春、三姓;黑龙江省内之齐齐哈尔、海拉尔、爱珲、满洲里。

在上开各地方订定外国人公共居住合分地界并一切章程,将来由中日两国政府会商订定。

【附件第六号】

中国政府按照中国自开商埠办法,应在东三省将下开各地方开作各外国人贸易工作及侨寓之地。

奉天省内之凤凰城、辽阳、新民屯、铁岭、通江子、法库门;吉林省内之长春即宽城子、吉林省城、哈尔滨、宁古塔、珲春、三姓;黑龙江省内之齐齐哈尔、海拉尔、爱珲、满洲里。

在上开各地方由中国自订外国人公共合宜章程。

【附件第七号】

开埠章程应由中国自定,但须与驻京日本公使妥商,不得格外挑剔。

【附件第八号】

十月二十一日　军机大臣面奉:

谕旨　著派唐绍仪会同商议东三省事宜。钦此。

第三次正式会议谈判笔记

一九〇五年十一月二十四日下午三时十五分开议

列席者

日本：小村、内田两全权大臣，山座、落合、郑、高尾书记官

中国：瞿、袁两全权大臣，唐、邹、杨、曹、金书记官

庆亲王因病体未愈未到。

（日本郑书记官、中国金书记官先核对会议节录第一号，之后双方全权委员各自署名，各存原件。庆亲王因缺席日后再补签名，该栏暂时空缺。）

小村男爵：昨日至大纲第五条已大体商定，本日应自第六条开始逐条讨论。

袁全权：知悉。

小村男爵：我方提案第六条提出之原案包括两项事宜，其一为租借旅顺、大连及其周边地区，其二为长春以南至旅顺之铁路事宜，而该两项事宜于本全权而言惟有坚持原案，还望贵全权亦能照此允准。

之前日俄议和时，日方最为重视者，首先为满洲之撤兵，其次为旅顺、大连及其附近地区租借权之让渡，第三为长春旅顺段铁路

之让渡。所幸上述三项问题日本政府得以贯彻主张，若俄国不允此三点要求，日本甘冒任何危险亦决意继续战争，故俄国察悉日本之决心，撤兵一节大体允诺日本之要求，租借旅大与长春旅顺段铁路让渡各节完全接受日本之要求，至于其他附属问题即便俄国未允，日本亦无因此继续战争之意，遂得以达成妥协。

如此日本提案之第六条乃日本政府甘冒续行战争之危险，以坚决贯彻之决心始得俄国允诺。因此本条中两大问题，即租借旅大与让渡铁路，本全权除坚持原案、贯彻始终外别无他途，故祈望贵方洞悉此等情由，依照原案允准。

另外，就此两大问题俄国亦察知日本如此强硬之决心，未附加任何限制或条件而完全接受我方之要求。既是以此决心所获之结果，日本定当决意全力维护，故惟望照此允诺。

袁全权：贵全权提出第六条之宗旨即租借旅大与让渡长春铁路事宜，我皇帝陛下亦必欣喜允诺，惟如贵国皇帝陛下于之前颁布之宣战诏书及此次国书内均持欲保东洋永久和平之意，则贵我双方有必要讲求如何可维持和平。先前俄国于东三省所用各种手段方法多有未妥之处，以致滋生纷扰，故此次中国当可允诺日本租借旅大并让渡铁路，惟为避免产生诸如原先欠妥之事，仍不得不希望就此点妥定各项细目。

且尤须声明者原本"租"即支付代价暂借之意，然租借地从未有收取费用之事，故望此次务必只用"借"字，以示全为借地之意。

小村男爵：诚如贵全权所言，我天皇陛下期望维持全局之和平，然如适才所述租借旅大与让渡铁路乃日本不惜战争之危险坚持力争而得，对此若贵国强行加以条件限制，决难同意。如今袁全权声明言及租与借之字义解释，而中俄两国签订之租借条约已明文规定租借地内主权应由中国维持，无须再作声明。且万一日中两国间就租借地或铁路事宜产生意见分歧，中俄关系与日中关系于根本迥然不同，本全权确信无须涉及所谓维持和平问题，应另有妥协之道也。

众所周知，俄国于满洲持侵略主义，趁昔年拳乱之际遣大兵占领满洲全境，之后中国政府与俄国交涉，签订《交收东三省条约》，该条约签订过程中日本政府如何尽力想必早已知晓，如尚有不明之处我方亦可详述。然结果俄国分为三期撤兵，虽第一期如约履行，但第二、第三两期终未履行，依然维持侵略者之势。而日本与俄国之侵略主义不同，当初即采取满洲保全主义，遑论《交收东三省条约》缔结之前，缔约之后亦切实贯彻该主义，不幸终未能以和平手段达成目的。日本之保全主义与俄国之侵略主义互相冲突，不幸酿成此次之大战争，故所谓俄国自满洲撤兵乃日本决定开战之目的之一也。因此，此目的未达成之前不可止战，若此要求不被接纳，日本决意甘冒任何危险续行战争。然俄国幸而承诺撤兵，和议遂成。日本政府之所以对此问题如此重视，乃因实际上若未有撤兵，不单未达成战争之目的，旅大之租借乃至铁路之让渡亦无从谈起。如此可知撤兵之必要性乃优先于该让渡问题，极为重要。

由此进而日本主张按照我方之期望必须明确规定撤兵期限，最初俄国曾对按照日本要求明确期限踌躇不定，然日本示以断然继续战争之决心迫之，终使其接受我方之要求。若非日本迫以继续战争之决心，俄国必不会允诺订明撤兵期限。因此日本若提议应将撤兵期限定为五年、十年或二十年，俄国亦乐于接受。俄国之意最初即不订明撤兵期限，如此则不能使其撤兵，在以最强硬态度逼迫后，才最终得以同意。若非如此，一旦如其所愿确定较长期限,期间日俄两国军队继续占领满洲,保全满洲事实上将成空谈也。

为表日俄谈判中此撤兵问题之协商过程,兹已将该谈判过程之摘要汉文译本带来,待散会归去后还望详阅。

(此时小村全权将有关撤兵及铁路护路兵问题之日俄谈判进程摘要汉文译本【附件第一号】交予袁全权。)

袁全权:从适才之说明已充分知晓贵全权之意。中国已大体允诺向贵国让渡旅大之租借权及长春旅顺段铁路,此事已确定也。且如贵全权所述,贵国之满洲保全主义与俄国之侵略暨野蛮主义全然有别,本大臣深有了解。吾等以为中日两国关系尤为亲善,故关于旅大之租借及铁路之让渡,应考虑如何尽力协商,以顾全双方之和平及友好主义。前日我等全权大臣之间共同商议之结果,正如日前呈送贵方之草案条款,想必已有阅看。该条款决非专欲对日本之方案进行修订或限制之举,实乃出于呼应贵国之情谊,希冀在我国领土维持永久和平之考虑而拟成之方案也。

首先就各条说明如下。中国政府允诺旅顺大连一带俄国租借之地方由日本移借,但日本为文明进步之国,承认东三省开放之利益,中国亦体察其意,已允诺于十六处开埠通商。而俄国租借旅顺之主旨与日本稍有不同,即俄国需要旅顺在于与本国相距甚远,作为海军用地尤为重要,故竭力经营该地。然如今该地既归日本,距离相近且日本本国军港亦多,故作为军港之地位并无需如俄国一般重要。中国希冀呼应日本之文明主义,将旅顺之一部分设为通商之所,如此不仅与日本之文明主义相符,各国商民亦将感谢日本之文明举措。另希望大连全部开放作为通商口岸,即中国已按照贵国之要求开放十六处商埠,而要求贵国开放旅顺之部分及大连全部,合计仅一处半。愚意旅大之地由贵国自身开放亦关乎贵国之体面,若得允诺不啻贵我两国有利,各国亦将深表谢意。此外,若贵国开放旅大,另有胶州湾等先例,中国应可设税关,而租借地内臣民产生之诉讼事务可由贵我双方协同办理。而北部中立地相关事宜迄今载明于中俄条约内,但俄国既不遵守亦无从实行,我方为保永久之和平,出于此等亦应事先明确之考虑,特于此列明也。

其次,中俄条约于光绪二十四年签订,租借年限为二十五年,既已经过七年,剩余租借期限当算作十八年为妥,兹特事先声明。

而就旅顺作为军港中俄共用一事,原本条约内有协议,然协商多次未达一致,以致纷扰丛生,故鉴于此次日本出于保全满洲之主义及贵我之亲密关系,希望可尽量为中日两国海军妥善协商,达成协议,并得稳妥施行。

再者,中俄条约订明俄国断不侵害中国主权,且不得使用总督巡抚之名目,然俄国全然罔顾此等协议,侵害主权,另设总督,故此次仍欲按照原先协议订明一切。

另中俄条约规定清军不得进入俄国租借地,俄军不得进入我国领土,然俄国肆意派兵侵入我国领土,毫无忌惮,实不公平至极,故此次欲明确约定此项。本项决非专为针对日本,惟俄国将来若复有越过国境出兵之举,此乃可驳斥之唯一凭借,故日本若允准此项,我方欲与俄国协议俄军不得越境一事。盖俄国如经由中国领土运送士兵至海参崴本无妨,但中途士兵逗留时即有违条约,故本项主要目的在于严责俄国,并非强行限制贵国,此点希请谅解。

继而总括上述各项声明,其他事项经妥善协商,还望达成具体协议,以定详细事宜。

关于长春旅顺段铁路,中国原与俄国订有合同,允其敷设经营,此项及铁路附属利权均允准让渡贵国。

东清铁路依照中俄条约,由中俄两国共同措办。就此中国虽可稽查该铁路,然如何实行并无相关协议,且关于铁路中国应受让之权利如何处置也须协商。至于年限定为八十年,期满之后该铁路归属中国,三十六年后中国可给价收回。而合同自签署之年即光绪二十二年起算已过九年,特此声明。

又据日俄和约第八款,两国为在长春之铁路业务联络便捷起见须妥订章程。然就东清铁路而言,中国原居地主之位,且入股其组织,与之关系匪浅,协商联络相关章程时还望参与,故此声明。

以上为我方之考虑,其中或有谬误之处,未知贵全权意下如何?

小村男爵:贵全权之意见已从答复书中得知,现得悉详情。据适才之说明,其主旨已十分明了,然如方才屡次陈述,租借地与铁路之让渡已有协定,贵方答复数项条件中多半中俄条约内订有明文,现自无须再行商定。其余此次新列出之条款,其各款主旨经日前之答复及今日之说明已然明了,如多次重申满洲撤兵乃日本以非常之决心决定之事宜,现枝节之问题实无彼我争论之余地。故本大臣毋庸就贵方提案条款之说明逐一答辩,惟有请大体依照我方提案允准。

瞿全权:贵全权提出之原案只是包含整体之条款。

袁全权:鉴于与俄国所订条约欠妥,俄国所为时常违背条约,中国之提案基于东洋之治安与维持和平主义,认为须将必要之条款预作声明,除此之外别无他意。而贵国原提案仅为大纲,并非上述事宜之细则,故我方意欲制定细则。关于此等事项,与俄国订约者仅为半数,尚有一半未定,故欲进行补充以期臻于完善。

小村男爵：日本所拟提案原本简单，已包含一切。要之，日本甘冒续行战争之危险所获权利，希望贵国予以允准，颇为简单明了也。若和谈时日本未能让俄国约定撤兵，日俄军队将永远占据，满洲早非贵国所有，满洲保全根本无从谈起。然如此大局上有悖日本之宗旨，日本不惜继续战争，争论撤兵事宜，终使俄国允诺撤兵条约。因此贵全权应避免纠缠于枝节，以大局为重。本全权坚持主张日本赌以国家存亡，自俄国获得之权利应请中国全行照允，故切望贵全权不再争论枝节之事，着眼大局全行按照该原拟方案允定。

袁全权：然贵国与俄国达成之和约条款中规定须得到中国之允诺，既然如此，自不可仅以单方面之考虑视为既定事项，我方意见已如前述，还请加以考虑。

小村男爵：如适才所述，旅大之租借与铁路之让渡为日本承让自俄国之权利，除尽行照允外别无他法，此事诚请谅察，不得已再次要求予以允准。

袁全权：本全权等今日所言本即允诺贵国之主张，仅就方法而言，惟有陈述我方意见，还望进行妥商。

小村男爵：关于办法，应俟将来事实发生时再行磋商。今日之谈判就租借与铁路之让渡，请全行照允外别无任何他法。

内田全权：如小村全权最初再三强调，第六条提案乃日本赌以国运与俄国相争所得，若此事未于协定约明，今日当仍处于战争继续之状态，故本条款最为紧要也，亦请贵全权认同此点，故希望勿争论枝节之事。现阅看贵全权提出之各项条款，适才袁全权虽曾言此等条款决非限制日本，但与其称中俄条约之外新条款未加限制，毋宁是有另行限制之嫌，如照此允诺，我方应得之权利所受限制更甚俄国,日中两国之敦谊亦大受影响,故今日不得已还请尽行照允我方提案,勿争枝节之事。

袁全权:中国之前与俄国所订办法,因有种种欠妥之处,故列举出若不行改善他日恐将引发纷扰之点。为保东洋永远之和平,我方认为此等措施十分必要。现今若不就此商定,将来必多有不妥。正如日常之食物须先选取可进食之物食用,决无导致贵我意见冲突之虞。

内田全权:此言为对限制之语辩解乎?

袁全权:此乃为将来之和平考虑所述也。

内田全权:最终列举之细则如适才所述,除载明于中俄条约者稍有限制外,并无必要为维持两国治安另行约定。顾及日中两国迄今之敦谊,此等事宜今后自有协商之机会。总之正如小村全权所述,须避免争论枝节之事,故本全权等希望充分顾虑此点,允诺勿纠缠于枝节也。另有一例,光绪二十四年贵国与俄国签订旅顺大连租借条约第六款规定,大连湾除口内一港照旅顺作为军港外,其余地方作为各国通商口岸。然贵全权今日之答复书谓大连湾全部、旅顺部分开埠,本全权非欲逐条讨论,如此款即甚为不妥之一例也。现今如讨论如此枝节之事,于将来两国之交谊并无任何益处,枝节之事可留待他日协商之机会甚多,故确信今日无需就此争论。

袁全权:贵全权既谓日俄和约之第五、第六两款为根本主旨也,果如其然则贵国对我方之提案亦主要着眼于第六条,其他皆为枝节问题之意乎?

内田全权:非也。我方之意为如同意第六条,贵国提出之细则对于该款即是枝节问题,决非将其他独立条款视为枝节。

袁全权：据吾推测，贵全权如谓着重在意此事，即其他事项为枝节之意乎。

内田全权：枝节之语仅限于此条，贵全权既然大体已同意，即细则可谓枝节也。

袁全权：然所谓枝节问题仅限于此，试问最终我方所拟提案毫无合理之处乎？

小村男爵：既然贵全权大体已然同意，枝节问题之可否不宜再行争论，但将来就租借及铁路问题如需磋商时，不论两国关系处于何种情况，可得随时会商。

袁全权：依贵全权之见，宜定何时磋商乎？

小村男爵：遇有需要，届时即可会商。

袁全权：此即毫无定章。

瞿全权：本全权向两位全权进一言，日俄和约第五款、第六款内让与各种权利并未明示，无论何项均以一切之言涵盖。例如此室内田氏已居住于此五六年，现立即让与小村氏，仅言让渡该室，然该移让室内何物等小村氏当不知详情。

小村男爵：此事明了，日俄条约第五、第六两款，即俄国向日本移让时，其所拥有一切之意。

瞿全权：尚有不明之处也。

小村男爵：贵全权等列举之提议内有贵国与俄国之条约中订有明文者，如参阅中俄条约立可查明。

瞿全权：其意亦只是日俄和约第五、第六两款概述之，并不明晰。

内田全权：该两款虽言概括，实非概括，乃最为精确，凡法律所定条文，未有比其更为恰当也。

瞿全权：但仅凭日俄和约并不明了，中国拥有东三省主权，仅言俄国向日本让渡东三省之权利，中国之主权如何并不清晰，土地归属于中国主权之下，须能明确中国拥有主权方可。

小村男爵：就本款之文案，如有表述上修改之意见可进行商议。

袁全权：我方声明之条款如何？

小村男爵：其为枝节之问题，大体如定则不必要也。

内田全权：方才袁全权曾询问宜定何时磋商，我方回答有必要时可行商议，眼下即有一必要时机。例如于大连湾设立税关时，其场所是否选定为租借地即为一问题，故无需担心。

袁全权：日前小村全权曾向瞿全权言及，此第六条作为正约，其他作为附约，如方才所言，贵全权提案之第六条与其他各款均列为正约，我方提案各条款另立一附约如何？

小村男爵：此仅为形式之问题，无论何种方式均为同样情形也。

袁全权：然贵全权如就此各项条款有所意见，可进行磋商如何？

小村男爵：就第六条正文之文案表述，如有意见可提出方案商榷，然无论正约抑或附约，如贵全权提案列举数项，加以条件则断难允诺，故无须再就各项进行说明。

袁全权：如我方愿与贵全权磋商，还望贵全权亦应我方之请相与协商。

小村男爵：宗旨上正是如此。

袁全权：然则我方所拟提案为我方意见，还望就此磋商。

小村男爵：此乃枝节之事，即便现在此不作协商，将来遇事时亦可相商。

（此时袁全权向瞿全权表示，协商时机亦未定，且是否可磋商亦未知，此话甚不可靠。）

袁全权：双方主旨皆一致同意让渡，所谓枝节问题实际上仅有少许出入，还望协商如何调整。

小村男爵：如前所述，贵全权提案中列举之事项多载于中俄条约，其他事项并无现今必须磋商之必要，此等将来届时再可商议。此外，日本决无考虑向贵国要求更甚于允让俄国权利之事。

袁全权：如适才向小村全权所述，中俄条约有种种流弊，致生纷扰，且俄国为垄断性侵略主义，日本为文明主义，为保贵我两国之和平我方才提出如此条款也。

小村男爵：诚如所言，日本持保全主义，非如俄国进行垄断或侵略。既然见信于保全主义，此类枝节问题岂非宜待将来乎？此际已然再三申明，故希望按我方原案全行照允，如欲修改条文表述，可提出草案，我方愿就此磋商。

袁全权：然我方所拟草案作为另条列出如何？

小村男爵：不可。如此仅为形式之变化，实际为同一性质也。

袁全权：然依照昨日之例，存记会议节录内如何？

小村男爵：此事已载明于中俄条约，故无此必要。如坚持将此事列入正约、附约或会议节录，乃不信任日本之举，怀疑日本也。日本绝不会行不妥之事，故无论正约、附约或会议节录，碍难允诺将此事列入。

袁全权：然对于贵国之提案，我方逐条进行磋商，对于我方之提案，岂非也应稍行磋商哉？

小村男爵：然正如特意申明，中俄条约已明文约定者无需重新商定,且日本断难同意于条约订有明文外新加限制。

袁全权:然不再坚持明文订定,可否将贵全权允诺遇事随时磋商之意存记会议节录内?

小村男爵:此议无妨。

袁全权:然希望列举我方所拟提案细则,将随时商量之意写入其内,如何?

(小村、内田两全权声称:"此与作为根本之本条款如何制定有关也。")

袁全权:应如何着手?

小村男爵:首先就此条之表述,希望确认是否无任何异议,视其情况再商议是否存记会议节录内。

瞿全权:我方认为,中俄两国协定并不适用于中日两国,尤其希望中日之间应由中日两国商定。

袁全权:中俄条约无效,故不适宜。

小村男爵:决非无效。

内田全权:并非无效,对于长春以北仍然有效也。

小村男爵:中俄条约现与之前虽有同样效力,至满洲南部中俄协定之权利让与日本,中俄间原有权利仍旧存续。

袁全权:然以公平之理论之,俄国多有违反中俄条约之举,故意在谓其效力薄弱。

内田全权:所谓效力强弱之意不明,凡条约仅有两种,完全有效抑或完全无效。

袁全权:此话姑且不论,关于本案是否符合贵意尚不知晓,本全权起草一案还请阅之。

(此时袁全权执笔开始书写。)

袁全权：（面向小村男爵。）租借地与铁路事宜，贵全权是否认为中日两国之间有必要另行规定？

小村男爵：否，并无必要。贵国让与俄国之权利允诺全行移让日本之语已足够。

袁全权：然将来遇有铁路及租借地事宜须与中国协商时，通过俄国协商乎？如此岂不甚为迂回哉？

小村男爵：然将来有关租借地及铁路事宜直接由中日两国协商，其协商结果或多少对中俄条约有所变更，尤其此种情形应仍由两国协商改订。

瞿全权：可也，惟房屋、土地等买卖如双方之间无任何协议，岂不缺少相关依据乎？

小村男爵：自有依据，即贵国与俄国签署之条约，非明证乎？

瞿全权：其亦因将来之协商有变更之处。

小村男爵：有变更之处自当变更，无变更之处应仍照原样。

瞿全权：此仅为口头之言，岂可无任何凭证无凭无据乎？对我方而言亦无凭无据，贵国岂非同样亦无相应标准乎？

内田全权：故即所谓根据该款表述之决定，应将必要时进行协商之意存记会议节录之语乎？

袁全权：第六条之下，添加如下一节也。

（将修改文案递予小村全权，原文如下：惟俄国所有不遵守中俄两国借地造路原约之处，日本政府承允照中俄所订借地造路原约实力遵行，嗣后遇事乃随时与中国政府妥商厘定。）

袁全权：如采纳此节将撤回细则。

小村男爵：（一览之后。）此节即便不载明，日本原本即秉持这一宗旨，无须于条约内订明。然两全权如认为添入更宜，可表同意。

瞿全权：我方非怀疑日本，惟事先订明更佳。

小村男爵：此节无妨，惟在此特别申明，俄国长春以北之铁路之后仍持续经营，故该地或有违反条约之举，届时贵国考虑如何处置？

瞿全权：应向俄国充分交涉，要求其改正。

小村男爵：如是此意，相信贵全权之言，无须于条约内特别订明。俄国设有违碍条约之举动，应由贵国向其严责驳正，此主旨应存记会议节录内。

袁全权：知悉。

内田全权：另有略须注意之处，适才袁全权提出之追加文案中有俄国不遵守条约之语，此对我方尽管无妨，但有略微欠妥之嫌。

袁全权：此为我方要求写入，俄国不遵条约等语正乃事实，故无妨。

小村男爵：现仅是贵国意见固然无妨，然日后公布条约时即为贵我两国之协定，惟今日日本与俄国已成友邦，公然宣称其友邦俄国不守条约似稍有欠妥，如何？贵国言俄国不守条约等语当无不可，而日本对于友邦俄国，不宜于条约内明言俄国不守条约，故删去前半部分，仅存日本政府承允等语可也？

（此时间有杂谈。中国全权等称，"我等不管如何考虑，对于俄国之行动深感遗憾，故欲添加此节也"。小村全权谓"此语应出自袁总督之意"。内田全权谓"实际上深有同感"。）

瞿全权：如此亦符合我方之宗旨。

小村男爵：删去日本政府承允之前部分如何？

袁全权：应行删去。

（此时袁全权决定删去前段文字，以示小村全权。）

袁全权：然我方撤回所拟提案。

内田全权：最初之"惟"字似无保留之必要。

袁、瞿两全权：概行允诺之句删去后，无"惟"字亦可。

小村男爵：今晚有英国公使馆晚宴之约，今日恰好议定此条，明日当再行商议。

袁全权：知悉，明日仍是三时开议。

小村男爵：可也。

瞿全权：庆亲王病体未愈，故无法参会。

小村男爵：不知病况如何？

瞿全权：只是不可久坐，并无重病。

（下午六时十五分散会。）

【附件第一号】

议定满洲撤兵并铁路守备兵专条始末：

西历本年八月九日，日俄两国全权大臣始在美国波斯都毛斯地方会商议和约款，至是月二十九日业经将和约大纲议定后，再拟定妥所有详细条款，以便遵行。因查前经在议和草约第二款言明，日俄两国应据续约所定，除旅大租权效力所及地方外，由满洲地方同时开办，全行撤兵等语，日本全权大臣即为商订此项续约起见，在同日会议提及草约，今将该草约开列于左：

大日本国全权大臣、大俄国全权大臣为施行本日签印之和约第二款所订之事，商订专条开列于左：

日俄两国彼此允约，将屯驻满洲地方及满洲附近地方之两国军队，分定下开三期，全数并同时一律撤退。

第一期在和约批准后十日以内撤起,四个月以内撤完。日本军队应向新民厅、奉天、抚顺、兴京、怀仁、楚山线内暨豆满江右岸撤退。俄国军队应向伯都讷、桃赖昭、山河屯、额木索、珲春线内暨豆满江左岸撤退。

第二期自第一期撤完之日起,四个月以内撤完。日本军队应向牛家屯、大石桥、岫岩、凤凰城、安平河口线内撤退。俄国军队应向胡拉尔吉①、齐齐哈尔、墨尔根、爱珲线内撤退。

第三期自第二期撤完之日起,两个月以内撤完。日本军队应向辽东租地境内暨韩国交界内撤退。俄国军队应向俄国交界内撤退。

上开专条各款一经和约批准,则此专条亦视为一律批准。

俄全权大臣谓:撤兵一事,固属格外事宜,在军事技术上诸有为难之处。本大臣等未便言明意见,非俟转商驻在东省之武官后,无由核实议定。今姑以本大臣意见言之,撤兵事宜,固宜将日俄两军同时开办,并期将两军兵数每得平准为宗旨,但如何能得实行此宗旨,则惟顾铁路运兵之力并地方情形何如耳。故谓未便即此定议,必俟转商满洲军司令官而后可云云。日本全权大臣乃谓:所有详细条款定为由两军司令官协定亦无妨,但其紧要宗旨必须在会议和约之时一同议定,载明续约,以凭核办。今俄全权大臣如以该草约为不可,则由俄国拟出一草约可也。俄全权大臣当即允诺。

日本全权大臣意又谓:保护满洲铁路事宜并须彼此订明约款,以防藉口保护铁路之事,在东省地方驻屯大兵,亦极属紧要,是以在同日会议将铁路守备兵无论何故,每一基罗迈当不得逾五名

---

① 即今黑龙江省齐齐哈尔市西南富拉尔基镇,《清季外交史料》卷 193 将此处误作"胡拉尔古"。

之议提及矣。

俄全权大臣乃谓：限定守备兵数为每一基罗迈当五名之事，或似未妥，何则？若俟至永远回复太平情形，东三省地方全归宁静之日，则虽为是数，或无不可。时未至此，则五名之额诚恐或形不足，不若定为此时以前两国各得合宜办理之为优。日本全权大臣驳云：本大臣固自信是数必能保护铁路而有余，惟中国情形自不与各国相同，变生不测或在所未免。此时若觉兵数不足，则由两国相商，临时酌添亦未为晚。但将其大概兵数预由两国限定，以免另生枝节一事尤属紧要，且协定之法并无甚难云云。于是俄全权大臣再提及日俄两国宜照路线长短，由两国相商随时酌定守备兵之议。日本全权大臣坚执不允，谓：守备兵数必须预在续约上核实商定。俄全权大臣遂将守备兵数商定在续约内载明之事允诺矣。

八月三十日以后，日本全权大臣屡经向俄全权大臣咨催赶速拟出撤兵草约，迟至九月二日，乃示及下开草约：

俄全权大臣所拟撤兵及护路兵草约：

日俄两国允约，务须从速由满洲撤兵。在前敌阵地屯驻之军队应尽先撤退。在满洲地方留驻之日俄两国军队，无论在何时，其兵数必须彼此大略相等。

日俄两国政府为将各自铁路沿线并产业及运输事务妥为保护起见，预行存留留驻护路兵之权。此项护路兵之数应视路线长短为准，彼此商允订定，其在每一基罗迈当兵数必须彼此相等。

所有两国军队统将彼此应订撤兵办法以及限期等各专条，须按照上开宗旨办理。

查该草约内未定撤兵期限，并未定守备兵数，是以日本全权大臣再拟一新草约，提示俄全权大臣如左：

日本全权大臣修改草约：

第一款：日俄两国政府一俟和约遵行，彼此立即并同时开办由满洲地方撤兵。自和约遵行之日起，十个月限期内在满洲地方驻扎之日本军队应撤退至辽东半岛租地界内及韩国交界内，其俄国军队应撤退至俄国交界内。

第二款：日俄两国军队应将在各前敌屯驻之兵尽先撤退。

第三款：日俄两国为保护在满洲之各自铁路沿线起见，预行存留留驻护路兵之权。但此项护路兵之数，按每一基罗迈当不得逾五名。

第四款：在满洲之日俄两国统将应按照前开宗旨，将撤兵事宜细目妥为商定。

俄全权大臣仍谓：俄国定期撤兵实觉甚难，非考查实在情形后，未便即知若干日内能否照办，全行撤退，因愿其详细章程由满洲两国军司令官察核商定，今在和约内只约明从速撤兵可也。日本全权大臣驳云：议定限期撤兵一事，本国政府最所注重，必要在和约内核定限期，而其限期将以十个月为合宜云云。

俄全权大臣再述：俄国撤兵只有一条铁路，并在东部悉比利地方本无停宿多数军队之备等事，极言定期撤兵一事俄国比日本更难等情。日本全权大臣乃告以俄国万难将十个月定为撤兵之期，则特允缓限为十二个月之意。俄全权大臣尚答此限期内亦未能言明果否全行撤退，故和约内未便约明此事。于是日本全权大臣再论撤兵事宜将约明期限尤为紧要之理，且谓：俄全权大臣果不能言明十二个月内全行撤兵事，不得已而允在和约内议定，准两国军司令官察核实在情形，从速撤兵，合宜办理外，约明限期无论何故不得逾十八月等事。至是俄全权大臣允诺矣。

前开限定铁路守备兵数一项,俄全权大臣再谓:东省情形何时能得太平,现在尚难逆睹,而其未归太平以前,欲得保护铁路期其安全,必须多兵守备,是以议和约款内未便限定其数,但宜由两国军司令官相商,照铁路长短随时限定其数,如此办法,始于实际有益云云。日本全权大臣必不以为然,谓:守备兵数是否有若干足用,固视东省情形何如而后能定,是理或然,但预定每一基罗迈当五名之数,则断不至或形不足。俄全权大臣答谓:守备兵只有五名之数,全行撤兵后万一另生事变,又何以保护铁路得其安全乎。如至东省情形全归宁静之日,则是数或无不足,惟就现在情形而言,必欲预定此数万难允诺。本大臣以为定为由两国军司令官察核情形,随时商定必需之数可也。日本全权大臣极论其不可,倡言必须由两国全权大臣预定其数,因谓俄国必不以五名之数为然,乃不得已而更增为十名尚可。日本全权大臣之意在冀图俄全权大臣允诺,及早了局,而俄全权大臣尚坚执不可,并谓:如以为有紧要必欲预定兵数,则从多限定其实在兵数,仍由两国军司令官察看东省情形,而后酌定,而在和约内只载明以每一基罗迈当二十名谓最多之数可也。日本全权大臣再驳云:如以每一基罗迈当二十名为最多之数,则守备兵数徒致太多,或恐于事未妥,断难允准。惟俄全权大臣以十名为少,则特允在和约内所定最多之数定为每一基罗迈当十五名,而实在需用之数,则由两国军司令官察看东省情形,在该最多之数内从少酌定。议至是,俄全权大臣仅肯允诺,而续定约款始得订立,其条款开列如左:

大日本、大俄两国政府允约,于前开和约遵行后,彼此立即并同时开办由满洲地方撤兵。自和约遵行后十八个月限期内,两国军队除辽东半岛租地外,应由满洲地方全行撤完。其撤兵时由两国前敌撤起,在日俄两国预行留存为保护两国满洲铁路得驻护路兵之权,此项护路兵每一基罗迈当不得过十五名,但于此限定最多数目以内,日俄两军统将参酌切实情形,将此项护路兵务须会商,从少限定。而在满洲之日俄两军统将按照前开宗旨,将撤兵事宜细目妥商订定,务须从速并无论如何,不得逾十八个月期限内将兵一律撤完,须要办法,彼此商定施行。

（附件第一号译文）

満洲撤兵及鉄道護衛兵設置ニ関スル追加条款設立ノ沿革：

明治三十八年八月二十九日「ポーツマウス」軍港内ニ於ケル日露両国講和全権委員ノ会見ニヨリ、講和ニ関スル重要ノ各条件協定セラレタルヲ以テ、両国全権委員ハ直チニ細目ニ関スル討議ニ移レリ。而シテ講和条件第二条第一号ニ於テ、日本国及露西亜国ハ同条約ニ附属スル追加約款ノ規定ニ従ヒ、遼東半島租借権カ其ノ効力ヲ及ホス地域以外ノ満洲ヨリ、全然且ツ同時ニ撤兵スルコトヲ互ヒニ約シタルヲ以テ、該追加約款ヲ協定スル為メ、日本国全権委員ハ同日ノ会議ニ左ノ如キ撤兵案ヲ提出セリ：

下名ノ日本国皇帝陛下ノ全権委員及露西亜国皇帝陛下ノ全権委員ハ、本日調印ノ講和条約第二条ノ規定ヲ実行セムカ為メ、左ノ追加約款ヲ協定セリ：

日本国及露西亜国ハ満洲及其附近ニ於ケル両国軍隊ヲ左記ノ三期ニ分チ、全然且ツ同時ニ撤退スヘキコトヲ互ニ約ス。

第一期：講和条約批准後十日以内ニ撤兵ヲ開始シ、四ケ月以内ニ終ルヘキコト。日本軍ハ新民庁、奉天、撫順、興京、懐仁、楚山ノ線以内及豆満江右岸ニ撤退スヘキコト。露西亜軍ハ伯都

訥、桃頼昭、山河屯、額木索、琿春ノ線以内及豆満江左岸ニ撤退ス
ヘキコト。

　第二期：第一期終了ヨリ四ケ月以内ニ撤兵ヲ終ルヘキコ
ト。日本軍ハ牛家屯、大石橋、岫岩、鳳凰城、安平河口ノ線以内ニ
撤退スヘキコト。露西亜軍ハ胡拉爾吉、斉々哈爾、墨爾根、愛琿
ノ線以内ニ撤退スヘキコト。

　第三期：第二期終了ヨリ二ケ月以内ニ撤兵ヲ終ルヘキコ
ト。日本軍ハ遼東租借地及韓国国境内ニ撤退スヘキコト。露西
亜軍ハ露国領土内ニ撤退スヘキコト。

　前記追加約款ハ講和条約ノ批准ト共ニ、批准セラレタルモ
ノト看做サルヘシ。

　之ニ対シ、露国全権委員ハ満洲撤兵ノ事タル全ク特別ノ問
題ニシテ、数多技術上ノ困難アルカ、故ニ同全権委員等ハ之ニ関
シテ何等ノ意見ヲモ発表スルコト能ハス。又満洲駐屯ノ陸軍官
憲ニ諮詢セサレハ、精確ノ協定ヲナス能ハス。同全権委員ノ私
見ニ拠レハ、撤兵ハ日露両軍同時ニ之ヲ行ヒ以テ、各時期ニ於ケ
ル両軍隊ノ数ヲ略ホ同一ニスルコトヲ原則トスヘシト雖モ、如
何ニシテ此原則ヲ実行スルコトヲ得ルヤハ、重モニ鉄道ノ輸送
力及土地ノ実況ニ依テ之ヲ決スヘキモノナルカ、故ニ直チニ決
スルコト困難ナリ、必ス満洲駐屯軍司令長官ノ意見ヲ徴セサル
ヘカラスト答ヘタリ。日本全権委員ハ撤兵手続ノ細目ニ亘ル事
項ハ戦場ニ在ル司令官ノ協定ニ任スヘキモ、大体ノ原則ハ講和
会議ニ於テ之ヲ協定シ以テ、条約ニ附属セシムルノ必要アルヲ
以テ、露国全権委員ニ於テハ本件ヲ考量シテ、之ニ同意スルコト
能ハサルナラハ、之ニ関シ露国ノ方ヨリ対案ヲ提出センコトヲ

希望スル旨ヲ述ヘ、露国委員ハ之ヲ承諾セリ。

　次ニ日本全権委員ハ満洲鉄道ノ保護ニ関シ明確ノ約束ヲ結ヒ置クコトノ必要ヲ認メ、八月二十九日ノ会議ニ於テ、右守備兵ハ如何ナル場合ニ於テモ、鉄道一「キロメートル」ニ付五人ヲ超過セサルヘキコトヲ提議セリ。

　之ニ対シ、露国全権委員ハ守備兵ノ数ヲ一「キロメートル」ニ付五人ト限ルハ策ノ宜キヲ得タルモノニ非ルヘシ、他日平和ノ状況全ク回復シ、満州全般静謐ナルニ至ラハ、該数ト雖モ或ハ実際ノ必要ニ応スルニ足ラム、然レトモ此状態ニ達セサル間ハ、五人ノ員数必ス不足ナルヘキヲ以テ、其時ニ至ル迄ハ、両国各適当ト認ムル兵数ヲ置クコトヽナスコト然ルヘシト述ヘ。日本全権委員ハ前述ノ兵数ハ実際ノ必要ニ応スルニ足ルモノト信スレトモ、清国ニハ数多ノ非常且ツ不測ノ事柄アルヲ以テ、共ニ将来右兵数ノ不足ナルヲ認メタル時ハ、両国ノ合意ヲ以テ之ヲ増加スルコトヲ得ルコトヽナシテ可ナルヘシ。然レトモ守備兵ノ数ハ必ス両国ノ協議ヲ以テ之ヲ定メ置カサルヘカラス、而シテ之ヲ定ムルニ付何等困難アルヘキ理ナシト述ヘタリ。是ニ於テ露国全権委員ハ日露両国政府ハ各其ノ所有スル鉄道ノ延長ニ従ヒ、時々双方協議ノ上其守備兵ノ員数ヲ定ムルコトヽセント提議シタルモ、日本全権委員ハ守備兵ノ員数ハ正式ノ議定書ヲ以テ確定シ置クヲ要スル旨ヲ論シ、露国全権委員モ漸ク之ニ同意シタリ。

　八月三十日以後日本全権委員ハ数回露国全権委員ニ対シ、撤兵ニ関スル対案ヲ速カニ提出センコトヲ督促シタルニ、露国全権委員ハ漸ク九月二日ニ至リ、左ノ如キ対案ヲ提出セリ：

追加約款：

両締約国ハ成ルヘク速カニ満洲ノ撤兵ヲ実行スヘキコトヲ約ス。前面陣地ヲ占領スル軍隊ハ最先ニ撤退セサルヘカラス。満洲ニ残留スル日露両国軍隊ノ数ハ、各時期ニ於テ両国凡ソ同様ナラサルヘカラス。

日露両国政府ハ其各自ノ鉄道線路財産及運輸ヲ保護セムカ為メ、守備兵ヲ置クノ権利ヲ留保ス。該守備兵ノ数ハ線路ノ延長ニ従ヒ、双方ノ合意ヲ以テ定メサルヘカラス。而シテ双方トモ線路ノ各「キロメートル」毎ニ同数ナルコトヲ要ス。

前記ノ原則ハ、両国軍隊司令官ニ依リ締結セラルヘキ撤兵方法及期限ニ関スル別約ノ基礎タルヘシ。

右ノ対案ハ撤兵ノ期限モ定メス、鉄道守備兵ノ数モ制限セサルヲ以テ、日本全権委員ハ同日之ニ対シ更ニ左ノ如キ新案ヲ作リ、露国委員ニ提議セリ：

本日附日本国及露西亜国間講和条約第二条ニ関シ、下名ノ全権委員ハ左ノ追加約款ヲ締結セリ：

追加約款：

日本帝国政府及露西亜帝国政府ハ同時ニ且ツ講和条約ノ実施後、直チニ満洲ヨリ各其ノ軍隊ノ撤退ヲ開始スヘキコトヲ互ニ約ス。而シテ該条約実施ノ日ヨリ十個月ノ期間内ニ、満洲ニ於ケル日本国ノ軍隊ハ遼東半島租借地内及韓国々境内ニ、露国ノ軍隊ハ露国領土内ニ撤退スヘシ。

前面陣地ヲ占領スル両国軍隊ハ最先ニ撤退スヘシ。

両締約国ハ満洲ニ於ケル各自ノ鉄道線路ヲ保護セムカ為メ、守備兵ヲ置クノ権利ヲ留保ス。該守備兵ノ数ハ一「キロメートル」毎ニ五名ヲ超過スルコトヲ得ス。

満洲ニ於ケル日本国及露西亜軍司令官ハ前記ノ原則ニ從ヒ、撤兵ノ細目ヲ協定スヘシ。

露国全権委員ハ露国ニ取リテ満洲撤兵ノ期限ヲ定ムルコトハ甚タ困難ニシテ、質地ニ就キテ調査スルニ非レハ、果シテ幾日月間内ニ撤兵ヲ実行シ得ヘキヤ否分明ナラス、故ニ精細ノコトハ満洲ニ於ケル両国軍司令官ノ協商ニ委任シ、講和条約ニ於テハ、単ニ成ルヘク速カニ撤兵ヲ行フヘキ旨ヲ約束スルニ止メント主張セリ。日本全権委員ハ撤兵期限ヲ定メ置クコトハ日本政府ニ於テ最モ重キヲ置ク所ニテ、講和会議ニ於テ必ス該期限ヲ協定スルヲ必要トス、而シテ該期限シモ十個月トナスコトハ、日本ニ於テ相当ト認メタル所ナリト述フ。

露国全権委員ハ之ニ対シ、露国ハ撤兵ヲ行フニハ只一条ノ鉄道ニ由ルノ外ナキコト、且ッ東部西比利亜ニ於テ大軍隊ヲ止宿セシムヘキ設備ナキ等ノ事情ヲ述ヘテ、期限ヲ定ムルハ日本ニ比シテ甚タ困難ナリト言ヘリ。日本全権委員ハ露国ニ取リテ十個月ヲ以テ撤兵期限トナスコト困難ナリトノコトナラハ、之ヲ十二個月ニ延長センコトヲ提議シタルニ、露国全権委員ハ此期限内ニ於テモ尚ホ果シテ撤兵ヲ完了シ能フヤ否ハ確言スルコト能ハサルヲ以テ、講和条約ニ於テ必ス十二個月以内ニ撤兵スヘシト約束スルコト難シト述ヘタルニ付、日本全権委員ハ撤兵ノ為メニ或ル期限ヲ約定シ置クコトハ絶對的ニ必要ナルヲ論シ、露国全権委員ニ於テ十二個月以内ニテモ果シテ撤兵ヲ完了スルコトヲ得ルヤ否ヤ確言スルコト能ハストノコトナラハ、両国軍隊司令官ヲシテ実地ノ事情ノ許ス限リ、成ルヘク速カニ撤兵ヲ完了スルノ措置ヲ執ラシムルコトヽナシ、之ニ加フルニ如何ナル場合ニ於テモ、超過スヘカラサル期限ヲ十八個月以内ト定メ置クコトヽナサント提議シ、漸クニシテ露国全権委員ノ同意ヲ得タリ。

　鉄道守備兵数ノ制限ニ関シテモ、露国全権委員ハ満洲ノ状態ハ何レノ時期ニ至レハ、静穏ノ状態ニ復スヘキヤ差當リ見込附キ難ク、而シテ其状態ニシテ静穏ニ帰セサル限リ、鉄道ノ安全ヲ保護スル為メニハ、随分多数ノ守備兵ヲ要スヘキヲ以テ、講和条約ニ於テ此兵数ヲ制限スルコトナク、満洲ニ於ケル日露両国司令官ヲシテ、時々ニ必要ノ数ヲ各自鉄道線路ノ延長ニ比例シテ協定セシムルコトヽナスコト実際有益ナリト述ヘタリ。日本全権委員ハ守備兵数果シテ幾何ヲ以テ足レリトスルヤハ、固ヨリ満洲ノ状態如何ニ由ルコトナレトモ、其数ハ一「キロメートル」ニ付五人迄置キ得ルコトヽセハ充分ナラント述ヘタルニ、露国全権委員ハ一「キロメートル」五人以内ノ守備兵ニテハ、満洲ヨリ撤兵シタル後一朝事変アル場合ニ安全保護ノ目的ヲ達スルコト難シ、満洲ノ状態静穏ニ帰シ安心シ得ヘキ時期ニ至ラハ、一「キロメートル」五人ノ守備兵ニテ充分ナランモ、目今ノ形勢ニ於テ此数ヲ制限ト定ムルコトハ到底同意シ難シ、故ニ守備兵ノ数ハ状勢ニ応シ、其都度満洲ノ両国司令官ヲシテ必要ノ数ヲ協定セシムルコトヽナサント云ヒタルヲ以テ、日本全権委員ハ守備兵数ノ協定ヲ全然軍司令官ニ委任スルコトノ不可ナルコトヲ論シ、是非トモ両国全権委員ニ於テ制限ヲ定メ置クコトヲ要スル旨ヲ述ヘ、且ツ此制限ヲ一「キロメートル」ニ付五人トナスコトハ、到底露国委員ニ於テ同意スルコト能ハストノコトナラハ、

之ヲ増シテ一「キロメートル」十人トナサント述ヘテ、露国全権
委員ノ同意ヲ促シタルモ、露国委員ハ尚ホ之ニ同意セス、若シ守
備兵数ニ対シ是非トモ制限ヲ設ケサルヘカラサルナラハ、成ル
ヘク多数ニ之ヲ定メ置キタシトノ旨ヲ述ヘ、精確ノ数ハ実際ノ
事情ニ照シ、両国ノ司令官ヲシテ協定セシムルコトヽシ、条約ニ
於テ之ニ加フル制限ハ、一「キロメートル」ニ付二十人トナサン
コトヲ提議セリ。日本全権委員ハ一「キロメートル」二十人迄
置クコトヲ得ルコトヽスル時ハ、守備兵ノ数著シキ多数ニ上ル
コトヽナルヘキヲ以テ、到底同意シ難シ、然レトモ露国委員ニ於
テ十人ノ制限ニ同意スルコト能ハスト云ハルヽヲ以テ、条約上
ニ於ケル最大数ノ制限ハ一「キロメートル」十五人トナシ、而シ
テ実際必要ノ数ハ両国ノ司令官ヲシテ実地ノ事情ヲ考査シ、前
記制限内ニ於テ可及的少数ニ協定セシムルコトヽナサント述
ヘ、漸クニシテ露国委員ノ同意ヲ得タルナリ。

第四次正式会议谈判笔记

一九〇五年十一月二十五日下午三时十分开议

列席者

日本：小村、内田两全权大臣，山座、落合、郑、高尾书记官

中国：瞿、袁两全权大臣，邹、杨、曹、金书记官

庆亲王因病未到。

小村男爵：昨日所呈日俄和谈议定满洲撤兵备忘录汉文译本，不知是否已过目。

袁全权：已阅看，由此可体察贵大使一番苦心也。

小村男爵：此乃以供参考而呈送。

瞿全权：亦应请庆亲王参阅。

小村男爵：昨日磋商至第六条，今日应从第七条开议。关于第七条，因对我方最初所拟提案略有修改，还请阅看新提案。

（此时小村大使将修正案交予袁全权【附件第一号、第二号】。）

瞿全权：稍有变更。

小村男爵：关于本条铁路事宜，先就日本为何必须维持该线路之主旨略作说明。原本日本之所以希望维持奉天至安东县及奉

天至新民屯铁路,并非欲以此谋利,乃因主要为满洲防御也。

如两位全权大臣所知,大凡动用数十万兵力,粮食、弹药之运输尤为紧要,若此运输能力无法发挥时,实为寸步难行,故此前战争中诚如所知,出动大军时此粮食、弹药之运输颇费周折,即一方面自大连沿铁路运送,另一方面经鸭绿江及朝鲜或是趁辽河解冻之际利用其水路,方得艰难达成。故防御南满洲,仅凭奉天至旅顺之铁路毕竟不足恃,由此为将来之防御准备,此乃本案主旨之重点,还望谅察。

如贵全权所知,俄国因此次战争之结果,其东洋之经营已遭根本性打击,然其将来若整顿内政,再起经营东洋之志,意欲恢复最初之地位或未可知。果真如此则不可不预作应对。若不幸变为现实,不论日本将单独面对,或是出于时宜日中联合,必须对此有所准备。若准备充分,俄国应不会轻易再启衅端,故铁路对于满洲防御关系重大,如其挑衅可行防御,而有防御之准备,彼亦不致生事,希望贵全权大体允诺此极为重要之铁路事宜。

此外,日本无意永远维持该铁路,具体期限及其他条件照长春至旅顺铁路办法同等办理无妨。

袁全权:关于安东县至奉天、奉天至新民屯铁路,其土地为中国领土,贵国在该地设军用铁路时,未曾与中国进行任何商议,故中国对上述事宜可谓一无所知。依道理而言,宣布战争结束时我方亦可要求将其拆除,然如此贵国会遭受损失,故并未主动提及。

此次战争身处战地之中国官民蒙受损失实不在少数,若贵国以将来防御军务为目的维持该铁路,该地区百姓等必将疑窦丛生。且中国断不允许东三省重新沦为战地,假如由中国维持铁路,出于中日两国之敦谊,如将来一旦有事自可提供日本使用,即由中日两国使用,可供日本用于防御。

小村男爵:满洲之防御决非坐而论道,乃实力之问题也。三十年后或许诚如贵全权所言,但近期之内应无如此可能,故在贵国实力强大之前,如不凭借日本之力进行防御,终将无法实现。铁路之有无乃关乎能否防御南满洲之重大问题,因此该铁路之期限及条件等须与贵国协商,希望大体上照日本要求之主旨予以允诺。

袁全权:防御一事取决于兵力之配置,故三年或是五年内臻于完善毕竟难以企及。然我方非无敷设铁路之力,现中国正大力推行,渐有成效,敷设铁路较充实兵力自当更易实现。若此铁路由中国维持管理,贵国可共同利用,结果与贵国自身用于防御岂非无异乎?

小村男爵:日俄战争中铁路已发挥巨大作用,无论俄国还是日本,正是依靠铁路战争才得以展开。若无铁路,战争亦无从进行。由此铁路对于战争,实有至关重要之关系。而一朝有事之际,为使其完全发挥效用,必须自平时预作充分周到之准备。但铁路并非只以单线或复线即可用于军事之物,而是重在临机应变,目前可用于防御之物必须平时即作好经营准备。若非如此,不足以充分发挥作用。因此安东县至奉天及其他铁路须与贵国商议期限等事宜,但如大体上不由我方维持经营,将不能达到此铁路之主要目的,故再次要求希望设法满足日本之希望。

若欲保障将来数十年内满洲无事,此铁路仅出于经济上之目的,则在日中两国任一方手中都无妨,但既然担心数年内或有事,则实有必要当有事之时归于担负防御责任者之手,作为防御计划一部分进行经营。

而同样在中国国内之铁路,或有国有、民有之区分,此等铁路从国防之必要,性质上应全部国有,并制定相应之制度。现日本亦有部分铁路为国有,其他由数十家公司经营,此次战争因未及充分整合,故有论者谓应从军事之必要将其合并进行统一管理。此等论调并非所谓只要有铁路,即用作军事需要之意,而是有必要平时开始准备经营,其经营亦须遵循一定目的,并从日常加以实施。

日本暂时须担负防御满洲之责任,既然此乃无可争论之事实,此铁路亦与此有关,若不能予以充分经营,防御之目的必难达成,故还望体察此情,允准我方所请。

袁全权:贵全权意在希望按照与长春至旅顺铁路同一期限及条件办理乎?

小村男爵:然决非永远占领之意。

袁全权:日俄和约第七款规定,长春至旅顺铁路除租借地外,不得用于军事目的,只可专以商工业为目的。但适才所言专为军事战略计划作准备,与条约规定似略有不一致之处。原本由中国经营,他日就如何作防御准备,可秘密与日本协商,如此即便我方所有,一旦有事亦可发挥作用,与日本所有时无异。中国自有理由提议拆除日本已敷设之铁路,但如此日本将有所损失,出于两国敦谊,中国于前日之答复书中并未作如此要求,还望熟读我方提案。至于贵全权所云该铁路军事上十分必要,贵国在此次战争中自朝鲜运兵,最初并无铁路,岂非获得大胜乎?

小村男爵:关于贵全权所言,有若干须说明之处。首先,日俄和约第七款规定双方不得经营以军事为目的铁路,其意乃日俄两国不得在铁路沿线修筑炮台,或不可以防御攻击为目的运输大量军队。所谓自俄国领土通往海参崴之铁路不得用于军事之目的,亦是平时不得于沿线修筑炮台,运送大量士兵之意也。盖俄国平日已作各项战争准备原属当然,因其正在各自准备之中。如以此为目的之车站结构设置、机车或客车、货车之准备等,对此并无法进行任何干涉。同理日本为保无事,亦须作相应之准备。其次,袁全权适才所谓此次战争日本自鸭绿江进军,虽无铁路亦获大胜之言,但日本无铁路付出何等艰难想必贵全权深知矣。无此铁路光大军移动即是难事,又付出巨大伤亡,耗时巨大。此次战争中,俄国常备军队有一百二十万之众,我日本仅有约十分之一十五万人,若俄国将其大军迅速集结于满洲,日本胜利之希望渺茫。故日本在战争时采取在俄国运送大军至远东前先攻击其薄弱一环之作战计划,所幸目的得以达成。但我军进军路线上未敷设铁路,因此平添诸多牺牲,甚感困难。此间消息袁全权应知之甚详,若有铁路,当不致有如此程度之人命及财产牺牲,战争亦将早日迎来终结。

另外,若有此铁路,日俄战争当以辽阳一战告终,即我军充分攻击俄军侧面,可对库罗帕特金全军造成重大打击,将就此结束战争。若有此铁路,俄国将不能侵入开原、铁岭及奉天以南,此缘于俄军时刻担忧其侧面有遇袭之虞,故不会轻易南下,最终导致不会进犯南满洲,而我军亦将于同一时间集中兵力进一步进攻北方。此般铁路对战争之重大影响,还请充分体察。

袁全权:日俄和约第七款主要规定,日俄两国在东三省地方各自经营专以商工业为目的铁路。且将来东三省土地为各国共同利益均沾,不可独许日本利益也。而该铁路乃日本擅自敷设用于军事,如中国直接允准,将来俄国在其势力范围内,不经中国承认任意采取同样军事行动,敷设铁路据为己有,无论日本还是中国岂非皆不可有异议乎?故我方希望表面上由中国自身敷设,私下可允诺由日本用于军事行动。

小村男爵：日本希望拥有此铁路，虽云为满洲防御，但平时专用于商工业，且商工业之用并非仅限日本人，中国人及外国人自然均可享受同等利益。若非如此，从铁道经营层面难言有经济效益。故目的虽为军用，平时亦非维持军用，而是专用于商工业，各国人等均可享受其利，此点还望谅察。

袁全权：关于将来之防御，贵国已拥有长春至旅顺铁路，至于奉天至安东县铁路，如适才所述不论何种情况，若协定密约有事时可就贵国军用进行通融，防卫之目的岂非亦可达成乎？

小村男爵：此法并不足以达成目的。第一，虽说为密约，但决不会长久保密，终有公之于世之时；第二，有事之时，日中应联合应对，必可平定，但视具体时机，日本亦不得不单独应对。此时贵国当严守中立，故无法履行密约，上述方法并不可行。要之，如适才所述须妥善准备南满洲之防御，杜绝俄国再起之念，日本本非好战，与其交战毋宁消弭战争，为此须作准备，故如铁路完备，即便俄国有再起之念亦无法付诸实施。该铁路与此关系重大，故望贵大臣了解其保持完整无缺乃日本甚为重视之处。

袁全权：俄国允诺将长春至旅顺口铁路让与日本，中国对此同意，此已暗含将来防御之意。而中国自身维持奉天至安东县铁路，自然也与将来之防御有关，无论是届时质押日本，或是作为借款抵押归日本所有，抑或视形势签订防御密约，均以合乎日方情况为宜。若日本允诺由中国所有，则我方利益甚大。其一，日本如不再维持军事占领期间擅自敷设之铁路，将其返还中国，对中国甚佳；其二，若俄国不经中国承认擅自于哈尔滨地方敷设铁路时，中国无力拒之，为防发生此类大弊端，此乃最为有效之策，故认为最终由我方所有更为有利。

中国决无故意为难日本之意,现俄国亦对恰克图、库伦等地铁路有所觊觎,如答应贵国之要求,俄国当会立即擅自经营该铁路。

内田全权:适才袁全权声称缔结奉天至安东县铁路为中国所有之密约,视时机可供日本使用,此言极为危险。本大臣作为中国之良友,欲提醒其危险之所在。如方才小村全权所言,今后事变发生之时日中共同应对,不管何种情况都无妨,若非如此贵国将面临极大困难。俄国十年之后必卷土重来,此点必须预作准备,届时周边之形势未必对中国宣布中立有利,如此中国拥有该铁路将带来极大麻烦。况且如以密约形式供日本使用,贵国甚感困难,明知密约不利之处仍不得不支持日本。铁路于军事上之重要性正如小村全权方才详述,该铁路如完全为贵国所有,他日该地区必成战场之时,俄国或要求即便战场该铁路也应中立。然日本必须将该铁路付诸军用,贵国将陷于极为窘困之境地,故该铁路须与长春至旅顺铁路采取相同措施,即置于同一组织之下方为有利。

据袁全权所言,该铁路如让渡日本,俄国必将仿效,因此须采取同一措施。本全权对此须作辩明,其理由有二。一为平时之举措,二为战时之举措。若平时俄国以中国向日本让渡铁路之事为借口,不经中国允诺,擅自敷设海拉尔至蒙古,或是恰克图经库伦至张家口之铁路,此乃一如既往继续侵略之举,当断然拒绝。对此,不单是中国自身,日本亦决不可坐视。此种情况必须防止,但本问题与其有别,故无须担忧会有所涉及。且万一十年或二十年内日俄两国再次交战,俄国战时或有敷设铁路之举,乃彼此目的迥异,即俄国为侵略,日本为防御其侵略,彼时贵国自有充分理由拒绝俄国之要求。

袁全权:方才内田全权声称将来有事之际,中国虽保持中立但因有密约,最终仍无法严守。然今后若发生战争,中国不应处于中立地位。即便万一中立,其中立为开战前夕而定,故中国于宣称中立十二个月前,将该铁路让渡日本或是借予日本使用有充分余地。且称俄国为侵略主义、日本为防御主义之言,于俄方而言,自是俄国为防御主义、日本为侵略主义,故我方提案对双方均可接受。

内田全权:袁全权所称宣告中立十二个月前应将该铁路转让日本,此实对贵国不利。如此意味着毕竟无法保持中立,既将铁路让渡日本,即对俄国表示敌意,故最终必须联合日本采取协同步骤。在此协商正是为避免此种情况。又如俄国视日本为侵略者,本国为防御者之语,从贵全权口中闻知,本大臣甚感意外。关于此等道理,本全权于会议之前已向袁总督确认无上述之意,原本自此战争之起因回溯既往历史,当无此言,尤其适才言辞应无特别涵义。

袁全权:侵略云云仅为一例。俄国原为强词夺理之国,此等言辞当司空见惯,故只是作为一例述之。俄国蛮横之举于旅顺已人尽皆知,所言如俄国不租借旅顺,则恐他日被日本占领,此即为俄国暴言之一例。

瞿全权:中国将该铁路让渡日本时,俄国也将作出同样要求之担忧并非空谈,此乃事实。推度俄国之欲求,首要如库伦、恰克图线乃最为确实之例。现已提出要求,为我方所拒即是事实。总之中日两国可开诚布公、直陈意见,但俄国素来强词夺理,故铁路也会援引日本之例,不管我方是否允诺,实际都会自行敷设。届时我方无充分实力予以拒绝,终将求助日本之实力,则将给日本带来麻烦。故依据中国之提案,贵国固然有利,我方亦有拒绝俄国要求之借口,岂非对双方皆有利乎?

小村男爵:贵我之讨论已然明了。方才袁全权曾言此次贵国允诺将旅顺至长春铁路让渡日本实有防御之意,然正因此意才允诺让渡日本。而安奉铁路自防御角度而言,其重要性决不亚于旅顺至长春铁路,实有重大关系,日本极为重视此点自是当然。一旦有事之时,有无该铁路将决定胜败,切望务必将此条列入协定。至于将与战争成败密切相关之铁路让渡日本,担忧俄国将以此为口实横生窒碍之语,其意甚不可解。若俄国图谋大举恢复,为达目的其志决不在满洲铁路,实际上在于灭亡满洲,而非一条或两条铁路线之问题。且我方如铁路之准备周全,俄国无法流露侵略满洲之意,亦不会提出不当要求。如强行提出无理要求,必须明白不只是中国,亦将与日本为敌。然若无该铁路之准备,俄国或再度采取侵略态度未可知,故该铁路关系到可否保全整个满洲之重大问题,并非只是诸如担忧给予俄国口实之小问题。此等大问题还请贵全权充分考量。

且眼下贵国正锐意致力于练兵,相信有朝一日必可独力防止他国之侵害无疑。然至彼时为止可由日本代替贵国单独应对,故日本尽管于此次战争耗费莫大战费,今后仍将谋取进一步扩张陆海军,此点还请谅察。

袁全权:如方才所言,该铁路归中国所有,他日有事之时尚有归日本所有,名义上抵押或是质押给日本之法。要之,宗旨在于保全满洲,故我方提案对日本亦无妨,亦符合中国保全之主旨,于双方应最为妥当,如此中国可得国土和平及保全之实。

小村男爵:满洲之保全最终取决于实力,此次日俄战争已是明示。战争爆发前已使尽所有外交手段,但仅凭外交手段无法达成其目的,最终只得诉诸实力解决。今后亦如此,不可能只凭讨论。日本相信今后战争时机必将再至,届时绝不可有万万分之一失败之危险,故极为重视该铁路,无法如贵全权所言以姑息手段达成防御目的。日本决非旨在侵害,而是出于防御目的完全有必要贯彻这一宗旨。适才所言之姑息手段,我方实难允诺。

袁全权:东三省为我中国之领土,保全其自是我当然之事,如有可能无需借助日本之力,我方亦有独力保全之责任。然以中国之力并非三年或五年可成之事,终究须待八年十年之后。而照贵国之保全主义,如中国允诺此条款,则当下即有弊端,产生种种麻烦,中国自身不能防止,再次劳烦日本则又将蒙受巨大牺牲,如此实在于心难忍。故按照贵国之保全主义,为免眼下横生危险,仍需恳请贵全权妥商。

小村男爵:如前再三所述,该铁路以实力谋求保全最为必要。且以实力保全为贵国当然之责任,毫无疑问应俟不远之将来贵国拥有实力之时。虽兵力培养决非旦夕可成,日本已决心此数年间代替贵国承担其责直至时机成熟,必须预作准备。下场战争比此次规模更大,决非易事。俄国现计划将单线之西伯利亚铁路改为复线,若实现,下场战争实际将能输送成倍以上之兵力。对此日本亦有必要作相应准备,故根本问题在于应如何筹划防御,若不从今日着手万全之准备,至有事时则全无作用。为达成此目的,该铁路不可或缺之重要性已再三陈述如上。既然日本已决心并准备数年间自己担负防御责任,为达成目的拥有此铁路最为必要。满洲之保全实为实力问题,就安奉铁路两位全权大臣之意见亦非绝对拒绝日本之要求,虑及与日本之敦谊,主张可允准以五年为限。然五年内贵国如能完备防务,自然无妨,但日本预计并无可能,因此须由日本代替贵国,实际担负防御责任。在此期间,作为防御准备,绝对有必要将该铁路归日本所有。

袁全权:诚如贵全权所言,中国之武备短短数年内无法臻于完备。盖日俄开战以来,我国各省总督、巡抚自不待言,本总督亦希望中日联合以抗俄国。然以内田公使为代表,各国皆认可中立,因而最终决定中立。发布中立宣言后,中国官民普遍与诸位一样热切盼望日本胜利,中国即便表面上维持中立,暗中给予日本方便一事,虽不知外交官如何评论,但如福岛(安正)少将①、青木(宣纯)②大佐当熟知一切。但战地中之中国官民因日军而身处困厄该如何处置,其情状或有甚于俄军所为。尤其此乃战争中不得已之事故,但如今议和成立后,我官民仍遭受困苦乃事实。而中国政府出于中日敦谊,对此未置一词,并命官民应予忍耐,毫无反对日本之态度,反而多表同情。此岂非中日敦谊之证据乎?惟最后希望日本不要再造成百姓苦厄。该铁路之让渡期限定为五年,期限过后我方预计应亦实力渐增,故若五年不够,还可延长期限。要之,上述事宜还望贵全权大臣体察,以免中国陷入窘境。

小村男爵:袁全权所言中立之事,及开战当初贵国政府及总督、巡抚等希望日中联合一事,当时早已知晓。而日本之意见为如与贵国联合应战,虽对日本极为方便,但明知此等方便仍进而劝告

---

① 福岛安正:1852—1919,日本长野县人,军人,官至陆军大将。历任驻华、驻德公使馆武官、参谋本部第三部长、第二部长、大本营参谋、满洲军参谋、参谋次长、关东都督等职。1890年代中期自德国返回日本时,曾因单骑冒险旅行穿越西伯利亚而声名鹊起。1904年6月出任满洲军参谋,1905年11月作为日本全权大臣小村寿太郎随员赴北京参加中日谈判。

② 青木宣纯:1859—1924,日本宫崎县人,军人,官至陆军中将。曾先后四次出任驻华公使馆武官,此外历任第一军参谋、旅顺要塞司令等职,在华期间合计长达十三余年,是日本陆军"中国通"的代表人物。

中立,乃因相信联合对贵国或东洋大局不利,而特意忠告毋庸联合,即舍弃自身之方便,以图维持大局。日本赌上国运之大战争,舍弃自身之方便,为大局劝告中国中立,实乃日本政府之英明决断。进一步详述作出如此决断之理由,若贵国支持日本,表明联合之态度,战争将不仅限于满洲之一部分,成为波及中国整体之问题,届时各国趁机将采取何种举措令人担忧。此担心一旦成真,东洋之大局决难得保,贵我两国之不利实莫过于此。故为保全此大局,日本甘受不便,劝告中国维持中立。原本自去年开战以来至战争结束,承蒙贵国政府及贵总督对日本军队行动多行方便之处,日本知情者已然熟知,深谢贵国之情谊,本全权自也熟稔于心。方才袁全权提到此节,对于多行方便之处当再次深表感谢。有无此等方便与战争胜败密切相关,贵国给予方便一事本属机密,但此间既是秘密场所,相信即便言明亦无妨,故在此深表谢意。

与此同时,此事可谓贵国政府及袁总督对大势判断透彻,自有先见之明,对此本全权深表赞赏,即已预见到日俄战争之结果,如万一俄国胜利将会带来何种后果。假如日军败北,被驱出满韩地区,第一日本国运陷入危险,日本帝国之安全将失去保障。第二俄国挟其势决不止于满韩,恕本大臣直言,俄国若平素包藏欲将俄帝国与清帝国合二为一之野心,结局必将如此。如日军败北招致如此结局,于情理首先危及日本,其次危及贵国。如此结果实则关系两帝国之安危,贵我两国官民中明事理者自然有所洞悉,即此点为两国利害一致之处。贵国中央政府及袁总督已怀先见之明,早已预想到此结果,既在此大问题上意见一致,却仅因一条铁路线之问题无法妥协,本全权深以为憾。

袁全权:最初中国严守中立乃依据中央政府之意见而定,因担心若不守中立,必将引起国际风波,故中国并非是预测日本终将胜利。于贵国而言,料想最初亦未必预期必胜。中国当初宣布中立时颇受各方攻击,尤其奏折堆积如山,皆云将来如日本战胜俄国,惟有希望日本不再为难中国。而政府内部如瞿大臣,地方如本总督,饱受外部责难,如此次关于东三省善后事宜之正式会议,仅数次会晤今日已听闻有外部诘难,则将来想必困难更甚。如前所述,铁路年限将在力所能及范围内尽力协商,但力所不逮之处则无能为力,故我方提案中年限数若有不足,希望协商几年之后可达中国具备实力之时。适才贵全权感谢之辞甚为感激,实不敢当也,还望亦能体察我等处境,以副我方期望。

内田全权:方才所称战时我军给贵国官民造成困扰一事,本大臣在此期间作为驻华公使关注贵国政府及袁总督对于世界大战之行动,且直接负责各种交涉之责任,熟知具体情况,在此特有一言相告。原本开战之初,本大臣依据政府训令,向贵国政府忠告应严守中立之际,与庆亲王商议后,得袁总督允诺将尽量给予方便。迩来袁总督在情况允许下予以我军方便一事,本大臣与小村全权一样深表感谢。但袁全权方才话语中提及中国尽可能提供方便同时,身处战地之中国官民因日军蒙受困厄一事,因此料想对于第七款尤感难以承允。故本大臣向贵国之厚意致谢同时,必须表明本大臣所感。原本无论日军是否战胜俄军,其结果将会如何? 万一俄国取胜,贵国又将蒙受何等惨状? 想来贵国已有充分预想。既自知此事关系重大,且攸关贵国安危,岂无现今再稍作进一步努力之考虑。且所言官民蒙受困扰之事,外务部已多次前来交涉,不管怎样,大军出动过程中此等一二事毕竟难免。关于此事,迄今外务部已有数次照会,每次调查多为无稽之谈,谣言讹传。例如邮递脚夫被活埋云云,本大臣立即详细调查,证实完全为无稽之谈。而日军方面尽可能严守军纪,并对贵国皇祖发祥之奉天陵墓予以充分保护,当时贵国政府对此甚为感谢。对我方而言,如今进一步索取报酬亦可。此想法并非仅限日本人,鸭绿江之战后某国外交官曾向本大臣言,日俄战争后日本获取之土地,即自满洲营口至九连城区域内即便日本全部占有,各国亦无异议,甚至谓中国当必定允诺。我政府顾全大局,为避免上述情况,未向贵国提出过分要求及割让土地。而第七款鉴于军事上之必要才提出此要求,还望考虑此等情形,充分研究以副我方宗旨。

袁全权:贵国为保全东亚劝告中国中立一事,上至达官下至平民都知晓贵国之好意,心存感谢。适才提起我政府尽可能为贵国军队提供方便,福岛少将及青木大佐等尽皆明了,并非希望贵全权等致谢之意。且战地之官民等有困厄之感,既逢战事,此等情形本难以避免,但本全权述说之意,不过是比较日俄两军于同一场所对白姓造成困苦之程度而已。故日军对待百姓若较俄军友善,百姓等自然会表示感谢之意,即便为同等措施,亦同样会表示谢意。然若有较俄军更为过激之事,自然就有所言之若干申诉。

继而适才内田全权言道,本条款为日本鉴于大局,提出要求之条件,中国理应允诺,又称某国人言现可提出更甚要求。若是从所谓贵国顾全大局之措施考虑,上述理由应不成立。从日本顾全大局,劝告我国采取中立考虑亦然。就两国间协议,本全权自当允诺所有协定不致产生任何弊端,但若产生弊端,即便为本全权应予允诺之事,仍需背负不可推卸之责任,故希望切勿致生纰漏。

今日出于两国教谊,双方开诚布公,畅所欲言实乃大为可喜之事,然两国情谊之辞到此为止,以下希望就正式问题进行商议。

（此时袁全权起草相关案文。）

小村男爵：今日有关正式问题，双方全权之真意已坦率吐露，本大臣坦陈己见，贵全权亦毫无保留，此实同感欣喜。然关于该项条款，贵全权是否已拟成方案？

袁全权：现就此铁路事宜有三种情形。第一，奉天至安东县铁路乃以机车运行；第二，奉天至新民屯铁路乃以人力运行；第三，长春至吉林铁路尚未敷设。因此，须作区分逐一进行商议。

小村男爵：知悉，即照此言分为三件讨论。

袁全权：首先关于安奉铁路，我方并非全部拒绝，须对其办法进行讨论。现希望就此磋商。

小村男爵：第一项之安奉铁路，诚如贵全权所言，非绝对拒绝，期限定为五年即可，但我方认为仅五年碍难允诺，希望与旅顺至长春铁路期限保持一致。

袁全权：旅顺至长春铁路与此情况有别，应区别对待，保持一致甚为困难。

瞿全权：五年期限若太短，亦可延期。

小村男爵：若区别于长春至旅顺铁路更为方便，我方并无意争一二年之长短，就期限等有所区别亦无妨。

袁全权：贵全权谓五年时间中国实力未臻完备，本全权并不如此认为，但期限可协商定为五年以上。

小村男爵：日本于明治五年改革陆军，同时颁布征兵令，逐渐扩充军备，经三十二年，时至今日，方培养至匹敌俄国之实力。

袁全权：如依照上述比例，中国人口多于日本，比较而言假定以十倍论，年数则约十分之一，即仅三年两个月内完成。当然此绝对无法做到，只是玩笑。惟愿彼此协商，采取折衷方法确定年限。

小村男爵：本大臣言及年数，因袁总督称经五六年当完成军备，才介绍日本之经验，表示上述目标并非容易达成。要之，兵力之充实并非人数增多即可，兵力重在须全员精神高昂，亦有必要培养人才。

袁全权：然日本十年前已达强盛，实际与俄国对敌虽为今日，但十年前日本凭当时之强盛足可与俄国对战也。

小村男爵：日本十年前仅有六个师团，仅凭六个师团毕竟无法展开此次这般大规模之战争。

袁全权：贵国设六个师团后已有二十年。

小村男爵：否，已十二年矣。

袁全权：六个师团时尚无西伯利亚铁路，故俄国亦无法输送过多兵力。

小村男爵：所言甚是。

袁全权：实际上按中国之人数及年限折算比例，确定彼此折衷之年限，即协议经儿年后中国可赎买。所云赎买或撤去，实际拆除日本建造之铁路只是表面文章，并非欲对贵国造成损失。

又如方才所述，军事行动时应采取何种措施，例如拳乱时我关内铁路被各国占领，关外铁路被俄国占领，事件平定后均归还中国，即不过为一时占领则无妨。

小村男爵：无须最初讨论，应协商后再行协定。

袁全权：然也。

小村男爵：第一项为奉天至安东县铁路，第二项为奉天至新民屯铁路，第三项为长春至吉林铁路，则应先从第一项开始协商。

袁全权：知悉。

小村男爵：第一项仅为期限长短之问题，贵全权称希望以期限之差异区别于长春至旅顺铁路,此可允诺。至于如何区别,日本决非执意于仅为二三年或四五年差别之争,还望双方妥商达成一致如何?

日本对于期限之希望,因该铁路为长春至旅顺铁路之一部分,故希望采取同一办法办理,因其命运亦息息相关,同一处置更为便利。然贵全权既望期限有别,则退让一步,期限定为二十五年如何?

(此时袁全权望向瞿全权,露出意外神色。)

瞿全权:整体而言中国并非拒绝之意,虽已允诺该铁路,但年限过长吾等两位全权碍难当即允诺。增加二十年直至二十五年实在颇为困难,还望贵全权谅察。

袁全权:最初提议五年亦我政府内部意见大体一致而定,今增加四五倍实难应允。若增加少许年限,本全权可在职权范围内商定,但过多实在困难。

小村男爵:作为铁路经营年限,二十五年为最短期间,如低于此无法经营铁路。佐证即为贵国允准诸外国之铁路期限均多于此,未有少于此者。

袁全权:关于军用之铁路与商业用途者不可混为一谈,故按照与其他国家协定以外资敷设之铁路同等办理,设定年限如何?

小村男爵:其具体方法为何?

袁全权:其有多种年限,或二十五年,或三十六年。然以外资敷设之经济型铁路,其经营方若为日本可由日本人担任,若为英国可由英国人担任。对于资金,各自制定几年内偿还利息,几年内偿还本息,偿还本息后全部归中国所有,依据这一方法如何?

小村男爵:此法不可,期限之问题不可牵涉其他问题。关于期限一事,按照贵全权提及年限之确定,该铁路平时用于商工业,故必须进行改良工程以便商工业使用。目的虽为军事之用,但经营为商工业性质,则并非由政府自身进行,而是应由政府指定之公司进行。若期限过短,毕竟无法达成收支相抵之目的,故无论哪国铁路之许可皆无定为二十五年以内者。日本之私营铁路,其最短期限即为二十五年。

袁全权:贵国如由公司经营,则中国借贷该公司资金岂不两便乎?

小村男爵:然本全权所称公司经营,乃指长春至旅顺铁路之一部分,单独经营则收支决难平衡。故即便由公司经营,仍然须与旅顺至长春铁路合并经营。

袁全权:中国借贷资金之铁路,作为旅顺长春段干线铁路之支线,商定协议如何?

小村男爵:如此则收支无法相抵,仍须作为旅顺至长春铁路之一部分经营。

袁全权:接续办法应无大碍,如何?

内田全权:所谓接续办法,乃合并之意乎?

袁全权:即铁路相互联络之事。如卢汉线之正大支线为俄国资金,道清线为英国资金,汴洛线为比利时资金,即便资金投入国家各异,均须相互联络,同等分配利益。

小村男爵:此乃各线皆为收支有望平衡之线缘故。

袁全权:然而若奉天线连至义州,再接续至釜山,必有利可图。且即便目前商议之协定,中国赎买时不仅本金无需偿还,利息亦由中国负担,故无需担心有所损失。

小村男爵:方才所言各国以经济目的自中国获取敷设权之铁

路,与此并不相同。本件之铁路与其大有区别,不可一概而论。

本日原想商妥此事,但因已有晚宴之约在先,时间亦大为延迟,其余可留待明日再议。

袁全权:知悉。总之本件之讨论由二十五年说而起,希谅察为荷。

(下午七时五分散会。)

【附件第一号】

日本国全権委員提案第七ハ左ノ如ク修正スルコト:

清国政府ハ、日本国政府ニ於テ安東県奉天間及奉天新民屯間ニ敷設シタル鉄道ヲ長春旅順間鉄道ト同一ノ条件ヲ以テ、維持運用スルコトヲ承認スルコト。

長春旅順間鉄道ヲ将来吉林ニ延長スルコトハ、清国政府ニ於テ異議ナキコト。

【附件第二号】

日本国全权大臣所拟条款第七拟改订如左:

中国政府允将由安东县至奉天省城以及由奉天省城至新民屯所筑造之铁路由日本国政府维持经营,按照由长春至旅顺口铁路一律办理。

由长春至旅顺口之铁路将来展造至吉林省城一事,中国政府应不驳阻。

第五次正式会议谈判笔记

一九〇五年十一月二十六日下午三时十六分开议

列席者与上次相同,庆亲王因病未到。

小村男爵:本日应继续讨论第七款。

袁全权:可也。

小村男爵:昨日因安奉铁路之期限问题,双方意见未趋一致而散会。

袁全权:我等就年限事宜与同僚商榷后,现欲作如下规定,即本大臣等意见为若日本以军事方法经营该铁路,则期限终究不可设为长期。若延长期限,希望以借款办法进行商业经营。此为本全权等意见,且经昨日熟议,期限最长不得超过十年。诸位手中可有此案?

(提出文件。)

小村男爵:此为昨日协商之件,与之前送交之原案相同。

内田全权:可有以借款办法敷设铁路之章程或合同草案等?

袁全权:有如卢汉铁路或关内外铁路等相关条款。

内田全权:此为无论何时偿还借款,中国可赎买之规定,其中有无提及期限?

袁全权：内有期限。借款造路规定，五年以内仅付利息，自第六年开始支付本息，二十五年偿清。另有期限三十年、三十六年者。如卢汉铁路规定，十年后若有资金，自可收回。

内田全权：若适用于该问题之铁路，应依据何种办法？对不借贷资金之铁路，又应采用何种办法？

袁全权：中国借款造路者，由中国聘用该国技师及事务人员，日本自身筑路则难以允诺适用上述规定。

小村男爵：然目前之问题在于期限，方才袁总督谈及有军用与商用之区分，仍有略显模糊之处，还请详细说明两者区别之主旨。

袁全权：例如日本政府以军用目的经营，该铁路即为日本政府所有，专由政府敷设经营，非公司经营，乃政府之事业。如此按照原案以五年为期，若觉短促可展延至十年。若用于商业，可依据法、比、英等国前例，商定相关年限。

小村男爵：用于商业者年限如何？

袁全权：现日本所有之安奉铁路应由双方派员勘定现存物品，估算其资本额，支付相应本息。

小村男爵：此乃商用办法乎？

袁全权：然也。按中国之铁道经营方法，运用日本资金，应聘用日本人，与日本公司缔结合同。

小村男爵：按照此意，若安奉铁路作为军用经营，则期限不可定为十年以上。

袁全权：十年以上实难应允。

小村男爵：所谓十年应自何时起算？

瞿全权：应自缔约之日起算。

　　小村男爵：关于期限，昨日商谈已久。贵全权希望将长春至旅顺铁路与安奉铁路之年限区别对待，而我方希望将两者统一，按照长春至旅顺铁路办法一体办理，期限可缩短为二十五年。

　　袁全权：本条之铁路与长春至旅顺铁路不可相提并论，即长春至旅顺铁路为战争结果接受俄国让渡，安奉铁路乃贵国因军事目的擅自敷设，两者情形迥异。

　　小村男爵：事实虽诚如贵全权所言，但长春至旅顺铁路乃日本受让自俄国，并须得到贵国允诺，具有一定目的。

　　袁全权：自我方视之，土地乃中国之土地，贵国以军用擅自敷设，现战事告终本当希望拆除，鉴于两国敦谊未作上述要求，故欲将期限定为五年，如不足可展期至十年。

　　小村男爵：贵全权之意已了然矣。然本大臣之见，日本自俄国受让长春至旅顺铁路，所谓皆有一定目的，即将来用于防御之意也。

　　袁全权：用于防御之事昨日贵全权已反复阐明，本大臣亦充分知晓，并陈述我方意见。然该铁路即便由中国管辖，对贵国岂非亦无任何损失乎？

　　小村男爵：此点昨日业已详细说明理由，且进行磋商，如足以解决并无必要继续协商，但为将来之防御不可不作进一步协商。自应达成防御之点而言，安奉铁路与长春至旅顺铁路并无丝毫区别，两者皆为防御之不可或缺部分。但贵全权认为双方性质有所不同，望就两者期限有所区别，故为作区分昨日同意缩短安奉铁路之期限。而该铁路原本平时用于商业，中国人、日本人及各国人均可使用，享受同等利益，因此为平时商业之用方便各国人民享受利益，希望务必进行线路改良。而改良工程须耗时若干年，且花费不菲资金,方能合乎商用目的,故假设为十年期限,改良工程所需三年,剩余仅有七年。此七年短期之内,终究难以回收资金,又预计无法取得相当收益。若设为二十五年,已投入之资金可有相当回报。若设为十年,工程竣工后仅剩数年,未达资本之一定回报如约年息五厘已届期满,故无论如何希望设为二十五年。

袁全权:然经过十年中国赎回铁路时,以现在之状态仍需支付相当之代价,故对于公司之利益相信并无损失。

小村男爵:以现状无法提供商用,必须施行改良工程,为此十年太短,至少需二十五年。该铁路既带军事目的,兼具商用,改良后供平时商用,预计可得相当之利益。但贵全权切望缩短期限,本大臣等愿再退让一步,提出两款提案,其一改为自缔约之日起二十年,其二为自改良工程竣工之时起十五年,务请从中择一协商妥定。无论如何研究,若贵全权不从以上二法中择一,我政府别无其他办法,故再次切望多加考量后从中择一酌允。

袁全权:改良事宜由贵国政府经营,抑或交由个人经营乎?

小村男爵:打算由日本公司经营。

袁全权:于我方而言,政府与纯粹个人公司之经营方法截然有别。若公司经营,自有与各国合同之先例,合同年限亦可订为长期。对于目前以军用目的敷设之非完全铁路,仅施以土石方工程改良者暂且不论,为商业用途须从根本加以改良者,必须采取与其他各国合同同样之方法。

小村男爵:该铁路与迄今允准各国公司组织之铁路,具体情形及目的均有所不同。迄今允准各国之铁路仅用于商业,即仅以此谋取利益,该铁路之目的有别,主要为军用,与纯以收益为目的之铁路旨趣有异,故不可按照迄今仅以商业目的经营之铁路同等办法办理。

瞿全权：依迄今中国许以他国之方法，经营商业并非一定有悖防御之目的，故贵大臣若希望多设年限，应仿效公司之例，依照允准他国之年数。

小村男爵：但依公司之法时，目的有所不同。该铁路主要为军用，故实际无法执行。

瞿全权：决无窒碍。

袁全权：例如自铁路管理者至理事，若全部都由日本人担任或有不便，改作重要部门由日本人出任，可自由行事亦毫无窒碍。

小村男爵：此乃根本性问题，日本政府或日本政府指定之公司经营等语为既定方针，如今不可变更。现问题仅在于年限，故希望就年限进行磋商。

袁全权：贵全权之原案中有"奉天至安东县铁路已筑造之铁路，由日本国政府维持，经若干修缮后用于经营"等语，如适才所言，若由公司经营新筑线路，其主旨岂非已作改变乎？

小村男爵：非也。依照最初方案，为永久维持该铁路，应加以改良，平时供作商用，一旦有事之际，可供军用。今日之现状无法供作平时商用，因此欲对其施以相当程度之改良。

袁全权：所谓改良，具体指何种程度？例如土木工程未臻完善，或进行加固，或是仅限于桥梁改建。此外，所称新设一公司改造全部线路，此处颇有差别。若其意由日本指定之公司加以进一步改造，依照顺序贵政府理应先与中国磋商，再进行指定。本案未决定之前，事先指定公司等语实为不当。

小村男爵：改良之处具体如何进行此间实难明言。正如贵全权所知，现铁路只作军用，须改良至可用于运送各国商品之程度。

袁全权：目前岂非正在运转？

小村男爵：虽在运转，但目前专供军用，并未用于运输旅客及货物。

袁全权：现供作军用者，已用于运输粮食、弹药、马匹等重物，既已堪当此等用途，再仅作稍许改良即可。例如将桥梁修缮完备，可在运转同时加以进行，故改良所需期间应为一年左右，想必如我方提案十年期限已足够矣。

小村男爵：军队运输过程中进行改良工程颇为困难，徒增混乱，毕竟无法实施。现今鸭绿江方面有港口运送士兵回国，多数士兵运至该处，极为拥挤，故军事行动中施行改良工程，终究不可行。

袁全权：依我等意见，尤其贵国仍继续维持目前之军用铁路，如前所述实难允诺确定较长期限。若指定其他公司，则援用其他前例，可就延长合同年限进行磋商。

小村男爵：我方之意为由日本政府或日本政府指定之公司经营，由公司经营更为体面，故倾向于指定公司。

袁全权：若为公司经营，改良工程之程度、方法必须相互协商确定。他日赎回时须参照改良程度估算赎买金额，因此公司经营时，希望就改良工程需要施工至何种程度进行商议。

内田全权：如方才小村全权所述，当前讨论日本完善设备以供军用一事为根本宗旨，因平时用于商业，由政府指定公司经营，此事毕竟为无法变更之确定问题。现问题仅在于如何确定年限，而论及改良方法如何有舍本逐末之嫌，本全权不知其主旨何在。瞿全权所言军用不可超过十年，商用可确定较长年限，就此我方认为两者并无关联，惟作为参考有何种方法可延长商用之年限，如有相关方案，望请贵全权尝试提出。

瞿全权：并无任何不明之处。即便为商用目的，中国赎回前万一有事之时，日本使用该铁路我方并无异议，如此即使用于军用之目的亦毫无窒碍。

内田全权：问题即在于此点，不论采取何种方法，如将军用铁路改作商用，贵全权声称可定十年以上年限等语，例如日中合办可订二十五年或三十年之合同，之后再行赎回，还望告知相关详情。

小村男爵：商用与军用有所区分。第二种情况，即用于商业，组织合办公司可延长期限之语，具体为何种方法？还望示下方案以作参考。

袁全权：允准日本以军用目的于中国土地敷设铁路，尤其治安方面保留日本军用名义实尤困难。两国其实肝胆相照，铁路军用亦无妨，但还望终究以商用为名义，可照关外铁路之英国借款办法订立协议。

（此时唐会办用英语向小村全权及内田全权说明关外铁路办法。）

小村男爵：唐大臣，请向我等解释山海关至营口铁路之办理方法。

唐会办：本人曾参与该铁路相关事宜。中国向汇丰银行借款六百万两，以九成折扣交付，年息五厘。中国政府保证支付利息，合同期限三十六年，再经二十一年后可赎回该铁路。

小村男爵：贵国可赎回何物？

唐会办：债券。我方可溢价赎回。

小村男爵：如此则不过是一借款问题。

唐会办：但若我方不支付资本，铁路将会成为财团之财产。

小村男爵：仅此而已。

内田全权：卢汉铁路如何？

唐会办：情况相同。只是其为抵押给财团，且卢汉铁路方面，中国十年后可赎回债券。

内田全权：这些举措有别于东清铁路。

唐会办：我方已投资东省铁路五百万两，两者基础截然不同。铁路公司支付土地费用。

内田全权：而我方提案以东清铁路方式为基础。[①]

（此刻袁全权修改草案。）

袁全权：关于年限，妥协甚为困难。本大臣等提出五年期限，因贵全权认为太短而仔细斟酌后增加一倍，然贵大臣又称需二十年，即增至四五倍，相差颇为悬殊，此实难允诺。

（同时出示其所拟草案。）

（袁全权曰"吾乃武夫，字不甚佳"。）

（内田全权答曰"挥毫疾书也"。）

（此时袁全权将如下草案交付小村全权，"由安东至奉天日本现造之行军铁路改为商工事业运用，铁路作为中国政府向日本公司借款所造并设法改良，其详细办法按各国关外铁路向英公司借款办法另订合同办理"。）

小村男爵：按此主旨则有悖于根本宗旨。关外铁路与英国资本家之关系为资金借贷问题，对于贷款金额可得相当利益而已，与我方提案日本与安奉铁路之关系根本上有别，此等办法终难应允。

袁全权：如不同意此新提案，则本条之年限还应就十年期限进行协商。

---

① 此段唐绍仪与小村寿太郎、内田康哉对话为英文。

小村男爵：关于年限，方才已提出两种方案，应就此进行磋商，还望从中择一允准。除此两方案外别无他法。

袁全权：本大臣等昨日提出以五年为限，贵全权声称过短，故而增至两倍。然贵全权又修改原案，提出二十年之说。我方认为若年限翻倍尚可尽量让步，但照贵全权所请，实际增至四倍，如此相差悬殊实难协商。

小村男爵：我方原案为希望与长春至旅顺铁路设定同一期限，现稍作让步，若自缔约之日起为二十年，自工程改良完成日起可减为十五年。

袁全权：（笑曰。）我中国为贫寒之士，故尽量希望低价，贵国为富庶之家，故希望高价，终究无法相比。

内田全权：方才袁全权称中国将五年期限增至两倍，我方提出四倍即二十年之请，但我方最初原案并无规定期限，先一度让步至二十五年，今又减至二十年，由此可知我方已作出极大让步。

袁全权：我方希望尽可能进行削减。

小村男爵：贵大臣之论颇难理解，日本欲订长远期限决非以此谋利。要之正如昨日所述，此乃他日以用于军事目的之铁路，时机一旦来临，对贵我两国皆有利益。此事决不可与买卖物品等同视之，还望斟酌此点。

袁全权：例如贵国预计五年内中国无法自行保护东三省诚然不假，但预计今后十年内无自行保护之实力，岂非意味中国为不论多少年都无法自行保护铁路之国家乎？

小村男爵：我方希望贵国尽早增强实力，达到自行保护之程度，然而单凭预期无法实现，无人可保证十年时间足以确实达成。虽然日本希望贵国可早日达成该目标，但事实上并非易举，实有不得已之处。

若日本认为多年之后贵国仍无望独力防御满洲或其他地区，铁路亦终究无法设定期限。设定期限乃有所预期，且希望其尽快到来。此事非本大臣空谈而已，事实亦如此。若日本希望贵国兵力长期薄弱，将不会对贵国军队之改革给予诸多帮助，但日本正是预期将来贵国如改革得当，可达成此目标，故尽可能提供方便以副贵国期望。

袁全权：贵国近来热心期盼我国武备改革之事已有详悉，极为感谢为此尽心竭力之举，故我国政府及本大臣亦希望尽量提升我方实力，决意尽可能致力于此。

依本全权等之见，安奉铁路既已敷设，其改良工程仅限桥梁土木等，大致预计一年左右可完成，改良之后十年，即全部在内期限为十一年如何？此外，改良工程之方法将达何种程度还望见示。

小村男爵：如方才所述，现今之状况仅适合军用，必须将其改良以供商用。至于应改良至何种程度，尚需进行实地调查，现无法具体讨论。

袁全权：中国须十年后赎回该铁路，有必要事先了解其将改良至何种程度，故中国希望派遣人员参与贵我之共同调查，如此日后出资赎买时可准备合适金额。

小村男爵：将来赎买时商定赎回条件即可，并无必要派员调查，相关代价之协定并非难事。

袁全权：然具体改良之程度，若事先不予了解甚为不妥。试举美国一例，私设铁路售与政府时，曾有在铁上镀金出售，向政府开出高价，因此为估算实际金额，有必要注意事先了解其改良程度。

小村男爵：其改良程度如不进行实地调查不得而知，而赎买代价现今又无法立即确定。

袁全权：若贵全权都不得而知，我等亦更无从预知也。原案之现有铁路于修正案中加入改良等语，现难以知晓具体指何种改良，如仅是维持现状则并无大碍。

小村男爵：供作商用则务必加以改良，否则将起不到任何作用。至于改良程度如何，不经实测无从得知也。

袁全权：既加入改良字句，我方亦须了解具体程度。若无法知悉，则保留现有铁路等语，将来为改良进行实测时，再由中国派遣委员会同调查如何？

内田全权：就改良程度贵国为估算金额希望派遣委员调查了解，但此所谓改良须随时施行，故五年、十年后估算金额由专家一见便知，现聚集外行讨论既无任何益处亦无必要。

袁全权：方才贵全权声称将军用铁路改为商用铁路须大加改良，若普通修缮稍作改良并无妨，但大行改良时希望至少对其事实有所知晓。

小村男爵：照贵全权所言，俄国之东清铁路亦经三十六年后贵国赎回时，俄国所花费金额贵国应并不明了。

袁全权：俄国为依据最初之估算额，算定资本金具体金额，并非改良。如从最初估值计算，则以其为标准。但此次既为改良，还望事先了解其办法、资金等情况。

小村男爵：改良所需具体资金同样难以估算。以日本为例，首先政府向私营公司颁发许可，期限为二十五年，满期赎买时须对代价作出相应评估。然铁路在期限内如视需要进行改良，事先难以决定改良程度，故贵国亦可于赎买此铁路时评估其价值，其他条件届时由两国政府商定,当无任何窒碍。

袁全权:我国政府并无贵国如此规则。贵全权原案中提及现有之铁路,故就此进行协商。如涉及改良,则议题有所不同。我方希望按派遣委员评估现有之规模,以确定将来赎买时价格,若大加改良,则相差甚为悬殊。

小村男爵:关于改良程度已多次申明,虽尚不清楚但用于商业务必进行改良,除可堪实用程度外不会投入其他资金,即只用于改良自会产生相应价值,故赎买时应计算该部分价值。至于届时之计算办法当有多种,正如贵全权提案所示,应派出公正评估人进行评估。此等其他赎买条件及其办法,大体上岂非应届时商定即可?

袁全权:昨日贵全权提及现有铁路无法继续沿用,用于商业须大加改良,故我方又提出新方案,即我方有两种办法:其一现派遣人员就现状作出评估,以其估值为基础,满期后进行赎买;其二为合乎商用,应由中国派遣委员,提出改良办法及估值,并由我方准备资金。俟赎买时期到来,应根据公正评估确定正确金额。

小村男爵:不论改良工程规模之大小,其结果改良之后价值增加毋庸置疑。期限内或进行数次改良,贵国于赎买时方需要知悉评估额,并无必要自今日预知。即至赎买时,双方派出公正评估人自有其评估办法,今日只须确定大概即可。赎买时贵全权希望事先了解所需准备之金额,则预先通知其资金及改良费用等概略以供参考亦无妨。而赎买金额不至彼时并不明了,今日实难预先知晓具体价格。

袁全权:我方无法预知实际赎买金额,此点自当承认。然通过共同调查事先了解大致所需价格,及改良至何种程度,则对我方进行估值、准备资金均大为便利。例如评估需千万两时，平时即应有所准备，故现时预知甚佳，若不得而知，且巨额之增加时，准备不及将多有不便，故须共同调查后事先知晓其改良程度。

小村男爵：贵全权所言希望事先准备赎买金额，然实际上自今日开始准备十五年或二十年后赎买之物应难以做到。贵国行政上推行诸般改革，所需巨额费用，现时逐一准备之理实际上亦不可能乎？

袁全权：正因中国需花费巨额费用，对此准备实际上甚为困难，故有必要自今日起每年摊分作积攒准备。例如所需千万两时，每年攒百万两，届时一时之间筹措更是困难重重。改革所费金额甚大，故赎买资金不得不每年摊分积攒。

小村男爵：依上述主旨，改良工程之费用概略所需数目，每次调查后应予上报。但中途或因铁路受损等原因，最后评估时无法得到正确价格，即贵国为积攒赎买资金，总有若干了解概略之办法。

袁全权：中国有对改良工程颇为熟练之技师等，故若就如何可廉价实现改良进行商议，中国之情况可供贵全权参考。当然贵国亦有十分熟练之技师，但依照土地之状况等实施工程，可大为节省冗费，岂不更为方便乎？此外，又可估算改良之具体程度，有利于资金筹措，故认为有必要会同商议。

小村男爵：如此讨论恐纠缠于枝节部分。日本施行铁路改良工程，本无滋生冗费之事。日本之铁路事业以三十年以上计，故以其经验决不致出现冗费。若造成冗费，最终亦不利于日本，此点还望贵大臣放心。要之，贵大臣为自今日起准备赎买资金，希望事先了解大致价值之意见，总有知悉其价格之办法。且我方将充分给予方便。

袁全权：以贵全权之意见，贵国技师决不会有冗费滥生之事，此乃理所当然，而派遣我国技师视察显然亦不致产生冗费，故我方技师参与工程改良当无碍也。

小村男爵：所谓参与等语，本大臣不甚了解其主旨何在。如方才所述，产生冗费于己不利，决无此等情况。贵国为准备赎买资金，希望事先了解工程费用，则每次我方自当通知，并给予诸多方便。贵国技师岂非完全无必要参与工程乎？

袁全权：关于此事，当初与我等同僚商议时，本依据之前贵全权提出之条件，以保持现有铁路之状态进行协商。然之后提出应施行改良工程，可堪实用，最终与原先之条件全然不同。故陈述己见，认为中国派遣有经验之技师会同参与甚为合适。现如关内外铁路及卢汉铁路，须事先商议工程，故派遣此类技师，经验较贵国技师更为丰富，万事皆宜，终究会同协商更佳。

小村男爵：然此等事宜我国技师本已有充分经验，无须贵国技师加入。

内田全权：本案之铁路已由我方测量及施工完毕，现既敷设完成，相较贵国技师，我国技师经验远胜，熟稔相关情况。我方拥有该铁路贵国亦知晓，加之贵全权最初提出之方案中亦已允准将其改为商用，应与外国人共享利益，此为已允诺之问题。且已承诺评估相关价格日后赎买，问题既已确定，大体上已达成协议。现不谈必要之期限，反而论及赎买之事，乃舍本逐末之举，极为不妥。

袁全权：原提案中并无改良字样。既无此文字本不必论及，现今贵全权提议改良之说，遂成问题。若不加改良字句，可就原案进行协商。而加上改良工程实甚难商议，若增加改良工程，则有必要我方技师会同参与。

小村男爵：并无此必要。满洲现有我国技师从事铁路业务，远较贵国技师熟悉彼处情形。且铁路事业我国已有三十年之经验，如何实行经济实惠举措已有充分心得，断不致有浮费开支之事，因此无须贵国派遣技师。

袁全权：将来赎买铁路之时机并非一二年之后，实为十年之后，故届时实际赎买之相关人士另有他人，与本大臣等并无关系，若关系一概不明，届时赎买金额较当初估算大为增加时将甚为困难。为避免此种情况，希望事先获取一预估值，如此则可免产生悬殊差距，尤其希望可留下书面佐证。

小村男爵：然贵全权之意为怀疑日本技师会就该铁路之改良铺张浪费，故意阻扰贵国赎买乎？

袁全权：非也。试举一浅显之例，如贵全权现出售这一茶碗，其价值为二十钱，他日进一步加工，将上涨至三十钱，为了购买该茶碗则需作相应之准备。然改良之结果，其形态变化甚大，由铁变银，强行要求购买亦不公平。我方现时若对其结果不预加考虑，于我等而言为极大之疏忽，故希望可事先确定。

小村男爵：正如自最初屡次申明，赎买价格之具体金额今日尚不明了，此乃日后评估时方能得知。赎买时必须公正评定实价，即便现时制定计划或准备积蓄，届时必有差别，故今日终究无法确定尚不明了之事。

袁全权：即便今日无法确切知晓，若现在之价格为一千万两，如能得悉改良时较此还需增加多少金额亦可。

小村男爵：此事无妨。改良并非一次完结，应随时进行修复。就此应每次将明细通知贵国。

袁全权：关于改良工程，如有将单线改为复线，商业繁荣时或可增至三线，此须根据具体状况而定。又如车站仓库，有时需百栋千栋。此等事宜如预计与实际情况有所出入时，对将来中国赎买大有影响，故希望就此进行协商。

小村男爵：日本改良该铁路将尽可能达到费半功倍之效果，此乃铁路经营之原则，故断无靡费之忧，还请贵全权放心。

袁全权：若行改良，务请协商之事乃理所当然。

小村男爵：改良之程度达到充分合乎商用为宜，本大臣可确实保证决无冗费支出，此点贵全权不必挂念。

袁全权：例如照现在情形，评估已投入费用，以此为基础，将来再大体据此确定赎买标准如何？

小村男爵：但须视改良程度如何而定，此需专门技师实测后确定方才明了。

袁全权：如此讨论过多纠缠于枝节问题，本大臣提议一简便办法，最初仅定一次由中国派出委员会晤贵国技师，先行确认已投入费用金额，及将来用于改良之大概数目如何？

小村男爵：此欲列入条约内之意乎？

袁全权：条约中亦可，或存入会议节录内亦可。

小村男爵：本大臣以为此举无益。赎买时现在军用铁路之估价不在考虑范围之内，须估算全部费用作为赎买之基础，现调查之数额决不可作为基础，故终究无益。然而若贵国为将来赎回之准备希望了解金额，可将现时铁路之价格，或是改良工程大致花费之明细随时递送。此事可予以允准。

瞿全权：赎买时评估之赎买金额须有所准备。

内田全权：根据场所不同，铁路之损益自有差别。假设同一资本于两处敷设一百英里铁路，依照土地关系或是商业繁华闲散程度不同，利益各有差异。以面额一百两之股票而论，有收益之路线市价可达三百两，而无收益之路线则低于一百两，此等差别之铁路于十年、二十年后赎买时，应以当时之股价为标准，原先所需费用并不可作为任何标准，故贵全权所言并无任何实效，只是不得要领之空谈。

小村男爵：但确定改良设计时，贵国只是出于视察之目的派遣技师一事无妨。

袁全权：则会同贵国技师对于改良工程提出意见之事可否？

小村男爵：原本技师等之间多有不同意见，易生纠葛，我国亦多有此例。本国人之间都已如此，若与贵国技师商议，则更不易达成一致，故会同商议之事难以允诺。若只是为视察派遣技师，允诺当无妨。

内田全权：贵全权所言实际上不可行之处在于，该铁路表面上虽用于各国商工业，但实际上他日供军事用途时，或将添设非商用必需之物。因有此等目的，故不可由贵国派遣技师与我方技师会同商议。

袁全权：情况愈加复杂。据适才内田全权所言，以股票之市价确定赎买价格则难以估算金额。而本大臣表示希望以所需实际费用作为标准确定赎买价格，若以股票之市价确定金额，还需深思熟虑，实难协商。此外，既已明言用于商工业之铁路实际上作为军用需另设特别设备，则更难商议。

内田全权：评估应如何进行，实际上除本大臣所述办法外另有他法乎？评估不应事先确定，时机未至甚难确定。若是极为有利之铁路，贵国以低价赎买，莫非欲图不当之收益乎？想必贵全权应无如此想法。

袁全权：本大臣之主旨为依照实际费用而定。

内田全权：铁路原本为变动之物，正日见发达，不应作为一成不变之物讨论。或许有逐渐衰败价值下跌之可能。

小村男爵：此事对贵方而言亦是一种投机，如评估实价，花费一千万两之物或有可能跌落至五百万两，亦有可能上涨至一千五百万两、两千万两，双方皆有投机性质。

袁全权：贵方不同意就改良进行协商，而我方亦不可能以股票时价为标准，妥协甚为困难。无论是日后抑或现今，我方均无意获取不当之利，故现在之实价加上改良工程所需经费，以此协商金额，确定年限进行赎买之外别无他法。因此希望现进行评估，假设一千万两或一千五百万两，不计算损益以估值金额而定。

小村男爵：此事若三十六年或五十年之后事，勉强可应允，但仅十五年、二十年左右之期限则不妥。对于日本投入之原有资本，因有必要支付五厘或六厘之利息，必须获取相当多利益。然短期内无望实现。

（此时袁全权询问"利息由中国支付之意否"，郑书记官解释此为误解。）

袁全权：小村全权之言提及利益之考虑，利益问题已如适才本大臣所述，继而协商公司组织事宜如何？

小村男爵：如最初所述，日本之主要目的决非利益，首要目的为铁路军事用途，两者存在根本不同，如不了解该主旨，讨论亦不得要领。

袁全权：如兼顾中日两国之利益，又贯彻根本宗旨，实乃困难甚大之问题。

小村男爵：诚如所言。

瞿全权：若为中日两国之利益，仍按中国之外资铁路办法如何？

小村男爵：商用主义最为合适，但该铁路主要目的为军用，单纯军用时亦大有损失，故为尽量减小损失，须于平时放开商用。故与单纯商用，以外国资金修建之逐利性铁路存在根本不同。若不理解这一点，无论讨论至何时亦不能达成一致。

瞿全权：依本大臣之见，铁路以外资修建，即为公司组织，将其供作军用，乃中日两国肝胆相照，合作经营，于利益并无分歧，于军用目的亦无窒碍。即获取利益，供作军用亦非利益乎？此皆为枝节问题，既已讨论二日仍未商妥，故中国内心可允诺此铁路用于军用，若了解此事则不必勉强争论。

小村男爵：对于瞿大臣之说，昨日以来我等已反复说明，想必贵全权亦有所了解。

瞿全权：此事昨日、今日皆了然于胸。

小村男爵：贵全权或希望比照山海关至营口铁路章程，众所皆知此铁路为贵国向英国银行借贷资金修筑，为使资金之本息偿还切实可行，设定若干条件。此等条件均只为确保偿还本息，并无其他目的，纯粹只是金钱借贷，对于贷出资本欲获取切实利益。将其与安奉铁路此等重要铁路相提并论，甚感遗憾。昨日来已反复申明，我安奉铁路主要目的为满洲防御之军用，若无该铁路，满洲防御无从谈起。将如此重要之铁路与普通铁路之合同等同视之，本大臣深感遗憾。

对于如此重要铁路之协商，已花费两日仍难达成一致，且毫无头绪，本大臣甚感意外。本以为该铁路之主旨二位全权大臣若已了然,则当即允诺我方提案,然如此持续讨论亦无必要。方才我方所陈两项主旨,即一为自缔约之日起二十年,二为自工程完工之时起十五年,希望贵方充分考虑后从中允诺一项,就此改日再议如何?

瞿全权:就此我方担忧之处在于虽知该铁路一方面用于商业,另一方面又用于防御,但日俄和约既已规定两国在东三省之铁路只可用于商工业,表面上毕竟还应规定用于商工业。

小村男爵:此点昨日亦已说明,日俄和约所谓不得用于军事之主旨,只是线路内不得修筑炮台,且不得在沿线驻屯大量士兵之意。当然有事之际俄国可将北满洲之铁路用于军事,平时为此已作充分准备,此事纯属自然,但希望不要混淆其主旨。对于俄国之准备,日本惟有作同样准备,对此不容他者置喙。

此外,平时将铁路专供商用一事,俄国原本亦再三向日本明言。任何国家皆不会声称平时铁路为军用,然一旦有事均转为军用,故俄国为他日用于军用,自平时准备亦在情理之中,并无制约之道。故日本亦准备将安奉铁路及旅顺至长春铁路平时供作商用,一旦有事必须用于军事,日常即必须存此考虑进行准备,即决定平时商用,一朝有事则军用。进一步详析日俄和约,乃日俄两国平时不在铁路沿线修筑炮台,及驻屯多数士兵之意,而一旦有事之际供作军用自不待言。

瞿全权:此意反复申明,已充分知晓。

小村男爵:日俄和约内不得用于军事之语本为日本提案中条款,日本得知俄国于哈尔滨筑有数个炮台,并配备二百九十门炮,若平常得以军事目的经营铁路,撤兵后必不会拆除此等炮台及炮门。日本设置此项条款主旨出于谋求协议拆除之考虑,故两国之铁路平时专为商用,均不会提及平时转为军用,然一旦开战,该铁路必然用于战争,与此次战争无异,还望明辨军用与商用之区别。

袁全权:小村全权之意见已然明了,既已充分讨论,以下希望就协定事宜进行磋商。

小村男爵:亦有同感。

袁全权:年限事宜我方提议五年,贵全权提议二十五年,之后本大臣提出再加上五年,即十年也,贵全权则减去五年至二十年,故还望采取一折衷办法。

小村男爵:折衷办法为自改良工程完工之日起十五年。

袁全权:本大臣已让至十年,即五年之一倍,希望贵全权亦能就原案作出一倍之让步。

小村男爵:所谓一倍之让步具体何指?

袁全权:例如减至一半,即十二年半。

小村男爵:贵全权计算之基础有误。昨日贵全权表示希望务必区分长春至旅顺与安奉铁路,故提出二十五年之说。然原本我方希望将安奉铁路与长春至铁路按同一办法办理,尤其二十五年乃本大臣让步之提议,故此恰似等同于贵全权提议五年改为十年,并非原案之主旨。而本大臣已特地作出让步,实无法再让。

袁全权:旅顺至长春铁路之三十六年涵盖全部东三省铁路,故与长距离铁路相关,与此相对则以三年、五年之短期,安奉铁路为短距离,故缩短年限亦应无碍。

小村男爵:本大臣所言贵全权计算之基础有误,乃指本大臣之原案希望同等对待该铁路与长春至旅顺铁路,然贵全权极力希望作出区分,故之后改为二十五年已让一步。而贵全权认为二十五年为原先之提案,故云如此计算方法有所误解。

袁全权：对俄国之三十六年期限指全部东三省铁路，安奉铁路为短距离，因此我方意欲缩短年限。

内田全权：原本自继续经营该铁路之必要及其性质而言，不应有年限长短之说，即希望三十六年之年限应对两者一视同仁，然贵全权提出希望作出区分，故行让步改为二十五年。

袁全权：长春至旅顺铁路为贵国以兵力受让，奉天与安东县之间原先无此铁路，为擅自敷设，中国出于两国敦谊承认，理应进行协商，即该铁路产自两国敦谊，此点大为不同。

且东清铁路之年限原为三十六年，现已经过九年，实际仅剩二十七年，故该铁路之年限，虽修改原案设为二十五年，亦不过两年之差也。

小村男爵：虽有失礼之处，亦须指出此乃袁全权之误解。原本东清铁路之年限为自工程完工开通营业之日起三十六年，而俄国开通该铁路开始营业始于前年二月，故仅经过两年半时间。

袁全权：否。该期限并非指全线开通之日起，而是从列车运行之日起算。

小村男爵：非也。还是应自全线开通之日起。

袁全权：题外之话暂且不论，还望于本大臣等两全权大臣可允准年限内商议，超出此范围万难应允。

小村男爵：如最初所述，希望贵全权允诺自改良工程完成之日起十五年为限，实际则望十六年或十七年，我方之考虑未便超出此年限，想必贵全权亦希望尽量达成一致而展开交涉。故本大臣等若有可能，应允诺十年或是十二年，但实则不可，此中缘由还望谅察。我方最初希望三十三年，即自今日起经三十三年，贵国赎买东清铁路为理所当然之权利。除俄国所持部分外，同时日本所持部分亦可售与贵国。届时安奉铁路亦希望移交贵国。只是俄国于满洲既拥有铁路,日本拥有长春至旅顺铁路及安奉铁路为防御上必要,因此希望将两者作同一处置,而将其定为三十三年。但贵全权希望将两者作出区分,故退让一步改为二十五年。今日又再行退让,改为二十年,即便如此因贵全权执着于数字,料想甚难应允,故将年限改为十五年,只是将计算基准改为自改良工程竣工之日起算。考虑此等情况,请于本大臣等提出两案中酌允其一,除此之外别无办法。还望谅察上述情形再行审议。

袁全权:为两国敦谊,我等亦同样希望尽量就本条达成一致。年限一事除本全权等意见之外,亦经与政府同僚熟议,最终定为五年,之后又增加五年。如欲增至更久,实难遵允,且还须告知庆亲王,一同商议后再行答复,还望明日再议。

小村男爵:然现提出两案之期限,即一自缔约之日起二十年,二为工程竣工之时起十五年,此乃本大臣等二人反复研究,在此基础上万难再行削减之方案,故还望酌情考虑。此外,工程竣工或需二至三年,此期间不可计入年限,故只是自完工之日起十五年。还望贵方充分考量,就前述两案酌允其一。我等两全权已充分研究,除此之外实难允准,还望贵大臣察知。明日下午三时可再行商议贵全权答复。

内田全权:除小村全权所提两端办法外,我方别无让步余地。关于年限,与庆亲王等商议时以下各节仅供参考。对于我方与东清铁路同样年限之要求,贵全权提议为五年,后又增至十年,要求我方让步,我方遂提出二十五年。要之,十年与二十五年互相对应。贵大臣所称十年与十五年,即折衷为十二年半等语,折衷计算应为十七年。如此我方并不介意,但贵全权商议时供参考之计算办法还应稍作申明。

袁全权：明日答复我方决定，吾等两全权未能商妥此问题，颇为遗憾。

小村男爵：则明日等候答复，视贵全权情况后日亦可。

袁全权：休息一日如何？

小村男爵：我方皆可，视贵全权情况而定。

袁全权：休息一日更佳。

小村男爵：则定后日。本大臣等就安奉铁路耗费心力至此，凭此辛劳该铁路之价值愈加高矣。

（一同大笑。）

（下午七时五十五分散会。）

第六次正式会议谈判笔记

一九〇五年十一月二十八日下午三时十五分开议[①]

列席者与上次相同,庆亲王因病未到。

袁全权:前日协商之安奉铁路事宜,本大臣等昨日与同僚再三熟议,贵全权提议年限问题甚难妥协,然贵全权已充分说明其主旨,为从所提两端办法中酌允其一以达成协议,昨日会同同僚特拟如下两种方案。即允准此路改良竣工之日后,以十五年为期限,改良竣工期限定为两年,即合计十七年,此期限当较为长期。赎买时评估现存之物件,如铁轨、车辆、仓库及车站等实价。中国派遣技师事宜,贵全权曾言有所不便,则以派遣委员代之,议定改良办法。又监理办法全部比照东省铁路章程,应由中国派出督办,其他事项亦与该铁路一体办理,期限亦为十五年加上二年,合计十七年,故期限决非短期。另一办法为中日两国基于彼此商业联络主义,共同经营该铁路。平冈(浩太郎)议员[②]、土方(久元)[③]伯爵等亦主

---

① 《日本外交文书》中将该日期误记为 1905 年 11 月 21 日。

② 平冈浩太郎:1851—1906,日本福冈县人,政治家,实业家。1894 年当选众议院议员,是主张对外强硬论的"国权派"代表,1905 年 6 月下旬来华先后与庆亲王、瞿鸿禨、那桐、荣庆、袁世凯等大臣要员晤谈。

③ 土方久元:1833—1918,日本高知县人,政治家,明治维新元勋,历任农商(转下页)

张中日两国应在商业上立即联合,本大臣等亦赞成此说,为谋两国商业之联合,由贵我两国各指定一公司,筹集相当资本,设立中日安奉铁路公司,再合并两国公司经营。现有军用铁路以相当价格售与该公司,改良办法由该公司商定。前日贵大臣曾言日本私营公司之铁路可于二十五年后赎买,故本铁路经二十五年亦应由中国作为地主赎买。此乃基于双方商业上合作之说作如此考虑,昨日会同同僚拟定如上两方案。

(出示两份文件【附件第一号、第二号】。)

小村男爵:贵大臣之提案大体已明了,但仍有些许不解之处,应拜读详细条件后再行研究。

(此时小村、内田两位全权大臣阅看袁全权之提案。)

内田全权:此为两端办法,从中择一允诺之意乎?

瞿全权:此两端办法为我方最终方案,至此已无可退让也。

(此时小村男爵与内田全权就提案仔细计议。)

小村男爵:方才两全权提出两端方法均已详悉。本大臣等大体希望协定以第一端办法为基础,但其中尚有若干需商议之处。

袁全权:知悉。

小村男爵:第一端办法所称中国官商货物按照山海关内外铁路章程给价,即通过该铁路运送货物时,按照山海关内外铁路章程之价目支付运费之意乎?

袁全权:确有价目表。

小村男爵:其价目表即运费之规定乎?

袁全权:若接续铁路,其距离亦相差无几,故希望订立相同之

(接上页)务大臣、宫内大臣。1905 年秋赴中国东北地区及长江流域游历。

运费之意。

小村男爵：大体可允诺第一端办法，但就其中两点仍有意见希望协商。其一，昨日亦曾详述，关于铁路之改良，眼下正值运送大量军队回国之际，故此期间无法着手改良工程，而开始改良须待运兵大体结束之后，仍需数月之后，故缔约之后无法立即动工，运兵结束后开始施工至工程竣工，二年内实际无法完成，因此欲将二年之限期延作三年。然期限内亦可进行改良工程，或先设定二年，实际上此期限内未及完工时，可附加再延一年之条件。就此两点希望商议，本大臣等亦因或有万一不能完工之可能，颇难约定期限。

袁全权：此即两点意见之一乎？

小村男爵：另一点关于贵全权希望比照山海关内外铁路章程等语，无论旅顺至长春铁路，还是安奉铁路，必须与贵国铁路进行营业之联络。此所谓联络包括运费或是货物、人员运输之接续事宜，就此需要另行订约。现关于此件，我方正起草方案，故方案确定后此等事宜均应包括在内，即中国铁路与长春至旅顺及安奉铁路接续时，须订立类似日俄和约第八款之协定。而事实上如何联络应日后另行订约。如商定此项协定之草案，则不需写入此条款。

袁全权：贵全权之意见仅此而已乎？

小村男爵：尚有一点，即末段规定"至该路改良办法，中国派员"等语并无必要，应予删除。

袁全权：前日与贵全权商议前，我方已对本条款内延长年限一事甚感困难，然经贵大臣种种说明，详细商议之结果，遂考虑同意延长年限，以副贵国期望。至于其他事项，亦希望贵方同意我方提案内容。

小村男爵：本大臣之意见有三点。其一，关于期限应如何处理，事实上贵全权提议之期限内无法实行，既无法实行则不可写入协定。首先还应就期限进行协商。

袁全权：期限事宜我方虽最感困难，但已尽量让步至此，若删除末段，十五年之期限亦无法协商。

内田全权：希望省略末段之主旨缘于若予以保留，则名不副实之故。前段注明该铁路由日本政府拥有并经营，然末端又允准毫无关系之人前来妥商经营办法，其主旨完全不明。督率经理云云亦难以理解。若如东清铁路为共同经营，此事亦能理解。若如该铁路为日本政府经营，则不应由他人督率。鉴于上述两项理由，有必要删除此段。

袁全权：即便照现有表述无妨，但加上改良工程后，又将产生其他问题。如东清铁路中国既有参与之权，长春至旅顺铁路贵国以武力得之，若与此前相同中国亦有干预之权。安奉铁路为出于两国敦谊成立之铁路，相信中国参与并无窒碍。

内田全权："商定"二字为协商之意乎？

袁全权：然也。

内田全权：有无类似参议之文字？

袁全权：（与瞿全权耳语后。）若"商定"二字不妥，改为"参定"如何，即参酌之意。

小村男爵：参照东清铁路合同，该合同写明为"查察"，则将"督率"改为"查察"如何？

袁全权："查察经理"如何？

小村男爵：可也。

袁全权："参定"如何？

内田全权:"定"字不可。

(此时双方就"参定""酌定""商定"等字义进行了种种讨论。)

内田全权:瞿大臣可有合适字句?

瞿全权:"订"字似较适宜。

内田全权:"商议"为最佳。

(由此定为"商议"。)

(此时袁全权就年限规定与唐侍郎协商后修改草案。)

袁全权:已照贵全权之意见修改。

(语毕袁全权将草案递予小村全权。该草案于附件第一号第二行末段"各国工商货物自"之后,加入"十二个月撤兵后即将"字样,又于次行开头及夹注"改良"字样后加入"竣工"二字。)

袁全权:如此为十八年年限,名义上即可各有解释。

小村男爵:删去提案中"十二个月撤兵"等句,将改良期间定为三年,或是加入"以二年为限,如有必要可展期一年"字句如何?

内田全权:如方才小村全权所述,以二年为期,如改良工程于期间内未竣工则延期一年如何?

袁全权:年数事宜乃我方熟议之结果,已确定之期再行延长凭本大臣难以决定,最初提议为五年,后改为十年,现进而增至十五年。

小村男爵:若以十二个月为撤兵期,自何日起算?

瞿全权:即贵国从速撤兵,自当比条约规定更早。

(此言不得要领。)

小村男爵:仍是自着手改良工程时起二年之意乎?

袁全权:撤兵以十二个月计,结束后改良工程二年,即撤兵后合计十七年之意。

小村男爵：还望删去十二个月，只留撤兵后字样。

袁全权：然撤兵期限如何计算？

小村男爵：撤兵期限日俄之间定为十八个月。

袁全权：但撤兵期限定十八个月之时，中日之间尚未协商，本条约之协议亦未决定。

（金书记官解释此言称，希望将撤兵期限由十八个月缩减至十二个月，但此事尚未商定。）

袁全权：铁路年限一事已协商两次，无法再就此继续商议。

内田全权：贵全权之意已充分了解，故希望协商合理允诺期限之办法。

小村男爵：撤兵期限为十二个月之事乃贵全权提出之方案，现尚未商定，故不应于此处明言。

袁全权：然则再稍作修改。

（此时袁全权再添改草稿，即将此前加入之"十二个月撤兵后即将"改为"除因运兵回国耽延十二个月不计外"。）

袁全权：现已照贵全权之意改好。

（此时将草案交予小村全权。）

小村男爵：就表述而言，此种写法稍有不明之处，运送兵丁等语加入注中更显分明。

袁全权：可加入夹注。

小村男爵：希望加入改良竣工后以十五年为限。

瞿全权：此事无妨。

内田全权：十二个月与改良工程所花二年相加，即三年也。

袁全权：然也。

（此时袁全权再次修改草案,并交予小村全权,即将"除因运兵回国耽延十二个月不计外"字句插入附件第一号第三行夹注开头。）

内田全权：即改良工程竣工之日起应为十五年。

瞿全权：可也,最终意思相同。由此终于商定,实乃费尽心力之问题。

内田全权：讨论二日半后,终于得以确定。

瞿全权：年限之确定经历了三个阶段。

小村男爵：如此无异议。如此困难之问题在两位全权大臣尽力下得以解决,首先就付出之辛劳表示感谢。

袁全权：本条我等费尽心力,写明十二个月,即以月为单位计算,允准较易,若以年这一单位为基础,则难以协商。

小村男爵：第七款有三项事宜,今第一项已定,即应进入第二项。

袁全权：然也。

小村男爵：第二项为奉天至新民屯铁路。日本要求此铁路之主旨,与前日详细陈述安奉铁路之理由相同,希望比照该铁路一律办理。

袁全权：关于此方面铁路,我方有一内情想必贵全权并不知晓,故在此应作说明。最初借英国资本修筑关内外铁路时,合同内订明以铁路为抵押,且载明修筑该铁路支线时,决不能许可他国。实际上三四年前,中国已向他国借款,准备筹措资金,有意敷设新民屯至辽河铁路,并已测量线路,但因拳乱无暇动工,资金仍然暂存银行。贵国与英国邦交敦睦,应不致违背既定合同。且贵国亦不愿使中国行违背约定之事。

小村男爵：与英国之约定，据闻修筑关内外铁路支线时须以英国资本修筑。

袁全权：敷设关内外铁路支线，须由提供关内外铁路资金之公司出资修筑。唐侍郎十分熟悉此层关系，且曾实地调查，询问其当能明了。

小村男爵：（此时面向唐侍郎。）其合同有何关系？

唐侍郎：最初光绪二十四年春中国向英国资本家借款二百三十万镑，即一千六百万两敷设山海关至营口铁路，同时又计划敷设通往新民屯支线。然因甲午一役，该铁路仅修至锦州，其他部分之工程则大幅推迟。由此光绪二十四年筹借资金时，已决定敷设营口至新民屯铁路支线为关内外铁路一部分，由中国自造，且为此已准备资金，故将进一步敷设新民屯至通江子及法库门铁路。予曾自任调查，此事因拳乱延期至今，自英国借款金额为一千六百万两，实际到账金额略少于此数，现存余额八十万两。

小村男爵：然当时贵国意欲敷设支线，计划一线为自新民屯至辽河，另一线为新民屯至法库门乎？

唐侍郎：当时计划至法库门或是通江子其中之一，有意择定便于自内地输出谷物之线路。

小村男爵：然最初并无敷设新民屯至奉天铁路之计划乎？

唐侍郎：最初之计划分为三线，第一为天津保定线，第二为关内外铁路至奉天线，第三为北京张家口线，本欲根据商业情况着手敷设，现张家口因其必要性已开始动工。

小村男爵：然包括奉天线乎？

唐侍郎：张翼曾测量奉天至新民屯路段。

小村男爵：关于新奉铁路，贵国与他国有两重关系。其一为与英国之关系。然英国一八九九年与俄国缔结协定,约定英国不在长城以北为英国政府或英国臣民获取铁路敷设权,故英国并无就长城以北铁路置喙之权利。因此中俄《交收东三省条约》中规定,关内外铁路延长或是敷设支线,由中俄两国彼此商办,当时英国未向俄国提出任何异议,且并无提出之权利。此乃英国约定与长城以北之铁路无关,原本英国为贵国友邦,又为日本之同盟国,故同样有损英国利益之事不可为之。然正如前述,该铁路决不致引发所谓英国利益等问题,此事同样无须担心。

袁全权:俄国与英国之条约只是英俄间问题,间接涉及中国,而无直接关系。然我国与英国之条约有直接关系,不同于英俄条约。中国商借英国资金,直接受其约束,故自然直接须遵守条约。尤其关内外铁路支线因利益而敷设,有利可图,借款可尽快偿还,最终亦有利于英国。锦州至新民屯铁路延长一事,在英俄条约签订之后,亦无任何窒碍。

小村男爵:中国与英国之合同于何年缔结,还望见示。

袁全权:光绪二十四年。

小村男爵:有无英文文本?

袁全权:现未携带,明日可呈览。

小村男爵:现手边可有《交收东三省条约》?

袁全权:有。

小村男爵:还请详阅条约第四条第三款。

袁全权:本条约俄国并未履行。

小村男爵:中英合同明日阅看。《交收东三省条约》签订于光绪二十八年,即明治三十五年,该条约规定关内外铁路延长或是敷设支线,由中俄两国彼此商办。与英国之合同乃贵国政府与英国个人之合同,《交收东三省条约》为政府之间之合同,故与英国公司之合同、政府间条约两者若有矛盾,当然政府间条约效力优于与私营公司之合同。

袁全权:但与英国之合同实行已久,与俄国之条约未被履行。《交收东三省条约》第四条第二款为与英国有关之条款,还请一览。

小村男爵:此第二款为规定山海关至新民屯铁路,第三款为协定将来延长新民屯以北铁路事宜,前者另有他指,后者为俄国加以限制之意。

袁全权:贵国与俄国和约第三条第二款规定,俄国放弃在东三省之所有利益。此事俄国已向贵国声明,俄国于该地方之利益即宣告消失。

小村男爵:然虽告消失,还望考虑其何以消失之原因。此乃战败之结果,若无战争,俄国会否依然切实履行约定当显而易见。

袁全权:此条约之主旨在于撤兵,俄国未履行撤兵,故我方可将此视为废约。

小村男爵:话虽如此,然贵国并未采取任何废约举措。

瞿全权:《交收东三省条约》第一条当时未被履行,俄国已全然违背,故我方认为此条约为虚伪条约。

袁全权:日俄和约之结果,俄国放弃在东三省之既得利权,因此贵国并无继续享有该利权之理。

小村男爵:此正是须协商之处。惟望贵全权考虑,贵国虽声称《交收东三省条约》为废约,但若无战争,贵国即便欲在新民屯以北延长铁路,俄国必然决不应允。究其原因显而易见,即俄国在大连湾耗费巨资修建设备,希望哈尔滨至旅顺铁路沿线之货物被该铁路吸收,再自大连运出,故贵国若敷设新奉铁路,通过该线东清铁路沿线之货物本应运往大连湾,部分会经新民屯被北清吸收,俄国主线之营业将会相应衰退,故俄国欲妨碍敷设新民屯线亦在情理之中。即拒绝东清铁路与中国北方地区在新民屯联络,俄国自能垄断利益,然日本反其道行之,不求垄断利益,而有意连接铁路,彼此共享利益,因此现与贵国协商该铁路事宜。若今日俄国依然拥有东清铁路,无论新民屯抑或营口,断不会允许铁路连接,贵国亦无法敷设新奉铁路。

袁全权:铁路连接事宜,当时俄国自然拒绝与我线路连接,中国亦不希望相连。然时至今日,贵国希望连接,同时我方亦希望修筑铁路与贵国铁路相连。本大臣不好题外之话,直接陈述要点。第一,辽西地方原本为局外中立之地,俄国在该地未有设兵,然日本于此地派兵驻屯,并敷设短途铁路。此问题暂且不论,总之该段至奉天之铁路距离虽短,应由我方敷设更为合理。尤其辽西现谓中立之地,贵国擅自于该地敷设铁路,若中国予以允诺,基本等同于向中国无理掠夺敷设权,岂非亦有损贵国体面乎?

小村男爵:辽西中立一事应作一说明。开战之初日本公开通告尊重贵国中立之际,已附加一条件,即俄国同样尊重贵国中立之前提。然开战后俄国自最初便有所违背,即开战当时出兵辽河至新民屯及山海关铁路沟帮子地方,且战时新民屯又成为运输粮食、兵器、弹药之中心,如此既然俄国自开战当初已故意违反辽西之中立,日本击退俄国后只是重复其所作所为,并非日本率先故意有违约定。方才贵大臣所言似有日本故意侵犯中立地区之意,故在此须先作辩明。

袁全权:本大臣未言俄国未曾侵犯中立地区,但俄军只是一时滞留或往来于中立地带,并未将军队驻屯于某处。贵国不仅驻军,且设军政署,敷设铁路,与俄军之做法大相径庭。

内田全权:关于此事,战时外务部曾屡次照会本使,对此已逐一回复,参阅往来照会自可知晓。日本从无率先破坏中立之举,均是俄国先侵犯中立地区,我方不得已为防止此种情况而采取必要之手段。既然中立一旦被破坏,其军队驻留时日之长短已无讨论意义,此乃与军事相关。而侵犯中立地区,每次都是俄国率先为之。

袁全权:内田全权之回答已详悉矣。本大臣所言意指有大小程度之差别,类似如俄国带走两根卷烟,但日本将一箱卷烟全部带走。

(呵呵大笑。)

内田全权:贵大臣所言之主旨,因有与英国公司之合同,故无法允准日本,且《交收东三省条约》未被履行,等同于废约。我方须指出,此与交收条约是否履行并无关系。与英国公司之合同为光绪二十四年,交还条约为光绪二十八年,即四年之后,故此铁路若因与英国公司之合同产生窒碍,缔结交收条约时必已受阻。然该铁路无碍之证据,岂非贵国并未因此拒签条约乎?时至今日,仅在与日本交涉时声称与英国之合同有所窒碍,不知其意何在。

袁全权:此条约有非公平之处,贵国因此而责难俄国。且此条约亦非允准俄国自身修筑铁路。今日既欲同贵国签订公平之条约,希望秉持该主旨进行协商。

小村男爵:此言甚是。本大臣等所云,俄国若战胜,决不会让贵国修筑新奉铁路,俄国此次战败,无法履行该条约之规定,故由我方与贵国协商。现不修建新奉铁路即无利益,故敷设后再行连接,彼此得利。俄国若保有东清铁路,贵国决不能自新民屯向北延伸铁路。俄国之宗旨为不允连接,日本除修建铁路,希望彼此连接谋求利益之外别无他图,此乃俄国与日本之主旨根本不同也。

袁全权:日本以文明主义破除俄国之不公平条约,然关于该铁路事宜,俄国之条约已然不妥,贵国现又以此不公平条约为论据与我方协商,外人观之当云焉有此理乎。条约中提及长春至旅顺铁路事宜,我方已如贵国要求允准,安奉铁路亦与同僚多次商议后应允贵国之请求。而新奉铁路距离虽仅有一百华里,与之相关四百万两资金中国已预存汇丰银行,现有之人力推车铁路售与中国后于贵国并无损失,故相较安奉铁路,该短途铁路售与中国当属公平。且旅顺大连及长春至旅顺铁路事宜基于日俄条约,其他铁路基于两国敦谊,我方已因此就安奉铁路作出让步,而新奉间这一短途铁路还望交由我国处置。此外,尚有一言相告,中国既已决定敷设新奉铁路,无论如何自当与贵国妥商。尤其此铁路仅为一百华里之短途,尚有于辽河架设桥梁之大工程,需花费巨额费用,并非有特别之利益。

小村男爵:适才贵大臣所言似有俄国行无理之事,日本随之效仿之意,但日本决无效仿俄国不法之行为,即俄国虽修筑东清铁路,却无与关内外铁路连接之意。俄国拒绝连接,乃出于将满洲产物运至大连,垄断利益之企图,此颇为无理。日本秉持公平,以彼此连接谋取两国利益为主旨,此点与俄国迥异之处还望充分谅察。

诚如贵全权所知,此铁路桥梁横跨辽河需巨额费用,距离短而费用高,故日本就此铁路之主张非出于利益,若从利益而言,我方并不寄望于此。日本之所以协商此事,正如前日来就安奉铁路详述之原因,乃利益之外具有重要关系。

　　袁全权：所谓利益之外一事，若贵国与其有关者，须指奉天以东地区，奉天以西地区对我方而言，亦是非出于谋利目的之极为必要之处。如此可谓公平，将来彼此可达成一致。

　　小村男爵：贵国谋利以外具体何指？

　　袁全权：关于谋利以外事宜，前日已作申明。

　　小村男爵：我方主要目的亦在于此点。该铁路连接新民屯与奉天，所谓谋利以外之目的，须确保奉天与辽河之间联络，即利用辽河水运连接辽河与奉天，此点至为重要。

　　因此为充分达成谋利以外之目的，完成新奉铁路尤为必要，此重要性在于关系辽河之水运。就此方才已作种种说明，贵全权之意见亦已知晓，我方退让一步，将此铁路分为两段，以辽河为界，由日中两国各自经营如何？

　　袁全权：俟研究与英国之合同后再行协商。

　　（此时内田全权向唐侍郎出示柔克义所编《条约集》①第 333 页，并称此乃合同正文。）

　　袁全权：本大臣不甚明白。

　　小村男爵：若无所不知则难办矣。

　　（双方大笑。）

　　（小村全权称"可待明日持汉文合同"，内田全权答以"然届时再行商议"。）

---

① 柔克义（William Woodville Rockhill）：1854—1914，美国外交官、汉学家、藏学家。1905—1909 年任美国驻华公使。会议中提到的《条约集》即为柔克义 1904 年编辑的《与中韩有关的条约和公约（1894—1904）》。（William W. Rockhill edit, *Treaties and conventions with or concerning China and Korea（1894 - 1904）, together with various State papers and documents affecting foreign interests*, Washington：Government Printing Office, 1904.）

内田全权:(手指柔克义所编《条约集》。)此正确否?

唐侍郎:应无误也。

(此时双方就合同条款展开讨论,研究南票、女儿河等位置。)

小村全权:总之此合同与现今之问题并无关系,此合同仅指新民屯以西之铁路。

唐侍郎:如之前所述,最初计划敷设天津至保定及丰台至张家口、新民屯至奉天铁路,天津保定线因英国资本家多次主张,称为关内外铁路支线,达张家口线亦为关内外铁路支线,新民屯至奉天线我方已开始实测,均无任何问题,只是最初之合同中笼统定为支线。

小村男爵:新奉铁路英国方面并无阻碍理由。

袁全权:然自新民屯延伸英国方面必生窒碍。

小村男爵:但英国就满洲铁路一事已与俄国订有约定,贵国无论如何处置铁路决无不满之理由,故满洲铁路事宜无须顾及英国之说辞。

英国在与俄国协商时约定,互相以长城为界,长城以西则有窒碍,长城以北无妨,因此,并无阻碍之理由,可保证断不致横生窒碍。

袁全权:英国萨道义[①]公使不在此席,若在此磋商一番甚佳。(笑言。)

小村男爵:此事本全权可负责保证,决不会给贵国造成困扰。

瞿全权:还请两位全权斟酌谅察。

小村男爵:我方已经详细考虑,为达成协议才提议将新奉铁路一分为二,以辽河为界,铁桥由双方出资架设。除此方案外别无

① 萨道义(Ernest Mason Satow):1843—1929,英国外交官,汉学、日本学学者。1895—1900 年任英国驻日公使,1900—1906 年任英国驻华公使。

他法,还望予以允准。

袁全权:土地皆为我国领土,相较而言,我方已就长距离铁路向贵方作出让步,故希望这一短途铁路可售与我方。若照贵方提议,我方所得线路甚短,极难应允,亦不甚体面。

小村男爵:此乃细微问题,铁路既为短途,毫无利益。然该铁路具有利益以外之目的,故勉强提出此主张,此点还望谅察。且退让一步,以辽河为界之提议,务请予以允诺。

袁全权:相比较我方向贵国作出之让步与欲保留之物,不可同日而语,实在有失均衡,此岂非不公平乎?

小村男爵:尚有长春至吉林铁路问题,方才之提议可愿采纳乎?

袁全权:新奉铁路之问题仍有待详细讨论,故不可遽然转移议题,还需从长计议。

小村男爵:辽河至奉天距离虽甚短,但该铁路之所以重要,乃因与奉天至安东铁路为同一性质。我方亦欲就此协商,希望让步至辽河则可达成一致。安奉铁路及新奉铁路原本为同一问题,即便分开协商,仍抱同一宗旨。

袁全权:贵全权虽称同一宗旨,但我方并未等同视之,着眼点各不相同。铁路事宜容调查后明日再行答复。

小村男爵:我方亦仔细斟酌中方意见后,提出折衷之说,关于以辽河为界,此乃对谋利以外目的有重大关系,还望谅察此情。就此目的而言,除折衷说之外别无其他方案,故还请充分考虑赞成此说。

袁全权:应充分调查后再予回复。

小村男爵:正愿如此。今日已六时半,其余可明日再议。

袁全权：可也。

小村男爵：另有一言相告，方才袁总督声称，既已接受我方就安奉铁路之要求，亦应允诺贵全权就新奉铁路之提议。此次日本提出之方案均只列出极为必要之事项，故请审议时念及此点。

瞿全权：此为笑谈，贵全权所言宛似要求日本土地上之事宜。

袁全权：本大臣之类比并非如此，不过为日本食肉，中国吸血。

小村男爵：若是日本土地，岂有任何要求之问题乎？

瞿全权：日本若顺便将哈尔滨收入囊中，则无任何争论也。

（下午六时三十分散会。）

【附件第一号】

中国政府允将由安东县至奉天省城所筑造之行军铁路，仍由日本国政府接续经管，改为专运各国工商货物。自此路改良之日起（限以二年为改良之期），以十五年为限，届期一律拆去，或请一他国公估人按该路建置各物件估价售与中国，其十五年以内所有中国官商货物由该路转运，应按照山海关内外铁路章程价值给付，并准由中国政府运送兵丁、饷械，可按东省铁路章程办理。至该路改良办法，应由日本承办人员与中国特派人员妥实商定，所有办理该路事务，中国政府援照东省铁路合同，派员督率经理。

【附件第二号】

中日两国政府互允各指定一公司，令其分集资本，会同商订切实合办章程，成为中日合办安奉铁路公司，备价承受日本政府现造由安东县至奉天省之行军铁路，协议改良，改为商工事业运用。中国政府独有地主之权，过二十五年后得以随时按其资本付价收回，作为官路。

第七次正式会议谈判笔记
一九〇五年十一月二十九日下午三时十七分开议

列席者与上次相同，庆亲王因病未到。

袁全权：关于此次谈判，各国新闻通讯员等妄发各种电报，危险甚多，于交涉不利，故现审查彼等之电报，密电均作预留暂时不予发送。日本通讯员方面希望先送至日本公使馆，惟有经公使馆员记名者可准予发电。

唐侍郎：各国新闻记者所发电报中，若为外文我等可进行审查，若为日文，译员等翻译还需花费时间。因此可由日本公使馆审查，有证明之印可准许拍发。

小村男爵：此举仅限北京乎？天津等是否采取同样措施？

唐侍郎：还未向天津方面颁发命令。

小村男爵：审查已然实行乎？

袁全权：北京已经实施。

唐侍郎：本日十二时约有三封日本电报送至我处，因已实施审查不可发送，故吩咐送往公使馆，想必已送达山座局长手中。

山座局长：予出宾馆时刚送至，故正随身携带。

小村男爵：此手续似无太大益处，原因在于日本距离极近，亦可以邮寄实现联络,既不能控制邮寄,岂非并无实效?

袁全权:但路透社其他外国通讯员等诸般探访,发出错谬甚多之报道,一旦广为传播恐有窒碍,故有必要加以取缔。

唐侍郎:我方决无限制日本电报之意,日本方面只需经贵国公使馆审查即可允许发电。

(此时小村、内田两全权商议片刻。)

内田全权:路透社等电报若有不妥可行禁止否?

袁全权:可不准其拍发。

内田全权:所谓不准拍发只是限于中国之举措,且各国对此无异议乎?

小村男爵:迄今可有采取此类措施之前例乎?

唐侍郎:有关条约等谈判时俱援引此例。

小村男爵:中国为万国电报公会成员否?

唐侍郎:然也。

小村男爵:据本大臣所知,审查权只在战时才可行使,日本在战争期间也曾施行。

唐侍郎:我方于拳乱时施行审查权。当前实施此举之原因为昨夜某贵国人士告知路透社某通讯员已获取条约草案全文。

小村男爵:问题在于此是否属实。

唐侍郎:我方条例乃援引《万国电报公约》中相关条款之规定。至于贵国人士之电报,若经贵国公使馆审核可予以拍发。

小村男爵:问题在于此是否能办到。

内田全权:关于电局,仅是中国电报局乎?

唐侍郎：然也，中国电报局。[①]

（此时小村全权告知内田全权，就此调查后再作决定。）

小村男爵：此事应待内田公使调查后再定。期间若有日本之新闻电报，应发行证明。

袁全权：知悉。

小村男爵：方才唐会办声称日本记者获悉谈判协定全部事项，今晨见诸天津之英文报纸。依本大臣之见，此乃臆测之言，其列举之条款中既有猜中亦有不中，偶然猜中者亦是无论何人皆可推测之事，其他全为捏造。就此事惟有彼此进一步严加注意。

唐会办：数日前即谈判开始前，路透社某通讯员曾要求面见本官，其举止甚为失礼，问予有无新闻，且询问因莫里循[②]不在，可有想发送至《泰晤士报》者。予答以无任何消息，其又称自日本公使馆处得有所闻。而今晨其又宣称予对其不公。

小村男爵：其有否言及详情？

唐会办：只声称知晓。

小村全权：彼等时而知情，又称于某地听闻进而提问，最终欲探听真正之事也。

袁全权：本日接续昨日，应磋商新奉铁路事宜。关于此事，昨日直至今晨与同僚进行种种研究，又调查铁路诸般事宜，因此先就此进行协商。

---

① 此处唐绍仪与小村寿太郎、内田康哉有关电报审查的对话为英文。

② 莫里循（George Ernest Morrison）：1862—1920，澳大利亚裔苏格兰人。1894年首次来华，曾任《泰晤士报》（The Times）驻华首席记者（1897—1912）、中华民国总统政治顾问（1912—1920），居住北京达20余年。其个人收藏的24 000余册藏书被称为"莫里循文库"，1917年售予日本三菱财阀岩崎久弥，以此基础成立的东洋文库后成为世界著名的东洋学研究机构。

查光绪二十四年八月①中国政府与英国公司所订合同第三款内载,遇有筑造山海关内外铁路支线,或行展造时,应由该公司承办。

又查旧案,奉天系清朝列祖陵寝所在,至乾隆帝皇帝均须前往谒陵,此后久未举行,但乾隆帝遗训子孙须适时谒陵,故历代皇帝均遵照先祖遗训谒陵。且编纂祖宗系图须前往奉天,而历代皇帝画像及实录、遗物均保存于奉天,出于此等必要,北京至奉天段铁路务必由中国经营,其间若有他国铁路颇为不妥。现举一例,如北京至保定铁路为比利时出资,与此相关,皇帝为前往西陵谒陵须筑造铁路时,比利时公司表示通往易州铁路亦愿借贷资金,但两陛下以铁路用于谒陵为由不予允准,最终命直隶总督筹措资金由中国自行敷设。原本比利时公司之主旨仅为贷出资金,两陛下仍因皇陵关系未有许可。因此关于本铁路,极为遗憾碍难允诺贵方要求。

小村男爵:方才贵大臣所言此事有两大要点,其一为与英国公司之合同,其二为皇室陵寝。

第一,光绪二十四年与英国公司合同在此。

(此时小村全权出示英文合同,内田全权询问:"贵全权是否有汉文合同?",袁全权随即将中英条约之汉文译本递呈内田全权。)

如昨日所述,此问题与英国公司断无关系。此合同签订于光绪二十四年,之后根据俄国与英国之条约规定,英国政府或公司不求于满洲获取铁路敷设权。即便原先拥有权利,由此亦全部消灭。且贵大臣所言该条款并非公司对中国政府限制铁路敷设权,只是

---

① 《日本外交文书》中误记为光绪二十四年四月。

声称若中国政府自身敷设铁路时,英国公司可提供资金之贷款约定。然之后英俄两国更签订条约,约定英国于满洲无论政府抑或私人,均与铁路无关。因此对于今日之问题,英国决无法提出任何异议。

第二,关于北京至奉天铁路,此次日俄战争之结果已有明证,即日军对奉天各皇陵及皇室建筑,克服种种不便,尽力充分保护,嗣后仍照此宗旨同样予以充分保护。若就此点有所担忧,甚难理解。且若俄国依然占领满洲,关内外铁路与东清铁路之连接遥遥无期,北京奉天间之连接亦几乎永无可能。正因俄军被日军击退,双方才得以修筑铁路,实现北京奉天间之连接,否则连接当无可能。其得以实现全靠战争,此中情形昨日亦有申明,还望格外体念。如昨日所述,为就本问题达成一致,我方退让一步提出折衷办法,除此之外实无他法。

袁全权:我方希望申明者为与英国公司之合同规定,若中国政府自有资金,可使用该资金,否则由英国公司贷给资金。现中国政府已有资金,又为英俄条约局外者,我方与英国公司之合同有直接关系,且与英国久有敦睦之谊,故违反条约实心有不安。贵国亦与英国关系亲睦,必不愿令中国有违反条约之举。而日本皇帝陛下下令大山(岩)元帅极力保护奉天陵寝一事,臣民自不待言,我皇上及皇族感谢之情日前庆亲王亦直接向贵全权转达。然而该线路为我皇帝直接使用,终究不宜由他国筑造,甚至连使用他国资本亦须避免。

小村男爵:不论中国与英国公司之合同如何规定,缔约后英国已放弃其政府或臣民在该地区敷设铁路之权利,故无须顾虑此层关系。第二项为本日首次提议之讨论,昨日之前并未承示。此为昨日贵方所述理由之外，为拒绝我方提案又加以另一理由，本全权认为此条理由毫无价值。

另有一言申明，光绪二十四年中国与英国公司签订之合同只系贷款，即贵国若无资金由英国贷给，由此贵国之铁路敷设权不应受到束缚。且如照我方折衷办法，新奉铁路分为新民屯至辽河、辽河至奉天两段，前者或涉及中英合同第三款，但辽河至奉天铁路并非山海关内外铁路展线，原东清铁路即长春至旅顺铁路支线与光绪二十四年合同第三款无任何关系。

袁全权：依本大臣等之见，新奉铁路被视为关外铁路接展之线，故希望尽量不违反与英国之合同。日本皇帝陛下既已于宣战诏书声明不损害外国利益，自希望不致损害英国之利益。陵寝有关事宜昨日并非未及注意，惟详情记忆颇为模糊亟须调查，尤其关于易州线即通往西陵铁路之历史有待确认，故今日方才提出。另新奉铁路光绪二十五年张翼已派遣技师实地调查，早有筹备计划，而日本乃战争之结果才有所规划，故我国远在之前已作筹划，自此点而言希望可让与我方。

小村男爵：此为昨日反复说明后，依照贵大臣所言提出以辽河为界之折衷办法，既已退让一步，除此之外实无妥协方案，还望贵全权熟察予以允诺。然此案暂行搁置，先协商下一条款如何？

瞿全权：则下一条款为长春至吉林铁路。

小村男爵：仍为铁路问题也。

袁全权：（笑曰。）实则铁路距离既长，故协商自然费时较长。

小村男爵：关于吉长铁路敷设权事宜，日前已递呈日俄和谈谈判会议节录抄译版，不知已阅悉否？

袁全权：已详阅之。

小村男爵：本问题产生之缘由已如会议节录所载,最初日本要求旅顺至哈尔滨铁路,最终约定于长春进行分割。作为交换条件,俄国应允对日本敷设吉长铁路并无异议。

该铁路既有如此历史,且吉长铁路若不作为单独经营线路则无营利目的可言。若不附属于旅顺至长春铁路,收支不能相抵,理应将其作为旅顺至长春铁路之自然延长线。因此还望中国允照按安奉铁路所订办法一律办理,由日本进行展线。

袁全权：关于该铁路,我方另有实情。光绪二十八年吉林将军奏请吉长铁路由中国自行筑造,其时俄国公司称此事因有窒碍须请示外务部,但外务部断然未准予俄国。本年吉林将军再次奏请自造该线,中国此前既未许以俄国,又已决定自造,俄国并无得到许可,自无法将权利让与日本。

小村男爵：此并非所谓俄国向日本转让许可。日本即便敷设该铁路,俄国已保证不生窒碍,故贵国允诺日本,俄国亦决无异议。

袁全权：但吉林将军再次奏请,且我政府两奉谕旨,业经定由中国自行筑造,故甚难将该铁路允让日本。惟顾念两国邦交,于答复大纲内提议,倘若此路需借用洋款时,应先向日本商借。

小村男爵：该铁路并非关乎利益问题。日本实颇为重视利益以外之目的。日俄和谈时曾取得俄国保证不反对日本敷设该铁路,据称俄国曾对该铁路提出要求,故担心日本敷设时或生窒碍,为消除此障碍而在会议节录内订明。因此此次与贵国协商该铁路,正是为达成利益以外之目的。至于贵全权所称已准吉林将军奏请,此并非许可外国政府或外国人,中央政府如有决定,无论如何应可更改。

瞿全权：吉林将军两次奏请,已奉旨由中国自造此铁路,户部业已筹措款项，即将着手筑造。且中国从未许可俄国敷设该铁路，今若本全权等允让日本，将无颜面对我皇太后、皇上也。

且特有一事须申明，面对俄国之无理要求或是欺瞒行为，中国尚未给予许可，况且铁路事宜，日本有别于俄国素以厚谊相待，对于我方难以允诺之路线，切望顾及此两国敦谊再行斟酌。

小村男爵：日本向来重视两国敦谊，故决无达成无理诉求之念。惟铁路问题如数日来所述，我方所抱之一大目的，并无以无理要求破坏两国敦谊之考虑。但对于此将来之目的，若今日不预作协定，他日将生窒碍。而此目的能否达成，攸关日本国家存亡，贵国亦可能蒙受不利影响，还望熟虑此等情状。惟如贵全权答复仅有他日如有资金需要应向日本商借等漠然之辞，本大臣对将来之目的甚感不安，故务请考虑可令双方满意之折衷办法，我方亦应另拟折衷办法。

瞿全权：我方难处在于已定中国自行筑造铁路，而该铁路如有种种困难，也应由中国敷设，否则无颜面对两宫，故作为折衷办法提议可借用外国资金已是让步。

小村男爵：仅此而言决非满意之折衷办法，此事我方还需斟酌，望贵全权亦再行熟虑。

袁全权：该铁路之资金我方已有筹措，自应由中国敷设，允诺贵国敷设权甚为困难。但有一通融办法，铁路由中国筑造，工程人员可聘用日本人，所用机车、钢轨等比较贵国与其他各国价格，若低廉划算则应采购贵国物料，如何？

小村男爵：此项办法仍不能满意，拟彼此熟思妥协办法，容下次会晤时再议。

瞿全权：此事无论如何商定，希望不列入条约款项，而是存入会议节录。

小村男爵：形式上两者皆可。

袁全权：另有特须申明者，最初中俄条约规定通往海边之铁路惟有直达大连旅顺之两线，尤其展造至营口一线专为运载筑造铁路材料之用，今日已材料运毕，铁路竣工，应照原约尽快拆除营口线方为妥当。

内田全权：我方素知原东清铁路条约内订有明文，大石桥至营口铁路专为运载材料之用，使用完毕应予拆除。但嗣后中俄两国订定《交收东三省条约》时，第四条第三款载有于辽河建造桥梁等语，实际上庆亲王曾就此事与本大臣商议，故其主旨仍记忆犹新。当时之实情为中俄两国皆毫无拆去已完成之大石桥至营口铁路之意。既未在条约载明，该铁路当然未被拆除。为与山海关线连接，是否于辽河架设桥梁则将成为问题，因而若建造桥梁应由中俄两国彼此商办。故如俄国履行《交收东三省条约》，现时例举之事亦如约施行，大石桥至营口铁路显然将依旧存留。然如今不可允准日本云云于理不合，且该铁路贸易上尤为必要，已有线路现时再行拆除，会带来极大不利。因此切望以许可俄国同样之宗旨允诺日本。

袁全权：俄国有何主旨无从得知，但我方原订条约通海边之铁路限定为至旅顺及大连线路，故营口线不在其内。中国政府之主旨为履行拆去之协定，并应由我自行敷设。此乃中国之宗旨，不知俄国主旨何在。但离拆除年限尚有八年，现未到期，故望到期后应予拆去。内田公使于归还东三省谈判时曾认为俄国不可保有该支线，至今日反而主张应予维持，其意见岂非前后矛盾乎？

内田全权：本大臣主张应维持该线路。俄国主旨有别于日本,本大臣当时并未声称应拆除该铁路。当时只是就建造铁桥问题进行了协商。

袁全权：不管怎样,贵大臣当时完全秉持应拆除该铁路之宗旨,而今日情况已有变化,因已是贵国之物故持应予存留之意见。此问题随后再议亦可,现就租地问题日前所述事项中,有一与此密切相关且最为公平事宜须议。

（出示关于铁路联络事务协定之提案。）

（参照第二次正式会议谈判笔记附件第一号正约部分壬项。）

小村男爵：此事与俄国亦有关系,日本独允尚不足为凭。将来日本与俄国商议此事时,可知会贵国,故届时中国将欲参会之意照会日俄两国即可,当然知晓联络事宜亦与贵国相关。此主旨可载入会议节录。

袁全权：则将其写入会议节录。

小村男爵：否。并非将此段文字写入,依照日俄和约第八款,与俄国协商联络事宜时应由日本知会贵国政府,届时贵国再照会日俄两国。即将本大臣所述之言载入会议节录。

（此时袁全权与唐侍郎协商后,拟成会议节录文案递予小村男爵【附件第一号】。）

袁全权：此主旨可否？

小村男爵：甚是。继而议大纲第八款。

袁全权：知悉。第七款铁路事宜实为难关,中国有"铁门关"之说,与此相同也。

小村男爵：第七款之难关为本谈判之关键,现进程已过半。至于第八款,贵全权所拟提案大致同意,但其中对我方原案有修改之处,就森林之具体区域,原案与修正案两相对照自然明了,只凭修正案尚不清晰,故望于修正案内仅加入具体区域之森林等语。

袁全权:应插入具体区域否?

小村男爵:合办公司之处若不载明于鸭绿江沿岸采伐,则区域界线尚欠明晰。

内田全权:关于鸭绿江森林事宜,袁总督多有照会,宜早日确定界址。

袁全权:还是不宜引起争论为好。

瞿全权:此事一旦确定,该地人民必有损失。

内田全权:根据具体划界方式,该地人民亦可得利。

袁全权:此事一定,该地人民将向内田公使索取金钱也。

(呵呵大笑。)

小村男爵:可加入鸭绿江沿岸之语。

瞿全权:沿岸不写明左岸或右岸,将同韩国混淆。

小村男爵:则应写明右岸。

袁全权:若照如此达成一致,仅一小时即可议结。

内田全权:渐渐顺势而为也。

袁全权:最近因审查文件,夜间亦无暇休息。

小村全权:续议大纲第九款,即辽河、鸭绿江、松花江及支流航行权条款。此三条河流中,日本主要欲协商松花江之航行。按现行条约,日本臣民可在辽河、鸭绿江行船,然松花江未在其列,故希望于松花江亦可享受同等待遇而提出此条款。然将大纲交阅后方知中俄条约内有关于松花江之规定。

(此时小村男爵将《瑷珲条约》之汉文节译本及法文英译本交予袁全权。)

本条约应仍生效,是否如此?

袁全权：仍然有效。

小村男爵：然则若无俄国允准，仅凭贵国不能允诺日本于松花江之航行自由。

袁全权：日俄和约第四款声明俄国不得阻碍中国在东三省为发达各国商工业所采取之措施，故允诺日本岂非亦无窒碍？

小村男爵：日俄和约第四款并非有违贵国与外国条约时可采取措施之意，而是在不违反与各国既定条约范围内应行之事。关于此条，中俄既然已有条约不可废除，故本全权应撤回第九款。此乃大纲提出后方才发现需要俄国允许，但希望将此意旨存记会议节录内，即他日日本与俄国协商此项，俄国若无异议，贵国亦对将松花江向各方开放行船无异议。

袁全权：知悉。甚为感谢贵全权察知我方困难，撤回原案之好意。适才所言内容可写入会议节录。

小村男爵：则第九款就此议结。

袁全权：然日俄和约第三款规定，俄国放弃一切独占权或优先权。

小村男爵：事实虽然如此，但日俄和谈时日俄两国全权大臣均未顾及此松花江相关事宜。

瞿全权：就撤回此案，向两位全权大臣之周详考虑深表谢意。

小村男爵：尽管此事中俄条约已有约定，协定时仍会给予俄国抗议之口实，因此予以撤回。

瞿全权：此事实乃两位全权大臣重视两国敦谊，由衷感谢。

小村男爵：继而议大纲第十款。此条有别于第九款，单凭贵国政府决心即可决定之问题也。

瞿全权：关于此条，本大臣曾说明我方情况，所称此事碍难允诺乃因渔民苦于生计,但此为表面原因,实则恐成为他国援引此例,索取他处渔业权之口实,日后贻害无穷,故还望贵全权谅察。

小村男爵:本大臣提出此问题并非日本欲获得渔业权,占有满洲沿岸利益之意。诚如所知,日本已拥有韩国沿岸之渔业权,今后辽东租借地沿岸之渔业权亦已享有,夹在其中之盛京省沿岸同样面临此等问题,如此必致产生纠葛。即如贵全权所知日本渔民勇敢非常,甘为捕鱼不惧任何危险,无论条约有无规定,必然会至盛京省沿岸从事渔业,然则必生纠葛。为预作防范起见,如蒙贵国允诺,彼此可进行取缔,故拟成此条款。

瞿全权:本条对我方而言,实担忧开启别国向中国索取同样权利之肇端,最终导致德、法等国援引此例要求南洋之渔业权,即现时如允诺贵国将成为肇始也。

小村男爵:前日瞿大臣所言之担忧全然明了,故日本决不愿给贵国造成困难,故为免于为他国所烦累,还望考虑一妥当办法。

瞿全权:如前所述,还望贵全权谅察中国碍难承允此事。目前已有某国意欲索取南洋一带之渔业权,我方正在研究应对之策,若现开启允让渔业权之肇端,则后患无穷也。

小村男爵:日前贵大臣曾提及德国公使要求胶州湾青岛沿岸之渔业权,是指此事否?

瞿全权:其要求允准以电气网捕鱼。

小村男爵:是否为沿岸一带?

瞿全权:然也。中国已断然拒绝此要求,故我方正计划从速成立渔业公司。

小村男爵:盛京省沿岸渔业有别于他处,即日本一方面拥有朝鲜沿岸渔业权,今又获得辽东租借地沿岸同等权利,盛京省沿岸位处其中,若日本人民无该处沿岸及鸭绿江河口之渔业权,将来彼此必生争端,故望先订立协议以免此种情形发生。他国仅为谋取渔业之利提出要求,其主旨有别,此点还望考量。瞿大臣所称恐此事成为口实,无从拒绝他国要求,然自有预防之法,其办法可由日本筹划。

瞿全权:要之,我方不知贵全权有何方案,一旦开启先例,各国将以利益均沾之理由提出要求时,中国无辞可拒,故实难允诺。

小村男爵:不让各国以均沾为由提出同样要求即可,其方法容后再行商议,如此应可安心乎?

瞿全权:有何方法?

小村男爵:写明各国不得均沾之语可乎?

瞿全权:此件不宜载明于条约之内。

小村男爵:然宜用何种办法?

瞿全权:虽不知贵全权将用何种办法,但各国条约内皆载有可利益均沾之语,故不可于条约内载明。

小村男爵:均沾之语,原本之意在于如此事允准日本,则各国国民可根据条约与日本臣民同样于盛京省从事渔业,而贵国允准日本于满洲沿岸享有渔业权,则他国欲于其他地方沿岸要求此权利决非均沾之意。即对于日本所享盛京省沿岸之渔业权,各国人民与日本臣民同样可从事渔业为均沾之意。

瞿全权:奉天省沿岸许可日本之处,自贵国而言只是指奉天省沿岸,然我方对于均沾仍有杞忧,即援用此例或将波及中国整个沿岸,须预防此后患也。

小村男爵:均沾决非上述之意。条约中所谓均沾,如胶州湾允准租与德国,为此英、法等不可以各国均沾为由要求租借各处,故英国要求租借威海卫等皆为另立条约之个别问题，并非均沾。渔业亦然，如允准盛京省，他国并不能以均沾为借口要求于他处享有同样权利。

瞿全权：各国取得盛京省沿岸渔业权亦甚为难办，且希望尽可能防止涉及其他地方，尤其按以往条约中国从未向外国许可渔业权，故还望谅察难以允诺。德国已提出要求，正严词拒绝之际，若许可日本拒绝德国，亦会影响与德国之敦谊，故更为困难。

小村男爵：若如瞿全权所言，担忧各国援引允诺日本之前例，累及南洋方面，则日本拟预筹解忧之法，即渔业权允诺日本亦不会引起他国索求，俟筹定办法后再行商议。

瞿全权：即便贵国保证，我方亦碍难允准。

小村男爵：方才贵全权担忧各国仿效，故日本将在筹策消除担心之办法后再行商酌。

瞿全权：外交之事自当讲求信用，但此条即便贵全权保证亦断难允诺。

小村男爵：本大臣尚未申述保证之法，惟称应筹策安心之法，具体办法容后再议。

瞿全权：可也，届时再行商酌。

小村男爵：继而议大纲第十一款，贵方既已允准可定也。

袁全权：就此尚有意见否？

小村男爵：否，如此可也。此次两位全权大臣提出拟增条款七条，本全权亦有涉及细目之补充条款六条，拟合并逐一进行磋商，应先就贵全权所拟增加条款议起，然后再议我方补充条款为宜。本大臣已充分研究贵全权之拟增条款，还望贵全权亦斟酌我方提案。拟明日起先商议贵全权之拟增条款，然后再议我方补充条款。

袁全权：则拟先参阅贵全权提案。

瞿全权：贵全权之补充提案是否与我方提案条款有关？

小村男爵：非也。完全为其他事项。

瞿全权：为特别事项乎？

小村男爵：非也。为我方提出大纲十一款之附属事项。

（此时小村全权将追加提案【附件第二号、第三号】递予中国全权大臣。）

袁全权：容后详阅。

小村男爵：明日仍为三时开议如何？

袁全权：可也，仍以三时为宜。本大臣偶染风寒，将抱病继续商议。

小村男爵：今日已议定三条。

袁全权：甚好，照此进程明日一日当可议毕。另有一事，前日就福岛少将及青木大佐等之事表示谢意等语，还请勿记入会议节录中。

小村男爵：知悉。

（下午六时二十五分散会。）

【附件第一号】

俟将来日俄商议联络铁路章程时，由日本先行知会中国，中国届期可将欲派员会议之意知会俄国同时与议。

【附件第二号】

日本国全権委员提出追加条款：

第一：日清両国政府ハ交通及運輸ヲ増進シ、且ッ之ヲ便易ナラシムルノ目的ヲ以テ、南満州鉄道ト清国鉄道トノ接続業務ヲ規定センカ為メ、可成速ニ別約ヲ締結スルコト。

第二：日清両国政府ハ南満州ニ於ケル鉄道ノ利益ヲ保護スルノ必要アルニ由リ、同地方ニ於ケル鉄道敷設ニ関シテハ、両国政府間ニ豫メ協議ヲ整フヘキコト。

第三：清国政府ハ旅順芝罘間、牛家屯営口間及鉄道線路ニ沿ヘル日本ノ電信施設ヲ承認シ、並ニ営口北京間ノ清国電柱ニ一線ヲ附架スルコトヲ承認スルコト。

第四：南満州鉄道ニ要スル諸般ノ材料及鉄道守備隊ノ需用品ハ、各種ノ税金及釐金ヲ免スルコト。

第五：清国政府ハ満州ニ於ケル農商業ノ発達ヲ図ル為メ、同地方ヨリ各種雑穀ノ輸出ヲ許スコト。

第六：清国政府ハ正約及別約ニ協定シタル事項ニ関シ、最恵国ノ待遇ヲ日本ニ与フルコト。

【附件第三号】

日本国全权大臣所拟增添条款：

第一：中日两国政府为图来往输运均臻兴旺便捷起见，妥订南满洲接联营业章程，务须从速另订别约。

第二：中日两国政府以保护在南满洲地方之铁路利益殊为紧要，所有关乎南满洲地方筑造铁路各节，须由中日两国政府彼此预先商妥订定。

第三：中国政府允由旅顺口至烟台、由牛家屯至营口并在铁路沿线之日本电报事务由日本经理，并允由营口至北京之中国电线杆上附架电线一条。

第四：南满洲铁路所需各项材料以及护路兵队所需一切物料，应豁免一切税捐厘金。

第五：中国政府为图振兴满洲地方之农商各业起见，应准满洲地方各项杂粮出口。

第六：中国政府允于正约及另件条约所商定之各项事宜，应向日本国按照最优之例相待。

第八次正式会议谈判笔记

一九〇五年十一月三十日下午三时十五分开议

列席者与上次相同，庆亲王因病未到。

小村男爵：本日自贵全权所拟增添条款第一条开始商议。

袁全权：可也。

小村男爵：贵全权所拟增添条款之主旨大体已经了然，不知还需说明否？

袁全权：本大臣等所拟第一条至第七条，上至皇帝陛下，下至一般臣民，为同所期盼之事项，加入第一条有其缘由，至于以下各条自为我国理所当然之要求。第一条基于普遍希望东三省不再陷入纷扰之考虑，主要为根绝所有纷扰之原因。而该地两国驻军正是最易引起纷扰之原因，故我国普遍希望撤兵，以绝将来纷扰，此与贵国皇帝陛下之诏书，及贵国所望维持大局之主旨亦相符。

参阅前日小村大使所交日俄和谈备忘录，本大臣等对贵全权有关撤兵之主旨深有同感，亦对其主旨最终未得贯彻到底持同一想法，因此若有可能希望先得贵国有关撤兵之承诺，再与俄国进行商议。若贵国先允撤兵，则我方立场更为坚定，即便万一俄国未行允准，对我方仍有利。

小村男爵：第一条分为两项，主旨其一为撤兵期限缩短至十二个月，其二为撤去铁路护路兵，由中国自行守护，是否无误？

袁全权：保护铁路问题，与俄国条约中亦规定由中国保护，然俄国之后屡次要求自己派兵，中国断然拒绝，最后俄国提出以巡警队充之，中国仍未应允。此事当时内田公使颇为清楚，即曾谈论断不可允许俄国驻留护路兵。

小村男爵：如贵全权所言，原本日本希望缩短撤兵期限，和谈时虽提议短期撤兵但未达目的，而日俄和约规定撤兵期限为十八个月以内，其范围由两国满洲军总司令协定细则，即十八个月期限已由条约决定，之后两军总司令又再次确定为十八个月，现无法再作更改。且十八个月时间并不过长，此前中俄签订《交收东三省条约》时，期限亦为十八个月，其时俄军人数与此次相差甚远，此次士兵甚多，故撤兵期限定为十八个月并无不妥。日本满洲军总司令亦承认为不得已之举而同意此期限，实际上俄国大军倘非十八个月内无法实行撤兵，故现今毕竟无法再行缩短撤兵期限。对贵国而言，重要者并非缩短此期限，而在于俄军是否于十八个月内实行撤兵。若如约履行，即便延长六个月左右亦不影响大局。尽量缩短撤兵期限本是日本所望，对日本无甚困难，而俄军需要十八个月，故殊为不易。若俄国应贵国之请允诺缩短期限，日本自无异议。

然如前日我方递呈文件所示，俄国本极力避免确定期限，最终虽限定十八个月，再行缩短至一年碍难承允。俄国不欲订明期限，日俄和谈直至最后就是否确定撤兵期限争论甚烈，我方言及若不订定期限谈判将趋破裂，始定十八个月之限。如此情形下俄国再行减少期限万难做到。嗣后两国满洲军总司令谈判时，事实判明十八个月以内无望完成撤兵，即数十万士兵凭一条铁路线撤回，核查铁路之转运能力，预期无法于十八个月内完成，故强行要求缩短至十八个月内亦无望实行。日本原本最初提案十个月内撤兵即可，故只需俄国同意并无异议，但俄军实际无望履行之事载入协定究属空谈，故限定十二个月碍难实行。

袁全权：贵全权之主旨已充分明了。然东三省官民等因外国军队驻扎甚多不便，故我政府欲尽快消除此种不便情形。《交收东三省条约》规定俄国撤兵期限为十八个月，但俄国中途拒不撤兵，为防止此次亦可能中途违约之患，故希望缩短期限。现俄军兵力有三十六个师团，一个月撤回两个师团则十八个月可撤完。若迅速实行，一个月可撤三个师团，故十二个月应能全部撤完，故希望先得贵国之承诺再与俄国相商，若俄国不予应允，亦不求贵国实行。

小村男爵：原本贵国政府向俄国商议之事非我等可以置喙，日俄和约所订期限为十八个月，嗣后两国满洲军总司令核查双方军队实际情况及转运能力，确认十八个月实属必然。现日本终究无法再行减少。且日本亦无法先行约定，其理由在于满洲之俄军实际情况及军队转运能力已达极致，此事我军总司令亦了如指掌。然所谓此等事宜十八个月是否过长，我等外行实难知晓，故实际问题还应由专家而定。

袁全权：本大臣等主旨为希望尽早撤兵，免去百姓疾苦，且驻兵弥久，恐期限内多生事端，故无论多少希尽可能缩短，然此事还应与俄国商议。

小村男爵：若无俄国同意，日本不能缩短期限。此乃经两次协商后确定之事，其一为议和谈判时，其二为两军总司令会谈时。

若现欲行更改断难实行，故贵国应先取得俄国允诺，若俄国应允，再由俄国向日本商议，此时日本再行允准无甚困难。此乃和谈会议节录中日本所拟之首条提议，希望短期内退兵之宗旨昭然于世，自当与之相商。

诚如贵大臣所知，日本政府之主旨为尽可能希望缩短期限，最初提出十个月，之后为十二个月，最终定为十八个月，即日本虽提出十个月期限之方案，实未成功，以失败告终。既未达到缩短期限之目的，日本已无再向俄国交涉之余地，万一贵国与俄国交涉有效，日本当乐观其成，自当与之协商缩短期限。

当初日本原欲缩短期限而提出该提议，既然最终与俄国约定十八个月内撤兵，我政府之重点已非缩短期限，而在于使俄军守约如期实行撤兵，故重要之处在于极力避免授人口实，造成俄军终究于十八个月内无法撤兵。历经两次协商已定之事在此再行更改，将授予俄国口实，即日本企图变更撤兵期限，甚为不利。日本已竭力最终将期限定为十八个月，再欲变更力有未逮，应由贵国先与俄国商议，若彼等应允，日本即可欣然相商。

袁全权：此事假设与俄国开议亦难商定，即便多次谈判，十日或二十日内应无法商妥。为此又不能延长中日两国先行举行之会议。且我方与俄国相商亦属空谈，俄国自会托辞日本若不应允则无法商议。如此这般此事悬而不决，又不可置之不理。

内田全权：缩短撤兵期限一事，本公使向贵国政府正式通知日俄和约之前外务部已有照会，据称同时亦向俄国发有照会，就此俄国公使可有回复？若有，不知作何回答？

瞿全权：发出照会时俄国为代理公使在任，其未有直接回复，惟有驻俄胡（惟德）公使来电称，俄国政府答复可就此协商。

小村男爵：首先想确认者，贵国是否认为若就此事与俄国商议，俄国当会允诺，如何？

袁全权：据本大臣等推测，亦非全然拒绝之意。

小村男爵：考诸实际情形，此为日俄两军总司令协商决定之问题，若行变更俄国断难允诺。原因在于缩短期限事实上并不可行，即便强行交涉，其有所决定之时恐已是十八个月之后。

（此时中国全权大臣等浮出苦笑。）

因此还望务必撤回缩短撤兵期限之问题。此事可直接与俄国相商，若俄国应允，日本即可予以明确答复。此乃日本之宗旨，日前递呈文件亦清楚表明此意，但在此商议该问题有碍会议之进行，故断然请求撤回。此事希望作为其他问题，向日俄两国另行交涉。

袁全权：然鉴于上述理由，还请贵全权于公文内声明，日本非不同意缩短期限，俄国果能承允，日本政府亦当应允之意。以此为凭，当可与俄国商议。如若得以实施，可大有功效。即便不成，我方亦甚感日本厚谊。

小村男爵：如本大臣自最初屡次声明，十八个月期限已由议和条约确定，故似此日本企图更改此期限之举动，将开启赋予俄国违约口实之端绪。为使俄国严守条约实行撤兵，日本严守期限不作变更当为上策，且对贵国亦大为有利，故不能如贵大臣所愿以公文声明。惟今后若俄国就缩短撤兵期限与日本政府商议时，日本政府随时可与之相商。然日本一方面对俄国订明十八个月期限，另一方面向中国明言可改为十二个月时，将授予俄国口实，即日本试图更改条约，故仅可于会议节录内存留倘俄国有交涉之请，日本可予以应允等语，其他则无能为力。

内田全权：缩短撤兵期限一事比照之前缔结《交收东三省条

约》时,本使知俄国未曾应允。之前满洲撤兵俄国亦提议以三年为期限,本使曾提醒贵国政府应改为十二个月,庆亲王折冲其中,最终定为十八个月。此次较当时士兵数量大为增加,短期内撤兵究属不能。且今日距日俄和约成立已过约三个月,实施撤兵亦经一个半月,故现时起缩短该期限无论如何只是小问题,如今就十二个月进行种种争论毫无裨益。本大臣等担忧之处为如何使俄国依约于十八个月内实行撤兵,切实履约实为重要问题。贵国如认为有望缩短期限我等自不会阻拦,但事实上颇难办到。谋划势不可为之事甚为不可,本大臣作为贵国之良友意欲忠告,为使日本充分迫使俄国履行条约,切勿变更撤兵期限,以免给予俄国口实。

袁全权:我方只因土地之人民等困难,及作为地主之理由,尝试尽量催促俄国。若行之有效自可,若无效则已尽力如此,亦无不可。此问题暂且不论,继而议第二条。就此项条款,贵大臣意见如何?

小村男爵:此亦如贵全权所知,俄国不欲对护路兵人数设限,此事查阅我方递呈之说明自可一清二楚。如不将护路兵人数于和约内注明,十八个月内实行撤兵后,俄国仍有众多护路兵驻留,撤兵亦有名无实,故日本认为有必要对此加以限制而提出此案。然俄国认为限制兵数甚为困难,此事视满洲之状态而难以确定,故经长久讨论终确定每一基罗迈当以十五名为限,铁路护路兵亦与撤兵期限相同。此系日俄和约及其他条款而定,俄国虽颇有难色,但已同意限定十五名,日本欲再行提出减少兵数或将其撤去,终究无法办到。

然日本之主旨并非护路兵永远驻留于满洲,仅为保护铁路之意,故俟贵国整顿满洲施政,可维持自身安宁之时,自无驻留护路兵之必要,而俄国届时同样应无驻兵之口实。故日俄和约规定每一基罗迈当以十五名为限,日本意欲仅就无永远驻留之意发表声明。

为表明无永远驻留之意,日本拟于条约中添设一条,其文案在此,还请阅看。

(此时小村全权将该文案交予袁全权【附件第一号、第二号】。)

袁全权:撤兵已设定十八个月期限,然护路兵并无撤退期限,而士兵既驻留我地方,即便为守护铁路,我亦感危险。正如贵全权重视大纲第六款之关系,我方亦重视此条,此事还望谅察。

此外,我方已派军队充分保护外国人,保护铁路相关人员亦是职责所在,此为理所当然,自应尽力保护。如若不然,则不能尽我责任。现中国已有六个师团,如派其中三个师团自可充分且周密保护。

瞿全权:最初保护铁路之事已于中俄条约规定中国自担其责,此为我方向俄国提出抗议之理由。然如不先与贵国达成协议,与俄国交涉则大有窒碍。关于此事,中国总体认为外国护路兵驻留甚有危险,还请贵全权斟酌。

小村男爵:日本最危险之处为与俄国再起冲突。

瞿全权:本大臣以为俄国不重信义,故允许俄国驻留护路兵最为危险。

小村男爵:如方才所述,俄国拒绝限制铁路护路兵人数,日本尽力交涉下得以确定每一基罗迈当以十五名为限,此须认为是日本之一大成功。故如最初所述,首要危险为不远之将来俄国不履行撤兵,若果真如此必须使其依约撤兵。故与撤兵期限相同,一旦与俄国确定之事，不可与贵国商议欲行变更。其原因在于若欲变更，则授予俄国口实解除条约所定限制，最终俄国或将驻留大军。为不予俄国违约口实，欲与贵国订立协定而拟成此案。此为充分研究之结果，一方面不予俄国口实，另一方面又斟酌贵全权宗旨，如此当无窒碍方才提出此案，还望仔细斟酌。

俄国于《交收东三省条约》内限制贵国驻满洲军队人数，即俄国撤兵后中国应将驻满洲兵数随时知照俄国，俄国遂居于可对中国军队多寡置喙之地位。日本并未有如此限制，贵国欲驻留多少军队均无异议，就此可参阅《交收东三省条约》第三条。

袁全权：《交收东三省条约》因俄国未履行，我方并不承认。然日俄和约规定俄国放弃东三省之独占权及特权，故铁路保护应当由中国自担责任。我国现在自信可尽保护之责，无须等到将来，然贵全权提案未有护路兵撤退期限，惟有认明中国自身均能保护等语，而我方自认有实力保护，贵国若不予承认，岂非终不得要领？撤去护路兵当在此次撤兵之后，故撤兵同时我方着手行使保护，完成职责自是当然之义务。贵国即便于铁路沿线未设护路兵，但于租借地内有贵国驻军。然俄国若与贵国同时撤兵，余者只在海参崴，因此有事时贵国军队从距离而言可先到达，处于优势地位，故撤去护路兵对贵国有利而无害。

小村男爵：一旦有事时固然需要率先出兵纷争地点，然由此次战争可知，通过一条铁路线即可出兵，故他日日俄再有战事时，若铁路被破坏，则无法运送军队。因此事关系战争胜败，有必要加以保障。俟满洲之行政完全整顿，兵备、警察其他各项行政完善，贵国可以实力保护属俄国及日本管理之铁路安全之时，两国自无驻兵之必要，此时日本自当向俄国交涉。现欲就此事变更日俄和约规定,不仅事实上难以施行,亦不可变更与俄国之条约。就我方之表述,在不违反与俄国协定范围内愿申明无永远驻留护路兵之意,还望贵全权斟酌此情详阅之。关于此案,未定期限至贵国可独力保护之时,虽贵国担心就是否已有实力彼此意见分歧,但出于两国敦谊,此事无论如何总可商议,如若不能即意味两国之间并无敦谊。正因相信有此敦谊可行磋商,俟贵国具有自卫能力之时,当由日本向俄国交涉,即提出日本将撤去护路兵,故俄国也应撤去,则贵国应无需任何担心。

袁全权:对此本大臣实难赞同,其理由为铁路护路兵一事在我全国人士看来最为危险,举国上下无不希望撤去,故实无法允诺。首先,当初中俄条约已规定中国自担保护铁路之责;其次,此前贵国与俄国所订条约声明,有关东三省土地事宜须得中国政府允诺。中国当初已有保护之责,且未允许俄国保护铁路,故无法允准。不仅如此,比较俄国与日本各自保有之铁路,俄国部分甚长,以每一基罗迈当十五名计算,俄国护路兵将多出一倍。此部分如由中国军队负责,于贵国防御方面亦属有利。

贵国如相信我国可自行保护,我国自可断然担负保护之责。否则即便贵国提案中写明俟中国有可保护之实力时,若届时贵国认为中国不具实力,我方亦无可奈何。

小村男爵:正如方才所言,两国既存敦谊,无论如何总可商议。盖俄国与贵国如何不得而知,日本与贵国之关系决无困难。此乃无须讨论之事实也。待贵国拥有实力之事实明白显露,任何人皆无法忽视,局外人当可公平知之,无须担忧。届时日本将主动就撤去护路兵问题与俄国交涉,此举既保全贵国体面,又对贵国有利。

现袁全权屡次言及中国现有保护之力,但满洲撤兵后贵国将采取何种措施仍然未定,现只是贵国之计划,并非事实。日本尚未看到事实之变化,仅凭计划决难满意。若计划切实履行,自然顺利付诸事实。鉴于其事实显现前并无判断方法,我方提案实属无可奈何。且日本政府之宗旨贵全权想必深知,日俄和谈时日本当初提议每一基罗迈当以五名为限,然俄国不欲限定兵数,因此日本声称如不允诺限定此数将无法缔约,俄国才欲以二十名为限,连番辩论下最终决定为十五名。日本政府之主旨由此清晰可见。今后俟贵国于满洲施行改革,行政完全巩固之时,日本必切实履行撤去护路兵,此主旨还望体察。

袁全权:本大臣向来决非轻率断言之人。例如此前拳乱后本大臣接任直隶总督时,外国人担忧本大臣不能保护土地铁路及外国人之生命财产,但自接任起不到两年,终能完全履行保护之责。本大臣尽心竭力之意,此次亦一如既往。依本大臣之见,驻留护路兵为举国上下担忧之处,原本兵如火,易焚物,中国已有被焚受苦之前例,故希望尽量不留祸根之火。士兵不论多少,皆是祸变之由,不应存留。且日本政府之宗旨亦为保全东三省大局,贵全权亦然,故还望勿造成中国之祸。

小村男爵:贵全权之意已了然。袁总督担负保护直隶之责以来,竭尽全力锐意恢复安宁秩序,其结果居住于直隶之外国人生命财产得保安全,本大臣亦熟知矣。至于此前外国军队自直隶撤去之问题,亦是此结果之一大明证。此举事实上为袁总督之计划得当,故其计划亦于满洲施行,其结果付诸事实之际,撤去护路兵之问题自当容易解决。在此之前,变更与俄国条约之事碍难做到。

袁全权:惟此事关系重大,举国上下皆不希望外国兵驻留东三省。且亦因拳乱时东三省铁路被俄国破坏，由中国支付莫大赔偿金，此后中国表示应由我军队保护该铁路，但俄国声称以三千巡警队保护，内田公使极力反对，最终与俄国约定由中国保护，故今日由外国兵保护终难允诺。

此外，贵全权所称驻留军队为防备俄国举措之一，而贵国与俄国和约第二款规定俄韩两国交界处不设军事上措置，故东三省亦不能采取同样措施乎？

小村男爵：然本问题不在于防备，而是保护铁路，故以基罗迈当作为标准，则有相互兵力之差。若以防备论，兵力不可有差，须保持一致。否则按铁路之长短自有差别，护路与防御有别也。

袁全权：兵为武备之头脑，既有士兵，则存武备之头脑。此前俄国公使璞科第①来访时，本大臣曾询问俄国是否将驻留众多士兵于满洲，璞科第答称此并非士兵，而是巡警队，人数亦非传言之几万，仅为几千。本大臣告知即便为巡警队，中国亦决不允许。

小村男爵：本问题困难之处在于俄国，俄国针对我方提议之每一基罗迈当限五人，欲增至二十人，最终方定为十五人。此与撤兵期限相同，若俄国提出协商，日本随时可与之相商。日本甘冒继续战争之危险，方得商定十五人，若非表明不惜再战，自无与俄国交涉之余地。故贵国先与俄国相商，俄国若应允再与日本交涉，日本随时可与之商议。此应与撤兵期限问题作同一处置。

（此时袁全权与唐侍郎进行商议。）

瞿全权：此事与撤兵问题并不相同，护路兵事宜自最初即未

---

① 璞科第（Д. Д. Покотилов）：1865—1908，俄国外交官，商人，俄国财政大臣维特的亲信。1888 年来华，1895 年出任华俄道胜银行董事兼天津分行总经理。1905—1908 年任俄国驻华公使。

允准俄国。当然袁全权告知璞科第之语庆亲王亦曾作同样表示，且照会日俄两国声明对此事不予承认亦秉持同样宗旨。今日上至皇帝陛下，下至督抚士民及海外留学生等，皆对不允外国兵驻留意见一致。若现允诺日俄护路兵驻留，本大臣等难以向两宫复命，还望贵全权谅察。

既然贵国宗旨为不论何事皆重视与中国之邦交，还望设法助中国向俄国交涉。

小村男爵：此为本末倒置决不可也。原本俄国是否撤兵为重大问题，护路兵之事为末节，还望研究若俄国不予撤兵应如何应对。万一俄国拒绝撤兵，日本则将与俄国又启战端。现严守条约，不可给予俄国丝毫违约之口实，故应在俄国完成撤兵之前避免如此举动。因此应先由贵国与俄国交涉，若俄国应允，日本将欣然应之。日本已在议和条约内尽力交涉但未有充分成效，再无继续交涉之余地，故俄国若向日本提出交涉，日本自当欣然应之。本问题牵涉日中俄三国，若无三国之同意无法变更。现距撤兵时日尚属充裕，应先行搁置，若不待时机成熟再行商议，最终仍无法解决。

袁全权：要之，此次交涉彼此皆有重点，贵国以大纲第六款为重，中国以此问题为重，如因其他关系撤回此条，我方则失去重点也。

瞿全权：贵全权所言担心俄国拒绝撤兵，而有必要驻留护路兵。若俄国不撤兵，贵国自然可对此抗议，然俄国若如约顺利撤兵，贵国应无必要驻留护路兵。

小村男爵：士兵一旦撤去，又可立即召回。若将来有事之时，铁路最为必要。如不能保护铁路周全，有事之时无法发挥作用。此护路事宜，贵我两国皆可实行，总之可保护周全足矣。故贵国可完成保护之责时,我方当立即撤去护路兵。此事惟时机问题,贵国可实现充分保护前若不由日本保护,则无法用于将来。撤兵后亦是同理也。

瞿全权:关于撤兵,方才小村全权所论之前段内无论何国,若能完全保护即可之言已充分知悉,并深表感谢。惟我方可完全保护之时机尚未确定,暂且由贵国护路兵驻留保护之事,我方并无太大异议,且予以充分信任。但贵国铁路之延长里数相比俄国有较大差别,俄国铁路更长,其铁路护路兵军纪涣散,甚不愿其驻留于此。仅留贵国护路兵当无窒碍,俄国则甚为不可,故希望尽可能令贵国护路兵放弃驻留,以此向俄国交涉,使俄国撤去护路兵。另一方面,我国从未允准俄国驻留护路兵,中国自担保护之责,可凭此为理由与俄国交涉。前日贵全权陈述大体宗旨,此与贵国之安全亦有关系,与我国之安危亦有关系。

小村男爵:贵全权之主旨固然如此,但如最初所述,如俄国应允,日本自当同意。然日本此时若欲变更和约,将给俄国违约之口实,不仅铁路保护事宜,甚至撤兵之事亦有拖延之口实,颇为危险,必须极力避免。今为免予人口实,一方面又斟酌贵全权主旨而拟成此案,惟有请贵全权熟虑。

瞿全权:撤兵问题虽如贵全权所言,但护路兵当初与俄国未有协定,且就此前日俄和约亦照会称难以允准,因此对俄国有充分理由进行交涉。

内田全权:就此问题双方已充分陈述意见,然我方苦心之处似未得充分理解。单看此问题,或会认为撤兵之事较为容易,但还望回溯历史。若无此次战争,俄军将永远占领满洲,与日俄两国铁路护路兵仅留一万、两万左右差别甚大。其驻留一万、两万,其余撤兵得以实现正因战争之结果。若无战争则皆驻扎于此，故小村全权于朴茨茅斯极力争取方确定此事，即为贵国而争。惟今后我方担忧之处在于俄国果能如约撤兵之问题，且待俄国应撤回护路兵时，是否愿意就此协商。为在此等事宜上得以安心，贵国之实力必须提升，故提出本案实蕴含我方之苦心。若贵国实力提升，日本亦欣然愿撤去护路兵。若日俄继续战争，为将俄军驱逐出满洲全土，日本不会让俄军驻留一兵一卒。此时日本承认贵国之实力，自当欣然退兵。但此次未能完全击退俄国，只得先行结束战争。如不考虑此等情形，仅凭口舌应无法使俄军撤去。基于以上理由，日本虽已与俄国订约，但仍尽量为达成贵国宗旨而拟成此案，本大臣等此番苦心还请贵全权体察。故希望以此案为基础恳请贵全权熟虑。

袁全权：关于此案，中国此前即便三千巡警队亦未尝允准俄国，且全国上下皆认为此事乃本全权等此次交涉之重点所在，若无法达成一致，谈判自然延宕，本大臣等左右为难，除此之外亦别无良法。

小村男爵：我方此前经再三熟虑，于不影响日俄和约范围内，兼顾贵全权宗旨，拟成日本无永远驻留铁路护路兵之意，俟时机成熟即行撤去之案，故我方亦除此之外别无妙案，还请贵全权熟虑后允定。

内田全权：坦率而言贵国重视此点已了然矣，贵国照会于小村大使抵达前亦已电达本国政府，我国政府再三研究，此已是尽量让步之方案，还请充分斟酌。

瞿全权：还请两位全权大臣充分谅察，若允诺贵方提案，本大臣等上不能伏奏皇太后及皇帝陛下，下不能副万民舆望，故惟有执持原拟之条,断无他法,此般情形还请谅察。

（此时双方全权大臣均陷入短暂沉默。）

小村男爵：贵全权等认为日本出动大军,赌上国运,终得成功之事,仅凭席间辩论即可左右乎？非也,迄今所得之结果乃日本以国运相赌之成效。诚如所知,日俄和谈时俄国拒绝限制护路兵人数,企图以护路兵之名驻留众多士兵,日本抱定如不商定护路兵人数,将断然继续战争之决心,方才达到目的。贵全权等仅凭席间辩论欲左右此事,究属无益。

且今瞿全权既称执持原拟之条,断无他法,则日本全权大臣亦云断难应允,究其结果,日俄两国在满洲之铁路护路兵永无撤退之日,日俄两国协商变更和约条款之机会完全丧失。届时对日中两国不利,仍需等待时机试图协商如何撤去日俄两国护路兵。然贵全权既称执持原拟之条外别无他法,则铁路护路兵永远驻留外亦无办法。与此相反,按我方所拟办法日后某一时期可撤去护路兵。或谓日俄和约内两国就铁路护路兵之条款,贵国政府未有预知；或谓中俄两国条约内有协定,当以此为由向俄国交涉。俄国就满洲撤兵签订《交收东三省条约》以来,贵国一再敦促其撤兵却丝毫无效,终致日本万不得已诉诸战争,击退俄国,而有今日之结果。若不能充分了解此段历史,则无从谈起。日本不惜以国运为孤注,坚持对俄用兵,此举与仅以口舌之争,高谈自身诉求有天壤之别,故此事切望贵全权熟察。若日本提议将满洲撤兵期限自十八个月改为五年或十年,且每一基罗迈当从十五人之限改为五十人或一百人,俄国则随时欣然承诺也。此点当必熟知。关于此点,日本不会如俄国所愿。对于俄国提出之原案,日本极力施压,贯彻自身希望。设或日本意欲增加期限及兵数,无论如何皆能办到,若日本存有野心,现变更日俄和约,将撤兵期限修改为五十年或一百年,自可永远占领满洲。若有如此结局,务望贵全权不拘泥一问题,顾念全体大局为盼。至于贵全权声称地方督抚或有识之士之意见,或谓不应允许外国护路兵驻留,故有为难之处,此等情形我亦有之。论我日本国民之希望,日本以国运相赌,独力防御俄国对满洲之侵略,牺牲数十万生灵,终得达成目的,故皆谓日本在满洲占领之地应继续予以维持。然我天皇陛下及政府顾念东亚大局,重视与中国之敦谊,故未采纳此等国民之意见。此次所拟条件出于天皇陛下及政府之深思熟虑,且本全权抱着无论两国国民有何意见,须以稳妥公平为基础达成妥协之期望来华,故望贵全权详察上述情形,勿拘泥于一条款,顾念全局所系,就此问题再行详加斟酌。

袁全权:此条对中国而言所关綦重,应如何商酌而定本全权等不能立即回复,应待熟虑后明日再议。

小村男爵:然则明日再议。本大臣适才最后所言还望两位全权大臣谅察。贵国对此条极为重视,本大臣等早已熟知,故决无打算提出无理之要求,此点还请谅察。

袁全权:已详悉矣,亦请贵全权多加体察我方情形。

小村男爵:会议之外尚有想向瞿全权确认之事。除铁路以外,俄国于吉林省另有其他特权否? 日俄和约已声明俄国无任何特权,即应放弃所有在满洲之特权。而相关特权之有无外务部是否已行调查? 俄国于和谈时声称除铁路外并无任何特权,贵国就铁路之外与俄国有无其他协定,是否已有调查?

瞿全权:俄国表示除铁路外并未自中国获得任何特权。

小村男爵:然据闻除铁路外俄国享有吉林省之矿山等特权,于朴茨茅斯时曾就此事询问俄国全权大臣,其答称无任何特权,因此将此条载明于条约内。外务部当知晓果真无否,故有此询问。

瞿全权:应仔细调查。(面向邹嘉来右丞询问,邹答称无,答曰并无其他特权,惟曾要求铁路附属地沿线三十里以内矿山,中国并无许可。此外并无其他,还应再行确认。)

小村男爵:另有一事亦望调查。我方知悉光绪二十七年吉林将军与俄国官吏缔结关于吉林全省矿山采矿权之协定①,和谈时曾就此事询问俄国全权大臣,其称该条约政府全不知情,又断言若有亦是驻当地官吏所为,未经俄皇批准,故并无效力,因此于会议节录内写明其无效。

瞿全权:曾与刘巴签署协定,但政府并未承认。

小村男爵:俄国全权大臣断言之事已清楚载明于会议节录,现将翻译部分递呈以供参考。

(下午六时五十五分散会。)

【附件第一号】

清国全権提出追加条款第一ハ左ノ如ク修正スルコト:

日本政府ハ清国カ満州ニ於ケル外国人ノ生命財産及企業ヲ完全ニ保護シ得ルニ至リタリト認ムル時ハ、露国ト同時ニ其鉄道守備兵ヲ撤スルコト。

【附件第二号】

中国全权大臣所拟增入条款之第一款拟改如左:

俟届日本国政府认明中国将在满洲地方之外国人命、产业以及各项事业均能保护完全时,日本国应与俄国同时将护路兵撤去。

---

① 1901 年 3 月 15 日,吉林将军长顺与俄国驻吉林和黑龙江两省办理交涉大臣刘巴签署《中俄议定矿务草约》,允许俄人可在吉林各地开采金矿,且不准他国入股。

第九次正式会议谈判笔记
一九〇五年十二月二日下午三时十五分开议

列席者与上次相同,庆亲王因病未到。

小村男爵:今日续议铁路护路兵事宜,昨日恳请贵全权熟虑,不知是否已有方案。

袁全权:关于此条,贵国两位全权大臣与我方全权大臣已进行充分讨论,主旨亦一清二楚。对于贵政府之提案,我政府未能拟定任何让步良法。中俄条约签订时,小村大臣之主张及内田公使之劝告,均谓不可同意铁路护路兵驻留,我方现惟有坚持此宗旨。

小村男爵:此事确如贵全权所言,但当时秉持使俄军自满洲全数撤兵,不致生事之宗旨,今日之形势则大为不同,即当时俄国无视贵国之抗议,依然驻扎大军,终引起此次战事,故战争之结果满洲地位随之一变。既经此一战必须做好再战之准备,将来俄国若于满洲一再生事,日本必奋起应战,故为有事时充分达到目的必须做好准备。因此俄国仍在满洲驻留铁路护路兵期间,日本亦不能撤之。

如方才袁全权所述,双方已就此问题充分讨论,不幸其结果未能拟定彼此相宜办法,既然如此暂且先行搁置此案,续议其他各条如何？

（此时中国两全权大臣及唐侍郎密议片刻。）

瞿全权：对此并无异议。惟有一事欲相告贵全权，日前就此案详禀庆亲王，今日庆亲王本欲出席，但因无法久坐而遗憾不能到会，特嘱本大臣将其主旨转告贵全权。即东三省一事曾承贵国关心，签订《交收东三省条约》时贵国劝告勿允俄国驻军，故希望此次亦尽量不驻留军队。自俄国毁约以来，皇太后与皇帝陛下颇为痛心，此次有赖日本之力，东三省局势多少得以恢复，两宫深抱希望，尽量不欲外国军队驻留东三省以免危险。因此，若能先通过与贵国之敦谊就此事得到贵国应允，可与俄国协商不允诺其在东三省驻兵。如此与俄国交涉时，我方理由更为充分，故还望谅察上至两宫之痛心，下至举国上下之期望。如蒙允诺，则两宫亦可以安心，还望考虑此等情形，与两位全权大臣商议撤去护路兵。

小村男爵：庆亲王之主旨已知悉，且前日两位全权大臣亦然。但对于贵全权之提案，日本碍难全盘允诺。如前日详述，其理由在于与俄国之关系，且两位全权大臣对日本折衷方案之主旨已然知悉，并已充分辩论，除妥相考究外别无他法，故还请贵全权再行详加斟酌。本大臣等亦充分考量。继而续议次条，如何？

瞿全权：皇太后就此件亦极为痛心，尤其近来俄军举动有异倍感痛心。此事虽源自与俄国之关系，但俄军在我地方制造骚乱，陛下亦为百姓之疾苦落泪烦恼，曾问及日俄两国在东三省驻留护路兵之数量，我等答称两国合计约三万以上，上曰此等大军驻留，难保如此次动乱不再发生，越发痛心，我等无辞以对，故还请谅察本大臣等苦衷，考虑有无其他妥协良法。

小村男爵：如方才所述，此条已反复讨论，除另行考究外别无他法。现既无良法,故彼此应再行考量。贵全权之宗旨已充分了解。

瞿全权:然作为悬案续议次条。护路兵一事还请贵全权斟酌我方情形再行考量。

小村男爵:知悉。

内田全权:继而应议贵国拟增条款第二条。

袁全权:可也。

内田全权:为方便起见,此条应分为两段解释,即第一段为日军战争时占领或使用贵国公私产业须交还或撤出,第二段为损坏或擅用公私产业者,须进行赔偿。

袁全权:然也。

内田全权:然战时因军务所需使用或损坏公私产业,固属当然权利,贵国亦应予承认。先就第一段而言,我军于此次战争最为重视者乃整肃军纪,此目的终得以达成亦为贵国所知,故军务之外并无随意使用或强占公私产业。因此待战争结束解除占领后自将全数归还贵国。而占领结束之前亦无保管无用之物之意,均当交还。

惟有一事尚须申明,战争虽已结束,不应认为一切将立即恢复至平时状态。既然出动如此大军,在撤兵结束之前仍应视为战时状态。撤兵未完以前,军务所需部分仍按战时继续占用,此等情形还望谅解。

至于第二段,对于损坏或擅用情形要求赔偿事宜,如方才所述,我方除军务所需外并无损坏或强占情况,此均为战时权利,仅供战争之用,对此不负有赔偿之责,故对于贵国所拟第二项提案,我方修改如下。

（此时内田全权将修正案交予袁全权【附件第一号、第二号】。）

袁全权：此次贵国出兵，敌国即为俄国，本大臣对贵国军队在战地之行动知之甚详。关于贵全权所言出于军务所需征用民家或政府之物，地方官已按需供给，其他非军务必需之物亦被占领。此情姑且不论，军务必需之物今日既已论及撤兵，我等希望撤兵时当地等物件可逐步交还。且尤望交还者并非谓令军队迁出现驻所，驻扎于露天之意，军务所需占用当是不得已之举，本大臣所称擅取或强占乃指军队附属人员，彼等占领民家不还，此条末项有意损坏财产即指此等情况。例如有关木材事宜曾多次照会内田公使，其中既有出于军需必要，亦有日本商人等强占，大体如此要求非指军队所为，而是针对商人等行为，要求交还或赔偿亦在情理之中。故关于本条，应由贵我两国派出委员会同调查，若无此情形则甚好，若有则要求公平赔偿。另就相关权利，如辽河沿岸原属中国官吏管理，开战以来由日本官吏接管，且新民屯奉天之间电线俄军当初占领时并未占有，但此次贵国亦强行占有，既然战事告终应予归还。所谓权利，即指此等事宜。

内田全权：贵大臣之主旨已知悉。军务所需之物贵全权亦赞同我方主张，但所称强占军务所需以外之物等语，此次会议上个别事宜应作为其他问题有所区别，如混为一谈不仅讨论更趋复杂，亦有违会议主旨。个别事宜本使屡次收到照会，解决此事办法日后可由公使或领事运用职权调查，故两者应区别对待为好。

袁全权：原本中国公私产业中受损颇多之木材，昨日仍有诸多相关禀请，今日趁此会议本大臣正欲有所商议，暂未行文外务部。但此等问题如不尽早确定解决之策，即便是个别事宜，若请愿之人民甚多亦无法坐视不理,故希望尽早制定办法。本大臣等与素有交往之贵国官吏交涉,稍感困难之处为无论何事皆需一年左右处置,与其他小吏更无解决之望,故希望可尽快达成协议。

内田全权:木材之事已多次收到贵国照会,故本使每次均致电本省,逐一报告贵国之主旨。外务省特派出委员前往鸭绿江地方,尽量调查以防弊端,今后亦将采取同一手续。惟军务所需与单纯个人所为不应混淆,而适才袁全权所言之事将尽量彼此协商。

惟有一事尤需提醒注意,身处战地之贵国官民之禀请,本大臣亦有所了解,其中出于军务所需所为,实为官民不甚了解出于军事关系可采取措施之事项,以为与平时一般可提出申诉,就此贵国官吏调查时亦有必要注意战时与平时之区别。

袁全权:木材一事有劳内田公使挂念,频频致电回国,小村大臣亦同样特地派人调查,本大臣对此深表感谢。然商人及军队有未按最初协议实行之处,若待撤兵之后对此调查将更为困难。本条意指日本商人故意占领或使用之情形,虽然中国人民难以分辨是否出于军务需要,但亦有日本人故意为之,故希望由两国委员公平调查。然如木材事件若撤兵后或有不明之处,利用今日之时机调查当可一清二楚。

将来东三省地方贵我两国彼此提携之事必多,且不仅两国政府,民众之间亦需合作,故中国百姓对日本人有所畏惧甚非得策。

内田全权:贵全权虽担忧木材一事现若不调查,撤兵后更无从查起,但我军皆有逐一详细账簿,故即便换防有接任者即有案可查,无须担心。且相比如今之杂乱状态,日后当更为清楚明了。尤其迄今有关木材事宜,凡有照会均逐一报告政府,请示处置措施。此事当尽量协商,但碍难允诺列入条款内。

袁全权：若称末段不宜列入条约内故难以允诺，则酌行删改存记会议节录内如何？

内田全权：木材一事既成问题，日本亦不能拒绝，但已有解决办法，应无特地存于会议节录之必要。

袁全权：若仅限于木材之事自无妨，但另有日俄和约成立后日本人民于安东县损坏千余栋民房及破坏官家房屋，故非只有木材一事也。

内田全权：此事亦有收到照会，刻下正要求调查。除军务之外，万事皆可按照此办法一一协商解决。

小村男爵：如内田全权所述，除军务之外若有申诉，迄今对于贵国之照会，外务省及军事当局均尽量调查，采取相关措施。战时况且如此，将来自不在话下。将来两国政府及人民应在满洲相互提携，推进事业，故日本遇有纷扰，每每作为事实问题力图解决。此宗旨无论战时或和平恢复后均须秉持。现无须再行将此事写入协定内。万一对贵国照会曾有拒之不理之举，现时贵全权之希望亦有必要，但据本大臣所知，迄今均力图稳妥应对，今后亦务必寻求解决，故不仅现无必要再订协议，若写入协定后日本政府等闲视之，反有不妥，故按照我方之修正案即可。

袁全权：日本政府及内田公使多有尽力本大臣亦熟知矣。但历来军事事务几乎未有着落，受害百姓屡屡禀请地方官，地方官只得多行抚慰，告知终将解决，暂先忍耐，故时至今日无论政府抑或地方官，如不拟定办法则不孚众望。且百姓听闻贵大使来华，仰慕贵大使名望前来禀请者甚多，故希望协定解决办法，将其存记于会议节录内。

小村男爵：贵全权之宗旨已了然矣。然既已有办法，应对此等秉请进行相当之调查后再行处置,不宜另寻解决之道。今后亦应遇事逐一解决。

袁全权:此次会议旨在商议东三省善后之策,依我方之见,本案亦有必要作为善后事件之一部分进行商定,且百姓亦对大使来华满怀期待。若无任何协定,必将大失所望,我等希望不使百姓期待落空,且原本此等案件得以解决者不过十之一二,故为使百姓安心,应将此案列入照会或会议节录内。对于百姓,得以声称以此办法即可达到目的便足矣。

小村男爵:此事毕竟只是小问题,故不应与满洲善后处置联系在一起讨论。所谓满洲善后处置并非指此等事宜,而是应如何保全满洲。若提出此等小问题,更加不得其意,还望立即撤回。至于贵国希望尽量达成妥协之意,本全权亦愿意拟定折衷办法。相对于整个满洲处置之大问题,提出如此小问题虽难免不得其意,但既然贵全权意甚坚持,我方可将一部分内容纳入折衷办法内,如此可望达成一致。

袁全权:关于善后处置,稳定民心关系綦重。若人心与日本相悖,将来无论何事都将大受影响,故有必要稳定人心。因此,末段内应另定他法存记于会议节录内。要之,只需稳定民心即可,还望设法协商为盼。

小村男爵:然本案非新问题,以原先之办法当无窒碍,故将如有贵国照会,应立即妥善处理之语,即现在之办法存记于会议节录内,我方并无窒碍。

袁全权:迄今已多次有劳内田公使,但并无效用,人民仍有不满,可见未有丝毫作用。

内田全权:就此可参照我方对贵国照会之回复。其中亦有申诉不成立者,例如支付金额太少等实有不合理之处。我方亦有一定公价,欣喜接受者有之,拒绝接受申诉不满者亦有之。且袁全权称满洲人心等语,据本全权所知,关于木材之禀请者多数位于天津,应是直接向袁总督申诉。本全权于照会以外之事并不知情,若尚有其他照会事项自当欣然应之。此前就木材事宜外务部与吾密谈时,本全权曾称应先就日俄两国造成之损失进行调查,贵国表示俄军造成之损失甚多,日本甚少,此应为事实。关于木材损失,现既已有处置办法,对此我方将尽力弥补贵国人民之不满,此点无需担心。

袁全权:本大臣虽已了解贵国之宗旨,但口说无凭亦有困扰之处,还望存有若干记录为宜。姑且不论此案为中国重视之处,即便贵国亦重视森林渔业权,欲将其载入条约内,我国亦重视商权,因此还望将此条存记会议节录内。

小村男爵:如方才所述,可将军务所需以外事宜按以往之办法处置之语存记会议节录内。

袁全权:与我意大相径庭也。

(此时袁全权书写若干文案。)

瞿全权:遭受军队损失部分亦应列入。

(郑永邦书记官向瞿全权解释,其对小村男爵之语有所误解。)

袁全权:贵全权之修正案应作删改,可否。

小村男爵:可也。

(袁全权修改完后交予小村全权。)

(此修正案因协商结果变为废案时,中国全权大臣将其撤回,故未存于记录内。)

小村全权:此末段内有撤兵时陆续交还中国商民,若军队撤退前仍有需要时,应与地方官公平处理等语,此意义不明。

（小村男爵陈述后,又向内田全权确认是否应询问此事。内田全权命郑永邦书记官翻译此问题。）

袁全权:其意义在于例如辽阳有两个师团,若其中一个师团撤兵,则留存一半人数,一半房屋为空。对于剩余一个师团,若仍需要房屋,则须与地方官商议哪些需要居住,哪些需要交还等。

小村男爵:然前段为撤兵时应交还公私产业,后段为撤兵前已不用者应予交还之意乎?

袁全权:撤兵前为我方所需,且日军属无须备用者希望交还之意。但并非强行要求交还贵国军队必需之物,即所谓与地方官协商公平处理。

小村男爵:按此表述,岂非撤兵时仅属不要者交还贵国官民,非不要者永远不交还亦可之意乎?

袁全权:然应如何修改?

小村男爵:按贵全权方案,撤兵时均应悉数交还中国官民,撤兵前现由日军占领,限于其中无须备用者可交还,撤兵时不论是否属于无须备用者,均应交还。故其表述必须作相应修改,即前段须删去"属无须备用者",第二段改为撤兵前"属无须备用者应交还"。

（此时唐侍郎以英语向小村男爵询问日俄和约中俄国声明之意义,小村男爵答之。）

小村男爵:按此方案大有差别,本大臣所述为此意。（递予文案。）撤兵前实际无法交还。

袁全权:我方与贵全权之方案有重复之处,故表述应避免重复。

内田全权：否，并不重复，原则为撤兵以前。贵全权之方案主客颠倒。

袁全权：全文作如此修改，希望在末段加入倘若等语。

小村男爵：如此则产生矛盾。既已有属无须备用者撤兵前交还，加入此句主旨自相矛盾。

袁全权：按贵全权之方案，中国官民难以明了必要与否之区别，加入此句则清楚明了。否则我方会有误解。

小村男爵：并非如此。要之须由军方判断，他者不得干涉。若另有必要须占领迄今未占之情形时，可随时商议。而对于已占领之情形，是否交还由他人置喙甚是不宜，将徒增军方之怒，穷于应对也。

瞿全权：当然应公平商议，故军方迄今岂非一直声称毫不知情乎？

小村男爵：然则更加无用。军方迄今已与地方官商议，公平处理，若按此条款表述，军方一怒之下或可能宣称不予撤兵。

袁全权：例如奉天之情况，大山（岩）元帅撤出后仍然占据多数官衙，如此该当如何？大山元帅撤出后，仍然分别配有三五人等，虽然最终仍未交还，但若集中于一处亦可视为交还。

小村男爵：上述情形地方官不宜干涉。军方对此甚为敏感，故千万不可触怒。日本政府俟不用时提前声明交还即可，还望信任此举。且外部不宜横加干涉，如添入末段，可解释为迄今占用之物如不与地方官商议，则难以继续占用之意。此多有不便，断然不可，如此将伤害军方感情。

袁全权：则不再深入讨论，即依贵全权所言删去末段。

小村男爵：上述条文还望酌行修改。

（此时山座局长询问文中地方之意。）

袁全权：有家之土地称为财产，无家之土地称为地方。

小村男爵：所谓权利，乃无形之物，无形之物不可占领。财产之语意义甚广，故土地亦有形之权利，山林等亦全部包含在内。

袁全权：权利之意，如以辽河为例，有人民利用之权或官吏管辖之权，皆为无形之物。现在日军占有该地，中国不得使用，故虽说无形，岂非亦有可占领之权利哉？

（唐侍郎解释英文管辖权"Jurisdiction"之意义。）

袁全权：又如日本官吏在新民府等征收船税等，此权利希望交还。

小村男爵：指撤兵之时乎？

袁全权：非也。军事状态已告结束，日俄和约既然成立，理应尽早交还。

小村男爵：税收亦是一种财产，应俟撤兵时交还。要之，财产之外并无应交还之物，无形之物不可占领也。

袁全权：贵全权所称之权利意在何指？

小村男爵：日军并非占领所谓权利之物，权利乃无形之物。其未占领官民之权利，所占者为有形之财产。

袁全权：财产以外，东三省百姓人民及官吏等应行使之权利亦有被日军阻止。

小村男爵：此事须待撤兵结束占领后，岂非无可奈何之举乎？此为最终自然消灭之物，出于军务所需占领或是占有之物惟有有形之财产。

袁全权：贵国与俄国签订日俄和约第三款末段有全部交还中国专属行政，由中国治理等语，此即我方所称之权利，与我方之意有所混杂。

（此时唐侍郎将相关英文交予小村男爵，男爵一览后返还袁全权。随后袁全权修改中文后交予小村男爵，小村男爵答称"可也"，此案确定矣【《中日会议东三省事宜条约》附约第四款条文】。）

小村男爵：续议存记会议节录事项，已如最初所述修改贵全权之方案如下。

（此时小村男爵递呈修正案。）

（关于此问题之文件惟有最终决定版留存。）

内田全权：属军队人等指日本之军属官吏，皆与军人同等对待，因此恐有误解之虞。此外，零星商民之语如改为我国用词帝国臣民，则皆可包含在内。

袁全权：不法行为之意岂非过于宽泛，语义稍强哉？

小村男爵：可适用于贵国以斩罪论处时。

瞿全权：然如拳乱时不写臣民，只以本国人代之如何？

（此时袁全权修改条文草案。）

内田全权：可有合适之词乎？

袁全权：如此写法贵全权当认为表述欠妥。

内田全权：有无其他表述合适之辞？

瞿全权：会议节录当并无妨，不仅外国人，中国人亦不得见之。

（此时就不法之意，小村男爵以英语与唐侍郎交谈。）

小村男爵：宜改为"有意损坏"。

袁全权：是否应写明派遣两国委员。

内田全权：并无必要，既已有查明足矣。根据其宗旨，当场亦可决定,为自然之结果。

（此时双方就字义进行商议。）

小村男爵：由此可定矣。

（决议案【附件第三号】。）

内田全权：天色已入暮,今日到此为止如何？

袁全权：然也,明日下午三时续议。

小村男爵：可也。

（下午六时十分散会。）

【附件第一号】

清国全権提出追加条款第二ハ左ノ如ク修正スルコト：

日本政府ハ軍事上ノ必要ニ依リ、其满州ニ於テ占領又ハ收用セル清国公使財産中不用ニ帰スルモノハ、撤兵前ト雖モ之ヲ清国官民ニ還付スルコトヲ承認スルコト。

【附件第二号】

中国全权大臣所拟增入条款之第二款拟改如左：

日本国政府允因军务上所必需,曾经在满洲地方占领或占用之中国公私各产内其属无须备用者,即在撤兵以前亦可交还中国官民接受。

【附件第三号】

凡军用必需以外,所有日本臣民若有意损坏取用中国官民各项产业,应由两国政府查明秉公分别饬令补还。

第十次正式会议谈判笔记

一九〇五年十二月三日下午三时七分开议

列席者与上次相同，庆亲王因病未到。

小村男爵：昨日议毕贵国拟增条款第二条，今日当续议第三条。

袁全权：昨日商定第二条删改及另添文字内尚有不完全之处，拟欲另添一条。昨日商定之条款若只添加文字则欠妥，删去部分意思亦不能充分连贯。

（此时将草案递呈小村男爵【附件第一号】。）

小村男爵：昨日业经商定之条既属确定，已电告本国政府，碍难另行更改文案。

袁全权：拟增条款贵国亦同样提出六款，我方认为尚有意犹未尽之处，故希望再行商议。惟此案并非今日磋商，还望贵全权妥加考察，今日仍商议别款。此案当然为日俄和约衍生之结果。

瞿全权：续议第三条前，就现时递呈之提案，因昨日之协定删去权利二字，故有失第二条之根本，此点还望多加考量。

小村男爵：关于第三条，日军于占领之地维持秩序安稳本是理所当然，此为日本之责任，既然占领还未结束，自当由日军负保护之责。然事实上无法自占领地方一时撤退，须由北至南逐步撤退，故将分为数期或是各个地方分别撤退。每次撤退时当通知贵国政府，不予撤退之处则由军队负责保护地方治安。撤退时既每次通知贵国政府，该地方应由贵国派出军队，负责保护。此条即依据该宗旨修改如下，还请阅看。

（小村男爵将修正案交予中国全权大臣【附件第二号、第三号】。）

瞿全权：本大臣认为中国军队并非前往日本军队所在之处，乃无日军驻扎之处遇有土匪等时，欲派往讨伐之。

袁全权：我方非欲派往日军驻扎之处，而是若派兵讨伐时逼近日本军队，为免误会应彼此知照之意。

小村男爵：其宗旨为不进入现日军占领地之意乎？抑或虽是占领地，但希望派往无日军之处乎？

袁全权：虽是占领地内，空隙处亦将派兵前往。

小村男爵：此举不可。未解除占领地方即便无兵之处，仍由日本军队负责，故无法允诺。撤兵时自当通知，然未撤退时实有冲突之虞，或产生某种误会，故拟成此修正案。

袁全权：然占领区域具体何指？

小村男爵：请根据地图阅看。

袁全权：所谓吉林、黑龙江等地方出现土匪时，中国可派兵前往，惟独奉天不可，此为何意？贵国对我之信任不及俄国乎？

小村男爵：俄国之事并不知情，贵全权所指大概应是吉林、黑龙江等俄国占领地以外地方，占领地内决不可进入。现此处无占领区域图，明日携图再行说明。

袁全权：两国战时虽有占领地，但和谈既已成立应无占领。

若有军队可视为占领,但无军队处不应视为占领。日俄和约第三款第二项既言及中国施行政务,战争结束后我方治理该地自是理所当然。

小村男爵:如前日来所述,俄国果能实行撤兵与否尚需观察,故和谈虽顺利结束,但不可立即解除占领。因此两国撤兵须协定实行,即双方同时逐渐退兵,其军队在撤退完毕前仍与战时相同。然其撤兵须从各地方分别实行,故撤兵完毕之地方届时应照会贵国,如此则交还贵国。和约成立如立即解除占领,一旦贵国军队进入,日本军队将随之停止移动,故碍难应允。

袁全权:如此与日俄和约规定之意有别。

小村男爵:否。今日即正在实行此条约规定,经过十八个月日俄方能履行完此条约。

袁全权:日俄和约第三款第二项规定,除租借地外两国应将东三省全部交还中国施行政务。

小村男爵:然也。惟其第一项规定,撤兵应按和约附约所定实行,并非谓立即实行。

(小村男爵以英文向唐侍郎说明本条款受附约约束之意。)

袁全权认为条约成立同时,即应立即实行乎?

袁全权:然也。自条约签署之日起,行政自应交还。

小村男爵:非也,此实难办到。移驻五十万大军并非如贵全权所言可迅速实行,故另订办法。第三款确定其原则,实行办法另行约定,故如不将此两项统合考虑,自不能明了。

袁全权:此为我方解释有误解之处,应作仔细研究。然我方不明占领区域究竟指何处,和谈成立已过两月,占领将如何处置暂且不论,为了解贵国军队之占领区域还望阅看相关地图。

小村男爵：可也，明日应携图清楚说明。续议第四条，此条矿产事宜之提案并无必要。日俄和约第六款附加条款已提及铁路附属矿产，相关事宜如需彼此磋商，可根据大纲第六款末段办理，故本条并无必要，此乃已经讨论决定之事。

袁全权：铁路附属矿产颇有纠缠难清情节，既有政府明颁许可者，亦有按个人合同者，亦有秘密从事者。现如一处矿产着手开发，中国资本为十万元，俄国资本为五六万元，因本金之多寡致生种种扞格，如不订明协议，将来必多生纠纷。

小村男爵：此情虽如贵全权所言，但可按大纲第六款所订办理。矿产之事乃附属于该条之问题。

瞿全权：此问题将来当引起两国纠纷。俄国许可之矿山可按第六款所订办理，除此之外还应制定其他办法为宜。

小村男爵：日本除铁路附属矿山外并无任何关系。

内田全权：东清铁路条约续订合同第四款已规定开采办法，最终仍与地方官协商决定。故即便现讨论此事亦是空谈，仍应以第六款所订为宜。

（此时将东省铁路合同汉文本交中国全权大臣阅看。）

瞿全权：沿线三十里外之矿山如何处置虽有铁路附属之约定，但并未载于此条约集。

小村男爵：我方未有铁路附属之约定，故可否提供副本？

瞿全权：现未携带。

袁全权：矿产之事甚为复杂，为免纠纷还望以拟增条款第四条确定。

小村男爵：我方亦有此意。原可按照大纲第六款所订办理，不管怎样非今日在此立即能定之事。或贵全权与我方想法相同，为免日后误会,将照第六款所订协商之意存记会议节录内即可。

内田全权:要之,今日就细目讨论不知实地情况亦无济于事,故仅议大纲,细目将来再议当无窒碍。

袁全权:当然大纲无妨。

小村男爵:可也。

袁全权:按此意旨存记会议节录内如何?

(此时提出记载事项文案【附件第四号】。)

小村男爵:此意旨存记会议节录内,应可避免误解。惟将此载入条约,因已有大纲第六款之规定,故似有窒碍。

内田全权:此条包含于本条约第六款内,如载入条约将会重复。

小村男爵:方才瞿大臣所言铁路沿线三十里以外之矿产另有约定,当作何解?

瞿全权:此并非约定,乃中国政府向俄国所作辩驳,大体宗旨为承认铁路附属地为三十里以内,三十里以外则无效。明日外务部当抄录其案递呈。

小村男爵:续议拟增条款第五条,此条亦无必要。满洲已允开埠而实际未开埠之处,或新辟商埠各地方租界事宜已定,而如奉天、安东县已定开埠尚未实行者,须贵国政府与相关各国政府协商而定。新开商埠之租界由贵国政府决定,其章程应与日本驻京公使商议,此条应无必要。

袁全权:然本条之宗旨在于已开商埠者如营口,未开商埠者如安东县。营口由贵国军队占领,该地已有土地被日本人占领,且安东县被日本人占领之土地已达六七千亩,此等情形应如何处置尚未决定,故欲商定此事。

小村男爵：此乃依条约设定租界，故须根据条约商定，并无必要列入此处。安东县租界事宜须由两国政府协定，现行条约已有相关规定。

袁全权：然如土地被贵国军队强占，条约内并无规定，因此欲加以声明须进一步商定。

小村男爵：然也。撤兵后既无军队，可由两国之间协定。

袁全权：希望将此旨声明。

小村男爵：此条现行条约已有规定，不可另行列入约款。但其主旨存记会议节录内无妨，无须列明条文。

袁全权：本大臣现欲将贵国有违条约之处于条约条款内声明，如此亦非稳妥，仍有含混不明之处。若存记会议节录内，尚需清晰载明。

小村男爵：此意明了。新开未开之各租界事宜须与贵国商议，时机一至必行磋商。此事条约内已有规定，尚不充分乎？

袁全权：现日本人所为违反条约。

小村男爵：此乃占领之缘故，是否设租界为另一问题，租界事宜乃占领解除后之事，今日并无租界。如不依条约日后与贵国协商，租界自无可能设立。

袁全权：现日本人购入房屋土地，或自建房屋，正为将来作准备。

小村男爵：此乃占领时之事，凭此租界并不成立，此为军事占领行为。故设立租界须依照条约由两国政府商定。如于会议节录内存记营口、安东县设租界时，应由两国协商，可防止将来之误会。

袁全权：例如日本人强买或是购入土地者有之，或占领者有之，此等即便购入是否会返还，或是否可规定返还？

小村男爵：此等事宜须待设定租界问题时确定，如不协商应将何处设为租界自无从谈起。现无必要言明。

袁全权：然则应于会议节录内载明如下主旨，如现日本人强买、占领或购入之地划入租界范围内时，将来应予归还。

小村男爵：此乃细目，将来设定租界时再定亦可。

内田全权：因战争条约之效力中止，占领解除时条约再度生效之事原本有之，此为当然之举。届时应协定战时事宜，其协定之法例如某处土地为无理强取或正当购入，有无契约证明，或是在租界界内还是界外，若为租界界外时应如何办理，此等事宜应由两国委员商议，终究非今日可讨论也。

袁全权：以拳乱时联军为例，彼时中国与各国虽已断绝交往，但租界之协定仍由双方派委员商定。今日如营口因军事虽暂由日本管理，但两国之敦谊尚存。然日本人任意强占之行为更甚于联军时。

小村男爵：如方才再三所述，将来与贵国协议商定时，决无无理擅自之举。

袁全权：故列入条约时虽可将如此大概之意写入，但存记会议节录内还望更为详密。

小村男爵：并无此必要，此已大体明确。租界不经两国协商无法确定，故如存记会议节录内，则应写明营口及安东县等租界应按条约由两国政府协议商定，如此岂非更为合适？

内田全权：方才所言为天津之例，然此次与天津之例并无不同。天津时袁总督上任后先与伊集院（彦吉）①总领事商定，此次

---

① 伊集院彦吉：1864—1924，日本鹿儿岛县人，外交官。历任日本驻华公使、驻意大利大使、巴黎和会全权委员、外务大臣等职。1901—1907 年任日本驻天津领事（1902年起为总领事）。

我方亦同样希望将来尽快商议,决无所谓联军时之两国敦谊此次不复存在等情。故不宜认为日本此次较联军时提出更多无理要求。

袁全权:天津租界之事乃交还天津前已开始交涉。

内田全权:此次抑或根据具体事宜于战时可开始磋商。

袁全权:例如奉天、安东县等中国自开商埠内,若贵国以独占之处辟为租界,将被其他外国人视为行使优先权,岂非关乎贵国之名声乎?

小村男爵:非也。此为当然之举,并无贵全权所言之事。

内田全权:租界均为协商设定,故与贵国自开商埠无碍。如未经协商,自有独占等批评之声,然既非如此,决无窒碍。

袁全权:目前于安东县从事商业者仅有日本人,他国人士无法经商。

小村男爵:此为占领地之故,无法许可他国人士。此事为理所当然,故未曾收到任何申诉,其理由各国亦十分清楚。

(此时袁全权与瞿全权等共同商议存记会议节录事项文案。)

袁全权:文案随后拟成,可先磋商拟增条款第六条,如何?

内田全权:可也。此案为贵国地方官前往营口赴任之事,日军占领该地当时已收到贵国就此事之照会,依据训令本公使曾作答复。其主旨为该地既然仍未交还,将采取同一措施,即营口为军事行动之必要之处,贵国官吏不可进入该地之理由此前已充分说明,俄国占领时期拒绝中国地方官亦出于同样理由。今日满洲之撤兵仍未结束,营口于军队输送方面关系重大,故不可允诺贵国地方官赴任。然尽可能为贵国之方便计,经种种研究总以勉副贵国期望起见,另拟一修正案,还请阅看。

（此时内田全权将修正案交予袁全权【附件第五号、第六号】。）

袁全权：据本大臣之记忆，此前有关此事贵国对我方照会答复，大意为日军现仅进军至辽阳，营口军事上若重要，当与贵国协商交还。当时之情形与今日已大不相同，日军已进军至开原、铁岭。原本俄国永远占领东三省，不交还中国，日本对其诘问，此为开战原因之一。今日之情形自与其有别，以贵国之文明主义，交还营口岂非当然乎？

内田全权：贵全权所言大有区别，此案本为前往营口赴任地方官之事，交还土地为另一问题。

袁全权：并非如此，地方官若赴任，土地则应交还，即结果相同也。

内田全权：然贵全权要求交还营口乎？

袁全权：然也。

内田全权：如此则宗旨大为不同。若按贵全权所言，则无必要提出修正案。营口为占领时于军务最为紧要之处，此从地图亦可明示。因其周边尚未交还，仅要求交还营口之要求碍难允诺。若宗旨为交还营口，则完全为另一问题。

袁全权：军务二字为战争之意，若为战时军务当有必要，军事状态既然结束，营口距离战地亦远，并无占领之必要。

内田全权：贵总督军职在身，本无需多言。战争虽已结束，营口仍然于军务颇为重要，众所周知该地对撤兵极为必要，撤兵完全结束前仍须保持现状。认为和约成立后应立即恢复常态本是造成误解之根源，应视为经十八个月撤兵完成后方才生效。此熟读和约全文自当明了。在此期间战时与撤兵时期皆为相同状态也。

袁全权：和约签署后岂非立即实行生效乎？

内田全权：自其时刚开始实行生效，应俟十八个月即撤兵结束之时。条约之效力虽自批准之日起，但实行之手续开始，至十八个月撤兵后方才全部实行。

袁全权：然试举一例，日俄和约第一款两国和平之事，第二款日本对朝鲜有卓绝利益或俄国放弃在东三省之独占权等，依然要经十八个月方能生效乎？

内田全权：贵总督之见实难认同。

小村男爵：此说或有失礼之处，贵全权对和约第三款似有误解。此项和约本大臣亲自参与协商，知之甚详，故欲作澄清。其十五项条款中，既有签署批准后应立即实行者，亦有无法立即实行者，如不了解其区别，于本次会谈之进行颇有窒碍。此乃由于贵全权对其有根本之误解，可立即实行者自批准之时起已开始实行，不可立即实行者以明文规定其期限，即第三款因无法立即实行，以附约确定十八个月内须全部结束之期限，故换约后以十八个月为限另订附约。如不清楚了解此节，会议之进行将多有窒碍。

袁全权：条约之解释到此为止，今后不再讨论。贵国当初就营口事回复我国之照会称，现日军只是进军至辽阳，当随战况进展再行协商。然今日日军自奉天直至开原、铁岭，与当时情况大为不同，故理所当然应交还营口。否则岂非违背最初之宗旨乎？

内田公使：本公使之回复可有带来？

袁全权：未曾带来。

内田公使：该回复之主旨并非如贵全权所述，据本大臣之记忆，回复为声明俄国行使之权利，日本亦当然有行使之权，决非回答随战况进展立即交还。

小村男爵：交还土地与交还行政大有差别，土地之交还因撤兵问题而定,行政之交还为另一问题,故虽是占领中仍无法交还,两者差别还望谅察。此案可解释为交还部分行政权,若交还土地即所谓撤兵,由撤兵问题决定,现并无协商之必要。然据贵全权所述,其宗旨似在交还土地,然宗旨不同则无法应允磋商。撤兵之事与其他一般撤兵问题相同,并非营口所独有,交还行政事宜当可商酌。

袁全权:贵全权所言甚为明了,实际而言营口亦有封河时期,届时营口不能发挥作用,军队之送返线路可从旅顺、大连而出,故希望出于两国敦谊尽可能研究便宜之法。贵提案言及务必尽速等语,然三日亦可谓尽速,自撤兵期限而言一年亦可谓尽速,还望就此点进行协商。

小村男爵:撤兵非十二个月内可完成,来春又须由辽河利用船舶经营口送返军队。且输送大军所需时日甚久,何时结束现难有定论。此案之宗旨当尽力勉副贵国之期望,就期限之订定及其方法再行商议。现应如何办理政府亦难以确定,此与大规模输送当如何执行关系密切。

袁全权:例如辽阳、奉天等既有贵国军队,亦有我地方官,并无任何窒碍。适才贵全权所言交还土地与交还行政有所区别,撤兵与地方行政事宜既可分别执行,则地方官仅是赴任执事,营口亦无不可乎?

小村男爵:奉天、辽阳为内地,与营口差别甚大。日本大军驻扎之营口为保障军队安全必要之所,营口亦须有效防备恶性疫病侵入,此较俄军更为可怕。前日亦有鼠疫发生,仅传染至七人就被扑灭,正是由于我方对此实倾注全力。万一军队及军政官未尽全力,病毒侵入内地,军队自不必论,贵国人民亦将遭受非常之灾,故还望谅察营口与奉天、辽阳情形有别。

如采用此案,撤兵以前也可派遣贵国官吏赴任,若不予采用则维持现状,日本于撤兵完成前碍难允诺。故如此案确定,尽快由两国政府协商,订明撤兵以前地方官赴任期限,并商议应如何应对恶性疫病等具体办法。如不予采用,撤兵以前贵国官吏碍难赴任。

袁全权:贵全权声称营口于军队行动方面作为后路甚为紧要,但如安东县亦处军队撤退途中之后路要冲,而安东县一向都驻有中国地方官。明明处于同样之地位,何以一方有地方官,另一方无哉?若不采用我方提案,则以贵全权方案为基础商议,恶性疫病等事我地方官亦将尽全力扑灭。若如此举措仍不充分,商定聘用相当数量之医师,共同尽力防疫亦无碍乎?惟时期一事不明则甚感为难,故贵全权提案内撤兵前尽速之语,十七个月于撤兵以前可称为尽速,三个月亦为以前,一个月或三日皆为以前,此等同于无期限,故希望确定大体为何时,再根据贵全权之提案进行商议。

小村男爵:确定时期现实难办到。此与军队之输送息息相关,政府断难确定。此须待本条约签订后,再由两国协商确定,现事实上无法确定。目前只是刚开始大规模输送,政府亦难以预计,应待条约缔结后再充分商议。

内田全权:贵全权所称安东县及内地有地方官,营口无之等语,本大臣就其区别作一说明。营口之历史与其他地方不同,俄国占领营口后驱逐中国地方官,日本取代占领之处已无地方官,此即历史特殊之处。其他地方一向驻有地方官,且营口在实际输送层面作用极为重要,袁全权所言亦可利用安东县或大连、旅顺路线,但如此十八个月内或不能完成撤兵。海运输送能力之强大显而易见,现所有物资均从营口出入,大军驻扎期间出入亦经营口,即一方利用大石桥,一方走水路,一方利用新民线,位于此三方汇集之要冲,即营口为至关重要之地。如有中国地方官新派往该处,存在与我方军人冲突之隐患,因此我方最初提出此修正案时甚为踌躇,惟总以勉副中国期望起见而提出此折衷方案。若引起彼此冲突,将成为有损两国敦谊之肇始,此等情形还望贵全权详察。

袁全权:小村全权之说明清楚明了,故交还土地之事当暂且不论。然派遣地方官行使地方行政之事,与奉天、辽阳并无不同,岂非毫无窒碍乎?此对军队之送返并无任何阻碍。且内田全权所言俄国占领后驱逐地方官之事,此乃俄国最擅独占野蛮不法之行为,故有如此之举。贵国以义起事,讲求文明举动之国,必不致有如俄国独占等行为,故此等事项岂非可协商乎?且中国派出官吏,日本既设有军政官,撤兵方面并无任何妨碍。我方将选派最为妥当之地方官,与贵国军政官当无任何冲突。就具体时期,我方本认为和平实现之今日已是交还吏治之时机,但既然贵全权称目前并非交还,则仅令地方官赴任视事。

小村男爵:赴任时期问题日本政府不能确定之理由已如方才屡次所述,因输送军队之关系事实上无法确定,目前仅为刚开始输送,不经一段时间难以确定时期。大规模输送实行过程中,营口作用最为重要,故迄今若有地方官,尤其新派中国官员前往该处,改变营口之地位及一切制度等事究难承允。关于此问题,若是俄国自最初即不会应允协商,而是力图保持现状。日本则与其不同,因顾全两国敦谊而应允协商,并提交所拟修正案。若贵全权不予允诺本大臣之修正案,则将撤回此案维持现状。如此撤兵完成前,贵国地方官不可前往赴任。若照此案允准,本大臣回国后将说明贵国之宗旨,调查输送军队一事,并与相关人士妥商,选择合适时期设定赴任期限。此外,贵国地方官既然赴任,卫生事宜应如何办理亦须商议。否则现于此处如要求明确商定,本大臣惟有表示碍难应允,只可维持现状,撤回修正案。届时至撤兵期限前,将无协商之余地。

袁全权:交还营口一事,光绪二十八年与俄国签订条约时亦有订明期限,惟之后并未履行。就时期而言,辽西定为六个月,实则日本既已占领营口,营口普通百姓及朝廷均希望可确定交还时期。然期限不定甚难应允,我方对本案之回复应明日再议。

小村男爵:惟有一言相告,贵全权所言俄国确定交还满洲之时期,全部为撤兵时期,即撤兵之结果营口自然交还,决非特意确定交还营口之时期。现日本虽订明撤兵限期为十八个月,但我方提案为在此之前可特别协商派遣地方官一事,该时期本大臣等及政府虽无法规定,日后仍可磋商。此点与俄国截然不同,贵全权似有误解,特此申明还请注意。

袁全权:若贵国政府无法确定交还时期,且贵全权亦难以判断,则满洲撤兵之负责人当能知晓,可否致电其一问究竟?

小村男爵:此举不可能。现终于开始输送之际,即便满洲军武官或无论何人皆难以预测。故应如本案先制定大体基础,他日撤兵前再行商议,除此之外别无他法。

袁全权:惟营口之百姓普遍期待日俄和约成立后,营口可立即交还,然今日连期限亦无法确定当甚感意外。本大臣等碍难立即允准此案,当妥细考察后明日再行答复。

小村男爵:知悉。且待明日贵全权之答复。

袁全权:拟增条款第五条应存记会议节录内之事项,已拟成条文于此,对此若有意见可明日再议。

（此时将第五条相关存入会议节录事项草案交予小村男爵【附件第七号】。）

内田全权：并非声称不交还营口，交还一事当然已定。且与俄国不同，俄国为向北方退却，日本为自北方退往营口。

小村男爵：今日之讨论为撤兵前贵国是否可向营口派遣官吏之问题。如撤兵自然权归贵国，派遣官吏自不必提，土地与行政亦交还贵国。今日协商乃撤兵前之事，此点还望贵全权切勿误会。

瞿全权：已了然也。原本营口设有道台，现因日本占领，其他地方皆有地方官，惟独营口无，故我方希望采取同一措施。此宗旨亦请贵全权熟虑，我方明日答复。

小村男爵：可也。

袁全权：今日尚有其他邀约，迄今各方邀约不断，皆因会议之故推却，但今日之约必须前往，故望到此为止。

小村男爵：若是停止会谈之提议，随时都可达成一致。

（一同大笑。）

袁全权：明日希望阅看占领地之图。

小村男爵：知悉。

（下午六时五分散会。）

【附件第一号】

中国全权大臣拟追加一款：

日本国政府允饬在满洲所有日本臣民，断不干预中国地方官吏全然自行治理之权，并切实尊重中国臣民公私产业权。

【附件第二号】

清国全権提出追加条款第三八左ノ如ク修正スルコト：

日本政府ハ満州ニ於テ撤兵ヲ了シタル地方ハ、直チニ之ヲ
清国政府ニ通知スヘク、清国政府ハ日露講和条約追加約款ニ規
定セル撤兵期限内ト雖モ、既ニ上記ノ如ク撤兵完了ノ通知ヲ得
タル各地方ニハ、自ラ其安寧秩序ヲ維持スル為メ必要ノ軍隊ヲ
派遣シ得ルコト。

【附件第三号】

中国全权大臣所拟增入条款之第三款拟改如左:

日本国军队一经由东三省某地方撤退,日本国政府应随即将
该地名知会中国政府,虽在日俄和约续加条款所订之撤兵限期以
内,即如上段所开,一准知会日本军队撤毕,则中国政府得在各该
地方酌派军队,以维持地方治安。

【附件第四号】

奉省附属铁路之矿产,无论已开、未开,均应妥订公允详细章
程,以便彼此遵守。

【附件第五号】

清国全権提出追加条款第六ハ左ノ如ク修正スルコト:

営口ニ駐在スヘキ清国地方官ハ、日本軍隊同地撤退以前
ト雖モ、事情ノ許ス限リ、可成速カニ同地ニ赴キ事務ヲ執ラシ
ムルコト。右ニ関シテハ、追テ日清両国政府間ニ協議スヘキ
コト。

【附件第六号】

中国全权大臣所拟增入条款之第六款拟改如左:

营口向驻之中国地方官,虽在日本军队由该处撤退以前,如视
该处情形但能通融迁就,务速饬令赴任视事。至其所关一切事宜,
应由中日两国政府会商订定。

【附件第七号】

所有奉省之营口、安东县及他处商埠，经日本国臣民占取地段房产，一俟撤兵后应将原物完全交还中国，不得索价。至该等处应如何设立租界之处，当按照开埠条约办理。

第十一次正式会议谈判笔记

一九〇五年十二月四日下午三时八分开议

列席者与上次相同,庆亲王因病未到。

小村男爵:此为昨日所言关于日俄和约第三款末项,即俄国宣布在满洲不拥有铁路以外特权之相关和谈会议记录节译。

(小村男爵将该节译交予袁全权【附件第一号】。)

袁全权:多谢!

小村男爵:此为日俄和约签订时两军占领地区之地图。红线以北为俄军,绿线以南为日军,南以鸭绿江为界。此图显示和约缔结时两军之占领区域。

(此时小村男爵将该图交予袁全权【附件第二号】。)

袁全权:日军现占据何处?

(小村男爵此时就该图进行说明。)

袁全权:沿铁路线两军间隙处有军队否?

小村男爵:有之。

袁全权:所占一处区域与其他区域之间距离如何?

小村男爵:因场所而异。

袁全权:如辽阳有一团队,其周边大概多少里归其管辖乎?

小村男爵：凭此难以分辨。此图非标识所有驻军之场所，只是显示占领地区，但占领地内均有驻军。和约缔结时已是如此情形，此为前线。依照和约，两军将于十八个月内撤兵，具体办法由两军总司令商定。因此十月三十日两国满洲军总司令之代表于四平街会晤，商定撤兵办法，即十二月三十一日前日本撤至昌图及其以南，俄国同时撤至此线，即苇子沟及其以北。（以图示意。）此为第一期。第二期为明年六月一日前，日军撤至铁岭及其以南，俄军撤至公主岭及其以北。第三期即明年八月一日前，日军撤至奉天、新民屯、抚顺线及其以南，俄国撤至长春线及其以北。第四期即后年四月十五日前，双方均将剩余军队撤离，共计十八个月。另有详情记载于此，因无暇尚未译成汉文。此乃议定书，此乃备忘录。

袁全权：翻译可交由我方人员。

（小村男爵将于四平街签订之撤兵手续相关议定书及备忘录之副本交予袁全权【附件第三号】。）

袁全权：有劳贵全权费心。

内田全权：今日应议拟增条款第七条。

袁全权：可也。

内田全权：第七条为要求交还日本占领期间代收之税金。日本代收者均为必要之税金，皆用于地方公共支出，自然不具交还性质。因此还请删去此条。

袁全权：其中尚有区别，即如营口设有常关与洋关。常关税俄国占领时亦用于地方公共支出，洋关税则为中国保管。洋关税用于修缮拳乱时遭破坏之关内外铁路营口线及新民屯线，余款应待决算后返还。其他新民屯之火车税亦被征收，代收此等税金战时虽无妨，战事结束后还望交还地方官。

内田全权：第七条中有语意不明之处，奉天所指乃奉天省抑或奉天府？

袁全权：指奉天省全体，其中包含我方已知及未知情况。

内田全权：现就两者之区别作一说明。营口洋关收入俄国时期由道胜银行经手，今日暂时保管于正金银行，此款项自当交还贵国。至于常关税已由军政署用于公共支出，此部分备有详细账簿，日后向贵国移交账簿时自可明了。

袁全权：我方因常关与洋关区别不明，全部包含在内而致表述含糊。常关税用于地方公共支出，洋关税交还一事现已明了。

小村男爵：洋关税代收部分预存于正金银行，相关明细均有账簿可查，撤兵时当转交贵国。交还时自应明了。

袁全权：东三省地方官若联络此事时，还请应允协商为盼。

小村男爵：日本政府对此事一直未表明态度，故贵全权不甚了解亦在情理之中。洋关税原本将交还贵国，日本只是暂时保管，故军政署对洋关税完全未有插手。

袁全权：此条经贵全权说明已十分清楚，无须再行列入约款，惟将贵全权所言存记会议节录内如何？

小村男爵：可也。

内田全权：方才提及新民屯等语，此火车税事宜只是小事，且均用于公共支出，可不必列入议题。

袁全权：此事迄今仅限军政官经手，与地方官并无关系，暂交由地方官交涉即可。小村全权所言营口洋关税由正金银行保管，撤兵时应予交还，且常关及各地税金用于地方公共支出部分，将与账簿同时移交等语，我方希望列入会议节录。

内田全权：仅是营口应无妨，但其他地方所称账簿似有语弊，还望将收支开销改为尽量记录明细交出。

袁全权：改为收支开单无妨。中国还须与俄国交涉计算此税捐事宜。

内田全权：营口洋关一事，听闻俄国时有种种流弊，因此我国政府已下令须充分注意尽可能收支明了，我方希望其可清楚明了。

袁全权：俄国时我方曾就计算事宜询问，其声称存有账簿，只需调查即可明了，故计划充分查阅账簿。日本既已清楚备案，应向俄国提及此事尽力交涉。

（此时郑永邦书记官将存记会议节录事项翻译成汉文，由小村男爵交予袁全权【附件第四号】。）

小村男爵：此乃存记会议节录内所拟文案。

（此时瞿全权又递呈中俄铁路沿线三十里内外矿山事宜之文件【附件第五号】。）

瞿全权：此为昨日所称铁路三十里内事宜之相关文件。

内田全权：此应仅限于中国，非与俄国商定之事。

瞿全权：然也，但此乃中国主动向俄国所作声明。

小村男爵：多谢贵全权费心。

袁全权：此会议节录之草案略有修改，须加上备案二字。此外，若金额有剩余该当如何？希望可将其交中国官吏。

内田全权：自是当然，若有剩余即应交还。

小村男爵：如此贵全权提议之七条已基本审议完毕，而双方意见分歧之处择日再行商议。继而讨论我方提出拟增条款如何？

袁全权：可也。

小村男爵：我方拟增条款日前已送呈日文及中文版，贵全权是否已研究乎？

袁全权：已详阅之。

小村男爵：对此是否有修正案，若有还应先行阅看以其为确实基础进行商议。

袁全权：有之，我方欲加以修改者现应请贵全权一次全部阅看，抑或逐条交阅？

小村男爵：一次全部阅看。

袁全权：其中亦有我方并无异议，可予允诺者。

（此时袁全权将中国修正案【附件第六号】交予小村男爵，小村、内田两全权熟读之。）

袁全权：关于第三条电线事宜，我方仍有若干情形，如有必要欲先作相关声明。

小村男爵：应先从第一条逐条讨论，第一条并无异议，可确定也。

袁全权：无异议。

小村男爵：第二条与我方提议之主旨截然不同，贵全权此案并非修正，乃全新提议也。

袁全权：或多或少包含贵全权之宗旨。

小村男爵：依此表述岂非只有日本政府受到约束，贵国政府不受任何约束，可随意行之哉？

袁全权：中国作为地主此乃理所当然。

小村男爵：我方提案之宗旨为日本既然已承允在南满洲经营铁路，则须获得相当之利益，若有利益受损之事，铁路经营无法成立，故欲商定此事。然如贵全权提案，与我方宗旨大相径庭，断难允诺。

袁全权：然东清铁路多少亦涉及我国政府之利益，且安奉铁路将来赎回时归中国所有,我方自然希望两者皆可日益隆盛,决无造成不利之事。

小村男爵:其宗旨颇为明了,贵全权所言二铁路如有收益,归还贵国后自然亦有利益,然为切实获取收益仍有必要采取相当之措施。

袁全权:中国既居地主之位,自有敷设权,而若有约束地主权利之条款,内地之铁路亦将均效仿此等表述,恐他国提出类似要求。

小村男爵:正因贵国有地主之权,东清铁路及安奉铁路事宜均须与贵国协定。既已商定,若有损害铁路利益之事,中国作为地主所享有之利益亦成为空谈。以相当力度保护此利益之责任,岂非由赋予此利益之地主担负乎?

袁全权:即便未有明文,中国作为地主自有当然之责,惟无需载明。

内田全权:此并非新事,中国既已允诺俄国,南满洲敷设铁路事宜中俄应相互协商,日本不过继承此权利。此事既经承诺,应无重大影响也。

袁全权:议定此事之《交收东三省条约》并未履行。

内田全权:即便声称此为未履行之条约,俄国必逼迫履行此条款,日本亦欲履行此项也。

袁全权:此条约埋下引发极为危险纷扰之种子也。

内田全权:本大臣日前听闻俄国要求修筑自长春经法库门至新民屯之铁路,此当属谣传,但他日若瞿、袁两全权大臣不在此位,由他人接任,难保此事不会发生。若果真如此我方将大受打击,故现须商定此事。两位全权大臣在其位时自当拒绝,然亦有将来万一允诺之虞。

（此时瞿全权频频高呼否、否。）

袁全权：断不致允诺。拳乱之前中国已为敷设关内外铁路新民屯至通江子、法库门支线进行测量，分别进行筹备，惟因拳乱而中止实行，故即便俄国提出要求，我方断无可能允诺。

瞿全权：俄国此前未曾提出如此要求。

袁全权：要之，中国断不会为对抗贵国管理之铁路而自设铁路，损害南满铁路之利益。且若有此事，贵国自能提出异议，保护该铁路利益为理所当然。

小村男爵：其宗旨已了解，贵全权所云不有损南满铁路利益，或不造对抗之铁路已充分明了。就此层宗旨希望以明确形式保留，可不列入条约内，将其存记会议节录内。

（此时袁全权答道"可也，已起草文案"，并递呈载入会议节录之草案【附件第七号】。）

袁全权：若贵全权允诺我方提案之此项条款，则于条约内删去该条，如何？

小村男爵：希望此草案内"铁路"后加入"利益"二字，且不可限定"干路"。

袁全权：不敷设干路，敷设支线岂非无碍？

小村男爵：两者皆不可。支线虽对贵国有利，但我方或认为有损东清铁路之利益，故若未得日本允诺擅自敷设则大有干系。

（此时袁全权再行修改草案后交予小村男爵【附件第八号】。）

小村男爵：如此与我方宗旨一致也。

袁全权：则应将此存记会议节录内。

小村男爵：可也。则应撤回我方提案第二条，将此存记会议节录,表明双方主旨。

袁全权:知悉。

小村男爵:续议第三条。方才贵全权声称须说明此事相关情形,还请告知。

袁全权:铁路一事费时甚长,电线一事亦然,故说来话长。电线事宜牵涉种种问题,原先烟台旅顺段海底电线为大北电报公司承造烟台大沽线时,自距烟台七英里处私设至旅顺支线,中国当时毫不知情,待发现后正与俄国就此事交涉中途战争爆发,故距烟台七英里之外电线中国不知也。此线目前处于破损状态,然贵全权之提议既有涉及,故作为融通办法,希望实现彼此联络,由双方管理使用,但烟台七英里之内电线为中国所有,故自烟台拍发电报者由中国管理,旅顺一端由贵国管理,其报费收入由发报局各自征收,毋庸彼此划拨。该办法应与贵全权之宗旨相一致也。

而营口北京段电线原本为联军占领山海关时,各国商定为实现各国军队相互联络,自山海关至北京架设一线供联军使用。俄国提出因其军队驻扎营口、奉天,希望援引各国之例自北京至营口架设一线,中国即允诺之。贵国现于营口亦有驻军,自当需要电线联络,然联军撤兵后北京之线应行撤去,故日本如今无需架设营口北京段电线。而牛家屯至营口段电线为沿铁路所设,无需另文注明。以上三项即本大臣欲作说明之事。

小村男爵:据贵全权所言,烟台旅顺段海底电线自距烟台七英里处分出一线,贵国不知情时连至旅顺,据迄今之事实可知俄国在烟台一端连至俄国领事馆内,此乃若非另有一线无法办到之事,应作何解?

袁全权:此莫非无线电报之故哉?

小村男爵：非也，乃俄国之海底电线，一端自烟台登陆连至俄国领事馆内。

袁全权：此事唐会办知悉详情，应请其说明之。

唐会办：最初拳乱时直隶之电线被破坏，南北不通联络，因无法迅速修复故与大北电报公司交涉，而南方与山东之间通讯无碍，请其代设烟台大沽段海底电线。然电信局内某丹麦人与俄国之间订有密约，未经中国许可自芝罘港外七英里处私设通往旅顺之电线。此事直至两年后才被发现，故开战后因局外中立之政策，中国已将电信局内该丹麦人解聘，并于报纸登载解聘公告。十数日后，烟台日本领事水野(幸吉)①告知有丹麦人修缮通往旅顺之电线，正雇中国之帆船准备着手。其时方知此海底电线一事。现据大使所言，海底电线接续至俄国领事馆一事，推测多半非将电线一端引入，而是秘密与大北电报公司商定交换电报之法。原本敷设烟台大沽段海底电线一事为拳乱后联军交由大北公司经办(大北公司正是以中国代办名义办理)，故此次发现旅顺线之事时对其如何收发电报进行调查，大北公司既有敷设海底电线之全权，擅自于七英里之外连接旅顺亦已明了，故认为与俄国领事馆之联络亦应是该公司擅自代办。

内田全权：烟台之普通海线电报于中国电局办理乎？

唐会办：迄今为止由大北公司经办。最初联军不相信中国电局，提出不满，遂交由大北公司办理。然因由中国出资，且名义为中国代办，并签有合同如联军撤退，将交还中国。目前正与该公司交涉其擅权之事。

---

① 水野幸吉：1873—1914，号醉香，日本兵库县人，外交官。历任日本驻烟台、汉口领事。

小村男爵：旅顺烟台段海底电线迄今之历史现已明了。贵国不知之事，日本多有知晓。

唐会办：正因烟台日本领事才得知矣。

内田全权：然此亦多亏战争。

小村男爵：海底电线一事虽已明了，但日本之主旨并非要求营口北京段电信线为日本特设，而是希望在贵国电杆上加挂一线。如贵全权所知，现山海关北京段已架设一线，故欲于山海关营口段亦同样添设一线。其主旨并非追求电信营业之利益，而为政务之需要。盖北清之各国守备队若长久驻扎，自无此必要，但直隶省之各国守备队除护卫公使馆外，将于不久后撤离。届时只留下公使馆护卫兵，北京营口间有必要实现直接通报。若至营口，自该地连接旅大租借地，贵国允诺北京营口段架设一线，直隶之撤兵当易于进行。故此与撤兵问题亦有关联，希望暂时于公使馆护卫兵驻留期间允准添设一线，以副日本政府期望。

袁全权：中国之电信权利原本即最为严加保护，较其他事项为甚，故未曾允让外国。许可为联军于山海关北京段电杆上添设一线，乃因当时联军为维持地方治安，故予以特别许可。而营口山海关段允许俄国，亦因当时俄军维持治安之目的而不得不允准。而今日日军在营口之理由为日俄战争，与中国之治安无直接关系，故如就该电线允诺贵国，各国将相继提出要求，结果将侵害中国敷设电线之主权。贵全权所言虽已了解，十分遗憾甚难同意。

小村男爵：贵全权提案中要求归还拳乱以前之电线，众所周知，拳乱时满洲之贵国电线已被破坏，后由俄国新设。此次日俄战争主要电信线位于铁路沿线，战斗中俄国敷设之电线多被破坏，以致今日使用者均为日军新设。故拳乱以前辽河以东之贵国电线现已荡然无存，自当无法归还。

袁全权：此情只需调查当能立即明了。当时从事架设之委员等仍在，调查后自当清楚。

小村男爵：贵国电线如方才所述已因拳乱及战争被悉数破坏，辽河以东现存者皆为日军新设，现并无任何贵国留存之物。

袁全权：但即便电线无存，附属之局所等当仍有尚存者，调查后岂非即可明了？

小村男爵：局所亦有被破坏者，多少亦应有现存者，但铁路沿线之电线并未使用原先之局所，皆在车站办理，故无局所。且无需使用贵国之局所，如有存留者当交还之。

袁全权：铁路附属之电线与中国并无关系，然日军于内地敷设之军用电线，军队撤退后将影响营业，希望应予交还。我方目的为营业相关者。

小村男爵：虽是军用线，但铁路沿线若有需要仍将留存，铁路之外者当交还。

袁全权：我方旨在仅要求交还行政营业上必需之电线，并不牵涉铁路。

小村男爵：关于第三条，旅顺烟台段海底电线由日中暂行合办之事大体并无异议，然电报费用等应如何计算现无法决定，应俟日本调查得出报告后再行协商。

唐会办：此电报费用只限旅顺烟台段不需结算，其他地方仍需另外计算。

袁全权：具体事宜暂不讨论，电报费用等他日再商议详细章程如何？

（此时袁全权命唐会办修改条文。）

内田全权：山海关营口段电线今日俄国已无拥有之理由，然该线是否仍现存，贵全权考虑当如何处置？

袁全权：至山海关电线为各国共通，至营口电线俟中国地方官驻营口时应立即撤去，故该地交还中国后当即撤除。

内田全权：此乃日本交还营口后，即将俄国之线撤去之意乎？营口并非交还自俄国，即便如此亦考虑立即撤去乎？

袁全权：该电线添设于铁路沿线，然现铁路沿线已无俄军，故与俄国无关。

内田全权：山海关营口段铁路沿线内添设贵国电杆之线应属俄国所有。

袁全权：此为尚未撤除者，现因无人保管，故暂维持原状。

内田全权：然实际上不管怎样仍属俄国权利。

袁全权：总之碍难允诺再行使用该线。

内田全权：然原条约批准时，山海关北京段各国得有电线期间内均已许可，故当不可拒绝此权利。

袁全权：然营口已无俄军，自无必要留此电线。

内田全权：该电线所通之处并非营口，据本大臣之记忆，应为田庄台或牛家屯。此应为联络东清铁路之线，与营口并无关系。故联军既然拥有至山海关之线，且俄国之权利自应延续，与撤兵无关。

袁全权：现营口既无俄军，其权利亦不存在。

内田全权：然此乃《交还关外铁路条约》附属协议。

袁全权：此只是援引关内铁路之例所订协议。

内田全权：此例只是作为参考询问贵全权。毕竟俄国已不需要，但如日本继承自俄国之权利，是否与俄国同样给予许可亦无妨乎？北京既有驻军，因感有必要举出此例，故认为允诺日本应无妨，还望贵全权再行审度务必允准为盼。

袁全权：所谓担心他国效仿之事，现德国已提出要求。原本许可俄国，是因俄国在东三省讨伐义和团与联军在北清讨伐义和团理由相同，今日日军相对于俄国之权利而言，与我国并无关系。且德国此前曾要求自青岛经济南至北京架设一线，我方予以坚拒，其提出青岛至天津海底电线之要求，亦作同样处理。

内田全权：然德国之例与日本有异，其并无理由，日本因有守备队，故自有要求之理由。

袁全权：德国提出之理由与日本相同，均为公使馆护卫兵之用。

内田全权：其仅仅济南青岛之间乎？

袁全权：自青岛经济南直至北京。

内田全权：该要求已提出否？

袁全权：虽提出要求，已断然拒绝之。

唐会办：沿铁路之电线已通至济南，此次乃希望与之相连也。

小村男爵：总之第三条尚有需充分调查之处，应俟另日再商。今日此条之讨论宜到此为止。

袁全权：此条欲略作修改。

小村男爵：除本件以外，满洲之军用电线现处于何种状态，方才所述仅为本大臣所知范围内之事，实际如何尚需进一步调查之后，再行商议整体事宜。

袁全权：可也。

小村男爵：续议第四条。此条如贵全权所知，为铁路所需材料及保护铁路兵队军需豁免税捐一事。贵全权之方案欲删去护路兵军需一节,但护路兵之问题仍未商定,此条即承诺铁路所需材料免税,至于护路兵军需一事应俟护路兵条款商定后再议如何修改。

袁全权:可也。

小村男爵:续议第五条。此方案实为贵国利益而提出,然贵全权之修正案与我方宗旨全然有别。若不允许满洲杂粮出口,满洲之产业则无法发达。满洲原为农业之地,除豆粕外若不许农产品出口,满洲无法发展,对贵国亦不利。现为满洲之发达,正乃出口解禁之好时机,故断然执行必为上策。然修正案与我方之宗旨截然不同,如此则无商议之必要矣。

且此事原本并非必须列入条约,为将来满洲地方之发达计,贵国政府如表明主动实行之意,日本政府亦可满意,还望贵全权体察此意再行斟酌。

袁全权:以我方情况论之,原先我东三省之农民甚为愚笨,完全依靠天候收获,不知防范旱魃及雨水之办法,故收获多则留存,收获少即不足。且不知农学,其他地方如山东东莱府及北京方面之永平府等均依赖东三省之杂粮。日俄开战以来,东三省地区牛马不足,又因谷物匮乏,反而需从直隶运入,故现若出口,地方之百姓甚感困难。另一方面,各国一向希望出口白米,而各地方官及百姓皆不喜米价腾贵而予以反对。若允许东三省杂物出口,将影响南方大米出口问题,颇为困难。故仅可允诺运至租借地内,此为援引香港、澳门等例。此二地每年设有定量,但此次可承诺不设定额。

小村男爵:我方提案之宗旨不在于此,而在于允许杂粮出口一事须贵国政府决断定于何时,当前恰逢良机。此事非仅限于租借地内,而关系满洲整体之兴衰。若仅限辽东半岛租借地内之事,则无需商议。

袁全权：目前英德正要求允许出口长江流域之大米，东三省之情形又如适才所述，故允准于东三省出口更为困难也。

小村男爵：如特别认定为杂粮，即不包括大米，如照贵全权所言，明确排除大米如何？

袁全权：北方主食杂粮，南方主食大米，故北方之杂粮地位与南方之大米同等重要。今日之困难已如方才所述，故需逐渐整顿，待东三省农业发达，我方顺势主动解禁之时自会到来。届时当可自行解禁，现颇为困难。

小村男爵：贵国原有即便为自身利益之事，亦不主动断然行之，故望惟此事可通过条约确定也。

袁全权：贵全权之好意深为感谢，惟今日甚感困难，俟将来东三省农业发达之时，当自行解禁。

内田全权：此前日中通商行船条约续约谈判时，曾就大米出口解禁一事与张（之洞）总督商议。张总督虽赞成解禁，但表示国内形势不允，若限定额度应可允准。此次谈判日本国内舆论不单纯满足于解禁满洲之杂粮，而是期待中国全国可出口大米，届时各国可利益均沾。然只解禁满洲之杂粮，料想贵国亦有困难，但若错失此次机会，他日即便一百年后，终究不会实行。俄国时满洲曾有允许出口之例，无论如何至少有必要先解禁满洲。

袁全权：此消息本大臣清楚知悉。方才贵全权所述之主旨为期待农业之发达，其道理亦知也，但知之而不能行之，缘于一般百姓认为如出口大米或杂粮将会饿死之故。中国自有奇特之事，如前几年本大臣赴任直隶时，因天津米价腾贵，奏请每年向京津进口十万石,允准后施行时却遭两广总督反对,种种努力后仍未见成效。有约在先之商人等因蒙受损失而申诉不满,此事经两年仍未解决。且此次战事后奉天大米不足,本计划引导直隶、山东两省及各地运大米至该地,但热河都统大为反对拒绝实行。本大臣表示东三省为皇祖发祥地,并无反对此事之理由,力争之下其最终才稍显同意。

小村男爵:本大臣之主旨想必贵全权已了然,贵国有关出口之情形我方亦了解详情,仔细研究后拟成此方案。此需在某一时机作出决断,本以为此次时机已至,因满洲若为俄国占有,必会许可出口杂粮。如坚持此念不放弃,此事当轻而易举,但既然不可抱此想法,我方将撤回该案。

袁全权:本大臣等两人十分清楚贵全权之宗旨,惟因周遭之相关事宜及中国整体大局,无奈实难允诺。

小村男爵:如此则撤回。

袁全权:还请照此办理。

小村男爵:续议第六条。如此修改之主旨实难理解,我方之宗旨并非如此。此等之事自是当然,并无必要在此特设一条予以规定,此非我方提案之宗旨。

袁全权:贵全权之意不甚明了,还请说明。

小村男爵:我方原案之宗旨表述略有不明之处,故应作修改。

唐会办:(面向小村男爵。)贵全权提案之意旨为何?

小村男爵:中日两国政府允凡正约暨另件条约所载一切事宜应以彼此相待最优之例施行。[1]

---

[1] 此处唐绍仪与小村寿太郎对话为英文。

（唐会办将此意译成汉文，交予袁全权。袁全权阅后递予小村男爵。）

小村男爵：我方之宗旨正是此意。

（袁全权再次取过文案，进行修改后提出，并评述字句。）

袁全权："最优之例"之用词颇难理解。

（袁全权又对文案进行修改【附件第九号】。）

小村男爵："遇事"为何意？

唐会办：即"In all matters"之意。

内田全权：各款非"In all matters"之意乎？

唐会办：其为"In all articles"。

袁全权：我方对此有不同见解。

小村男爵：然也。

（在此决定文案。）

小村男爵：如此我方提出之大纲及贵全权提出之拟增条款案、我方之补充条款案等大致已讨论完，本日到此为止，下次会议应就迄今尚有分歧之条款进行讨论。

袁全权：知悉。

小村男爵：如贵全权所知，数日来经过多次讨论两国仍有分歧之条款如下：我方大纲第一款、第二款大体虽已同意，但还未确定文案；我方大纲之第七款内新奉铁路及吉长铁路事宜、第十款渔业权问题；及贵全权七条拟增条款中第一条铁路护路兵、第三条、第五条，我方提出补充方案，请贵全权详察后再行答复。而贵全权提出拟增条款之第六条仍然待定，今日所议我方补充条款内第三条等仍有大部分未定，此等亦望同样研究后再行商定。

袁全权：昨日我方追加一条亦仍未定。

小村男爵：然也。

袁全权：贵全权希望务必达成协议，我方亦望尽可能妥商订定，还请亦为我等多加考虑以便妥定。

小村男爵：应相互抱此宗旨进行妥协，除此之外别无他法。

袁全权：本大臣亦切盼此事。

小村男爵：下次会议定于何时，贵全权日程如何？

袁全权：明日休息一日，后日续议如何？

小村男爵：可也，则定后日下午三时。

瞿全权：护路兵一事还望务必斟酌。

小村男爵：此事再三思量仍无头绪，亦请贵全权考虑良策。

（下午七时五分散会。）

【附件第一号】

节译关乎满洲地方之机会均等宗旨日俄两国议和会议记录：

小村男爵声言，满洲将军与俄官所订之某约即如承办吉林省内矿产，是属违背机会均等宗旨之独占权或专属某事之优权之类缘由，并指摘俄国政府在某地，即如哈尔滨为经理铁路所必需之地面以外，加划庞大宽润界址，施其治理之权，待寓居该处之日本国臣民一如俄国政府所欲为，以致日本国臣民因日中两国条约所获利权不能享受之实在情形。

维选大臣答云，中国允俄国以类同独占权或专属某事之优权，或特准承办矿产之事是所未知，设为果有此项约定或特准，是属俄官未奉皇帝俞允擅自订办之事，原可即行作废，亦可允必行废弃。至于哈尔滨事宜，俄国在该处所施权力不过合理获得产业之物主应施之权力暨警察权耳，而实于特准约内所订定者也。并称至于公权，即如待外国人之司法权，未曾因此稍有侵碍。至于东三省铁路特准之约,按照条约所订系由中国自行准予核销,该约各款并非侵碍,他国个人或公司在东三省应获同此利益之权。

彼此申明意见所在之后,两国全权大臣按照小村男爵所拟将下开声明之语商结第二条作定:

俄国政府声明:俄国在东三省地方并不享有侵碍中国主权或违背机会均等宗旨之关乎地主之一切利益或占先或专属某事之便益。

【附件第二号】

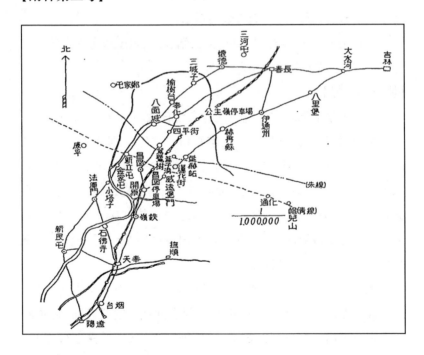

【附件第三号】

日露両軍満州撤兵手続及鉄道線引渡順序議定書:

第一条:

　　本年九月五日(八月二十三日)「ポウツマス」ニ於テ日露両国ノ間ニ調印シタル講和条約第三条ニ関スル追加約款ニ基キ、左ノ通リ協定ス。

　　一、満州ニ於テ前面陣地ヲ占領スル日本軍隊ハ千九百五年十二月三十一日(十八日)迄ニ、法庫門、金家屯、昌図、威遠堡門、撫順ノ地帯内ニ引揚クヘシ。満州ニ於テ前面陣地ヲ占領スル露国軍隊ハ千九百五年十二月三十一日(十八日)迄ニ、伊通州、葉赫站、葦子溝、八面城、三城子ノ地帯ニ引揚クヘシ。

　　二、千九百六年六月一日(五月十九日)迄ニ、日本軍隊ハ法庫門、鉄嶺、撫順ノ線及其南方ニ引揚クヘク、露国軍隊ハ三城子、公主嶺停車場、伊通州ノ線及其北方ニ引揚クヘシ。

　　三、千九百六年八月一日(七月十九日)迄ニ、日本軍隊ハ新民屯、奉天、撫順ノ線及其南方ニ引揚クヘク、露国軍隊ハ三河屯(注：三河屯ハ懐徳ノ東北約六里、長春ノ西北約十一里)、寛城子、八里堡ノ線及其北方ニ引揚クヘシ。

　　四、両締約国ノ各一方ハ千九百六年四月十五日(四月二日)以後、満州ニ於テ戦闘員二十五万人以上ヲ有スルコトナク、又千九百六年十月十五日(十月二日)以後ハ、戦闘員七万五千以上ヲ有スルコトナカルヘキモノトス。而シテ双方ノ撤兵ハ千九百七年四月十五日(四月二日)以前ニ於テ全部結了スルヲ要ス。

　　五、講和条約追加約款第一ニヨリ、両締約国カ満州ニ於テ各自ノ有スル鉄道ヲ保護スル為メ、置クコトヲ得ル兵員ハ一吉米ニ付平均十五名トス。

　　第二条：

　　一、鉄道線路引渡ノ為メニ、両締約国ノ各一方ハ軍事交通部将校及技師ヨリ成ル三名ノ委員ヲ任命ス。右委員ハ西暦千九百六年四月中旬ニ其業務ヲ開始スヘク。其会合ノ場処及時日ハ別ニ協定スヘシ。

二、公主嶺停車場ノ南方ニ於ケル鉄道線路ノ引渡及受領ハ千九百六年六月一日（五月十九日）以前ニ於テ、又公主嶺停車場其北方ニ於ケル線路ノ引渡及受領ハ千九百六年八月一日（七月十九日）以前ニ於テ結了スヘキモノトス。

日本ニ引渡スヘキ鉄道ノ最北点ヲ精確ニ定ムルコトハ、外交上ノ交渉ニ譲ル。

記名者ハ満州ニ於ケル日露両軍総司令官ノ適当ナル委任ヲ受ケ、日本語及露西亜語ヲ以テ、各二通ノ本文ヲ作リ、双方ニ於テ日露語本文各一通ヲ有スルコトヲ茲ニ証明ス。

千九百五年十月三十日（十七日）於四平街停車場之ヲ作ル

日本満州軍参謀陸軍少将　　福島安正

露国満州軍参謀次長　　オラノフスキー　　記名調印

覚書

満州ニ於ケル日露両軍総司令官ノ代表者ハ、本日日露両軍満州撤兵ノ順序ニ関スル議定書ニ記名スルニ片リ、左ノ如ク協定セリ：

両軍ノ配置区域内ニ無関係者ノ入来ルコトハ不便トスルヲ以テ、地方ノ住民ヲ除クノ外、一方軍隊ノ区域ヨリ他方軍隊ノ区域ニ赴クコトハ、両軍官憲相互ノ同意ヲ以テスルニ非レハ之ヲ許サス。該許可ニ関シ相互間ニ連絡ヲ取ル為メ、一方ノ軍隊ハ他方ノ軍隊区域内ニ旅行スルコトニ関スル証明書ヲ交付スヘ

キ。特別ノ司令部ヲ指定ス、該許可ヲ交付スル為メニハ、各一個
ノ場合ニ付キ、当該旅行者ノ赴クー方ノ軍隊司令部ノ同意ヲ得
サルヘカラス。現在ニ於テハ、此司令部所在地ハ双方ノ総司令
部タルヘシ。其所在地ノ変更ニ関シテハ双方互ニ通報スヘシ。

　　　千九百五年十月三十日(十七日)於四平街停車場

　　　　　　福島、オラノフスキー

　　　　　　両少将記名調印

【附件第四号】

　　所有营口洋关所征税项,现归日本国正金银行收存,应俟届撤
兵时交中国地方官查收。至于营口常关所征税项以及各地方捐
款,原系充作地方公共各事之用,亦俟届撤兵时将收支单开交中国
地方官。

【附件第五号】

　　东省铁路合同只载开出矿苗另议办法,并无准俄人在铁路附
近三十里内开采煤矿明文,嗣经外务部光绪二十七年奏明,以附近
铁路三十里为限,并声明三十里以外无论何人开采,该公司不得
与闻。

【附件第六号】

　　日本国全权大臣续加条款拟允拟改如左:

　　第一款:应允照列。

　　第二款:改如下:日本国政府允在东省铁路合同期限内,如在
南满洲即辽河以东各地方修造铁路等事,预先向中国政府商准,以
期维持铁路利益。

　　第三款:改如下:中国允由旅顺至烟台海底电线在借地期限
内作为中日暂行合办,日本专管旅顺之一端,中国专管烟台之一

端,彼此各收报费,无庸划拨。其在南满洲沿铁路各电线照旧存留,但只可传递铁路关涉各事,不准收有费之商报。所有中国在庚子以前原有各官商电线产业,日本政府一律交还中国接管,中国并得以随时扩充电线及邮政利权。

第四款:应删去以及护路兵队所需一切物件一句。

第五款:应改如下:中国政府为居住旅大借用界内华民民食起见,允满洲地方各杂粮得运入借用界内,以资接济,惟不得运出外洋。

第六款:中日两国政府互允于正约及另件条约商定各事认真施行。

【附件第七号】

中国政府为维持东省铁路起见,于未收回该路之前,允于该路附近不筑并行干路。

【附件第八号】

中国政府为维持东省铁路利益起见,于未收回该路之前,允于该路附近不筑并行干路及有损该路利益之支路。

【附件第九号】

中日两国允凡正约暨另件条约所载各款遇事均以彼此相待最优之处施行。

第十二次正式会议谈判笔记

一九〇五年十二月六日下午三时十三分开议

列席者与上次相同，庆亲王因病未到。

小村男爵：今日应就迄今未议妥之条款逐条磋商，如何？

袁全权：可也。

小村男爵：应再次回到大纲第一、第二款，此乃将两条合并为一条之修正案，两位全权大臣已同意大体主旨，惟文案尚未确定，现应就具体文辞进行协商。

瞿全权：关于此第一、第二款，我方不欲将其作为条款列入，惟就主旨而言，我方自当极力达成，此理由在贵全权回访时已详述之，之后亦有说明。希望仍然不列入条款，采取其他办法妥订。

小村男爵：与瞿大臣曾于贵府面晤时，及其后会谈时详谈，其宗旨已了然也。然日本极为重视此条，文辞方面尽可协商后修改，但将其从条约中删去碍难同意。惟可不列入正约，载明于附约亦可。

瞿全权：如此则会公布，一般人等皆可见乎？

小村男爵：所谓载入附约之中。

瞿全权：附约亦仍须公布乎？

小村男爵：然也。

瞿全权：若公布于我方体面而言不可，但我方改善施政本我所愿，确切施行亦表同意，但表现为贵国所迫则不甚体面。

小村男爵：此乃如何表述之问题而已。声明贵国政府自愿进行即非被迫，改为声明自愿之文辞无碍，可就表述进行上述修改。对日本而言，此事为保全满洲极为重要，故文案无论如何修改，只需形式上非迫于日本而定即无碍乎？且前日会议时曾言如将第一、第二款合并为一条，同意其主旨载入条约，即愿意撤回第四款，故若条约内不载明此条，则希望列入第四款，两者之中还望择一载明于条约内。

瞿全权：第四条更难应允，本大臣之意第一、第二款可列入会议节录内。

小村男爵：此事并未记录于笔记内。

瞿全权：细节讨论暂且不论，本大臣不欲将其载明于条约之理由乃他日还须与俄国协商，日前与庆亲王会晤璞科第时，其曾言及所有给予日本之权利，俄国将作同样要求。原本中国与日本利害与共，应尽力改善施政，但若变成应允之条文，俄国亦将对蒙古、伊犁及新疆方面提出同样要求，则将面临极大困难，此困难之处还望谅察。无论如何记载，都同样是协议，故碍难允诺。

小村男爵：此为声明贵国之根本宗旨，故面向世界各国声明亦无妨乎？且不仅满洲，若对蒙古、伊犁、新疆等亦同样有意推行改革，即使俄国有所要求，再作同样声明岂非无妨乎？声明贵国政府意旨所在可有任何窒碍乎？

瞿全权：惟有关于体面之事，尽可能不希望应允。且将来之事，今日我等允让等语实有窒碍。

小村男爵：此并非所谓另外允让，声明贵国政府意旨所在并无任何窒碍。日本甚为重视此点，故为使日本安心，务请列入条约。若不同意第一、第二款，则将第四款列入，撤回本条亦无妨。还请允诺将本条或第四款择一列入附约亦可，希望可应允列入。

瞿全权：我方之意试举一例说明，如谓修缮我家不得受他人干涉，即朝鲜之改善事宜中国不得干涉，此事乃权限有别。故不可允诺将本条列入正约或是附约内，乃相同之意也。

小村男爵：原本并非日本干涉中国之意，惟希望贵国政府表明该宗旨，我方之要求亦决无干涉，惟贵国明言将自行改善即可，决非日本干涉之意。

瞿全权：若自行声明，文字须作相关修改亦可应允，惟列入条约或附约内碍难允诺。

小村男爵：如此则甚是为难，还请决定存留第一、第二款或是第四款。

瞿全权：虽不同意列入条约正约或附约内，但可同意自行声明，修改其表述。

小村男爵：此乃欲列入会议节录之意乎？

瞿全权：然也。贵全权以为如何？

小村男爵：如此我方甚为困难。

袁全权：东三省之事，中国一年来讲求改善之法，必要时又与贵国协商，故改良自当切实施行。此次贵国要求之条件正基于此理，贵国皇帝宣战诏书亦提及东三省独立，且贵国尊重中国主权之宗旨亦已熟知。首先，我方整顿内政乃基于主权之举，然将此载明于条约时，虽是自行声明，但本来为根据两国全权大臣会议商定，并签署成立，仍是依两国全权之意决定之事项。此事载于条约不过是空文而已，还需实际执行，若实际未予执行，文辞再美亦无任何用处。毋局限于条文，仍需期待实行之宗旨，故我方希望采取不载入条约之办法。其次，贵国为了东三省之和平，期望整顿该地方及改善施政自是当然，但如今日本军队驻扎奉天方面，俄国驻扎吉林、黑龙江方面，俄国毋宁不希望东三省之改善。此时本条一旦成立公布，与俄国之期望相悖，将会给吉林、黑龙江带来何种麻烦实在堪忧。

小村男爵：原本即便条约载明，若不实行自属空文。为防止其成为空文，正希望贵国公开声明。一旦作出声明，贵国政府自将背负道义上之责任，相信满洲之改革将更为有效达成。因此，提出本案决无累及贵国政府之意。

袁全权：惟商定本条有损我国主权，故甚为困难。若未施行时将受贵国干涉，即侵害主权，故列入条约内即便为发表声明，亦有损主权，碍难允诺。如允诺此条，诸如德国于山东、英国于长江等各处援引此例，逐一要求作出声明，将大感困难，故希望毋成为他国援引之前例。

小村男爵：若德国于山东、英国于长江之地位等同于日本在满洲，确有被引为先例之虞，但德国于山东身处向贵国索取利权之地位，实为侵略主义，英国于长江亦然，但日本于满洲并非如此。日本身处面对强敌保护贵国之地位，其宗旨截然不同，贵全权不可不了解其中之差异。若贵国将此混为一谈，我方甚感为难。且相信德国、英国亦决不会将此不同地位混淆，并援引此例。

袁全权：东三省之改善于贵国而言，其宗旨重点防御敌国，而我方最为必要者须履行地主之责任进行防御。故此为官民一般之夙愿，亦有种种禀请，此事内田公使亦有所知。惟不希望有损主权,实不便载明于条约内,还望于不损主权范围内进行磋商。

小村男爵:两位全权大臣说明之宗旨已了然也,但如适才所言,日本政府极为重视此条,故希望列入正约或附约内。然若贵国确实施行改革,亦非必须列入条约内。日本政府并无以此约定累及贵国之念,如贵国果能承诺切实施行亦可,甚难列入条约之情形亦已了解,如此则应将其存记会议节录内。

袁全权:我方自当希望尽可能改善施政。大为感谢贵全权体察我方之困难,允诺存记会议节录内。然则应如何表述?

小村男爵:将第一、第二款合并为一声明之修正案已交贵全权。

袁全权:我方希望列入如下文辞。

(将草案交予小村男爵【附件第一号】。)

小村男爵:关于本条,已照我政府训令提出修正方案,训令要求应将其列入条约。然据贵全权等说明,贵国宗旨亦已了然,可允诺退让一步列入会议节录,还望其文辞照本大臣之提案存记会议节录内。

袁全权:条约自当公布,会议节录虽为秘密记录,但将来与条约一同保存,具有同等效力,惟如密约性质。故本大臣之提案如有问题,还望彼此磋商进行修改。

小村男爵:还望按照本大臣所拟文案。既已退让一步存记会议节录内,惟就文案还望照本大臣所请保留。

瞿全权:毕竟为中国作出声明,故希望采取自身声明之表述,文字亦希望以声明形式存记会议节录内。

小村男爵:本大臣所拟方案亦为声明形式。

袁全权:瞿大臣之意为既是中国自身声明,还望协商采用中国提议之文案。若采用贵国之提案,则宛如贵国之声明,难言中国自愿声明。

内田全权:贵全权之修正案与我方所拟方案截然相反,言下之意为满洲为我之物,故可自行决定,任何事外国人都不可干预。正如小村全权所言,日本虽决不干涉,然贵国满洲之施政不当,故引起此次大战,因此若不能多少令日本安心,则与我方之宗旨背道而驰。

袁全权:实则我方之宗旨与贵全权之意并无太大差别,惟列入不许外国之干涉等语而已。当然正是因贵国之劝告才作出如此声明,此为防止将来俄国干涉边境之事,引起麻烦而设,我方自当力行改善施政,但若有他国之干涉将不堪设想,故不可不防。

内田全权:虽然列有种种改善施政情形,但重点在于末段之不许干涉云云,完全恰似为防止干涉所作之声明。

袁全权:然如贵全权所言,日本若行干预,他国亦必干预,为防止此等情况故清楚载明。

小村男爵:末段干预云云将引发日本极大误解。

内田全权:言下之意似完全为防止日本将进行逼迫干涉之意。

瞿全权:但其他部分大体与贵全权之宗旨一致,不知意下如何?

小村男爵:其他部分大体符合我方之主旨。

瞿全权:如此则退让一步将此干预云云字样删去。

内田全权:然我方不认为此乃贵国之让步。

袁全权:然仅删去字句而已。

小村男爵:此外东三省军事平定后之意不甚明了。

袁全权：平定即所谓撤兵。

小村男爵：但军事平定何指不明，若是撤兵之意，希望载明自满洲撤兵后。

袁全权：知悉。

（此时袁全权将文辞修改后递予小村男爵【附件第二号】。）

小村男爵：可也。继而当先磋商第七款内吉长铁路事宜。

袁全权：可也。

小村男爵：之后贵全权就此可有何方案乎？

袁全权：关于此吉长铁路事宜，此前已说明中国之情形，即将来可聘用日本技师，敷设所需物料等均采用招标办法，尽量采购日本产品，希望将此写入协定。

小村男爵：前日商议该问题时，已详述日本政府极为重视此条之理由，其一为议和谈判时，日本允诺以长春哈尔滨段铁路让与俄国作为交换，若日本敷设该铁路，则俄国约定不予反对。既然俄国毫无窒碍，则其可否只取决于贵国政府之决心。据两位全权大臣所称，该铁路之难处在于自造一事已经决定，且户部正设法筹措必要资金，故现时无法更改。然光绪二十八年吉林将军长顺①曾有上奏，因奉旨此吉长铁路需二百数十万两，其中八十万两由户部支出，不足部分由吉林省筹措，其表示吉林省无力筹措不足部分，虽中央政府计划向民众募集股票，但该铁路能否获利尚不明了，募集是否有成效亦不清楚。且该铁路募集股票只作为一支线敷设，预计甚难盈利。故其奏称最终将陷入中道而废，进退两难之窘境。而直至日俄开战，亦未采取任何措施，由此历史可知，并无所谓此

---

① 《日本外交文书》内误记为赵顺，或因"长""赵"的日语读音相同所致。

事已定,经费亦已筹措,敷设已告确定之事。另据外务部复奏,该铁路虽需二百数十万两,但原本该铁路延长线为八十八英里,假设一英里造价八万两,将需六百数十万两。故仅凭该支线,终究无望盈利。因此贵国政府即便宣称自造,实际上毕竟无法做到。首先,需要巨额资金,对此又无望获取相当利益。其次,若仅凭该支线单独经营,不仅无法实现收支相抵,敷设该铁路又不能倚仗东清铁路运输能力之便,即吉长铁路与东清铁路有密切关系,双方合作可得到相当之盈利,单独经营则毫无益处。而吉林将军当时之意见亦与本大臣方才所述相同。第三,若该铁路与东清铁路之间未有连接,东清铁路可采取任意妨碍该铁路之举。故脱离东清铁路单独存续乃颇为困难之事业。

袁全权:其后吉林将军达桂亦奏请敷设吉长铁路并获批准。贵全权方才所称二百数十万两资金用于八十余英里铁路仍有不足之事,本大臣等亦十分清楚,但该线原本并非允准俄国,故并不适用于俄国向贵国移让权利之理。故正如日前中国之提案,倘有款项不敷情事,当先向贵国商议借款。

小村男爵:俄国无向日本许可该铁路之权自是当然,此既非得自于俄国,亦无日本要求之理。俄国之约定为日本将来延长该铁路至吉林时,俄国不作异议。既然俄国并无异议,自可与贵国商定,决非因俄国允准而进行协商,此点还望贵全权了解。

且俄国既然约定无异议,自然他国亦无理由提出异议,总之俄国既拥有东清铁路北部,就敷设吉林线亦有提出异议之口实。然俄国既表明不反对,他国自不会有所异议,故接受日本之要求对贵国而言应无困难。日俄和谈所定协议亦注意不对贵国造成困扰。

袁全权:吉林将军已两次上奏并得到批准,故我等两人碍难作出有悖于谕旨之决定。我方修正案内自办之语乃奉上谕,第二段内不敷部分向贵国商借应无碍,为与贵全权之宗旨相符拟成此提案也。此外,铁路管理人员可聘用日本人,材料亦可通过招标办法尽量从贵国采购。

小村男爵:光绪二十八年吉林将军之上奏与外务部之上奏已有阅看,贵全权称之后又有达桂将军之上奏及对此之谕旨,此大概为何时之事,若带有相关文书还望见示。

瞿全权:现未携带,明日当能交贵全权阅看。

小村男爵:明日亦可,望阅看以作参考。

瞿全权:户部之八十万两已经开支,袁总督业已请求派遣技师进行修筑测量事宜。

小村男爵:无论是光绪二十八年长顺将军之上奏,还是其后将军之上奏,皆为日俄开战前或是开战后重现和平前。然此间既有战争,满洲之形势为之一变,故不管何种上奏或指令,必须要以新办法应对因战争而一变之形势。因此,即便针对上奏时形势而批准,情况既已发生变化,必须因势利导,寻求因应之法。迄今之上奏或批准,决定于满洲前途尚不分明之时代,今日以日本之兵力,得以保全满洲,毕竟日本为维护其宗旨而战,亦为此而和,故媾和以前之措施仍欲完全保留之举,实难理解。不论贵政府就该铁路将签署何种协议,既已发生须变更之情状,故若两位全权大臣无法决定,还望贵政府内部先行充分讨论,再奏请批准,以副日本政府之期望。

瞿全权:当然我国政府亦考虑因应形势之变化,正进行种种磋商。然此事户部已准备支出资金,且袁总督已派出委员进行调查,就如何处置之办法进行诸般考虑后,才拟成之前之方案。

小村男爵：如最先所述，此前已到了战争之结果将左右满洲是否得以保全之极限阶段，然依靠日本之力终决定今日之保全。对此还望须充分谅察日本之期望所在，谋求妥协办法。如前日两位全权大臣所言，仅聘用我国技师终究无法同意，迄今所定之事均在日俄战争之结果尚未有分晓之时，故还望再次斟酌研究以副日本政府之期望。然日俄战争前或战时，如吉林将军上奏中清楚表明，贵国就吉长铁路所采取之措施并非认为该铁路为必要，而是完全作为防俄之策略。现日本之兵力已能维持满洲安全，考虑到日本之尽力及日中两国之敦谊，贵国以对待俄国之相同办法防备日本，本大臣甚感遗憾。

瞿全权：如贵全权所言，其宗旨既有防俄之意，亦有我方自办之意。我方之考虑与磋商安奉铁路问题时所述相同，且新奉铁路碍难允诺之困难理由，其一为与英国公司之关系，其二为谒陵之关系，故种种困难下拟成之案即适才所述变通办法。

小村男爵：敷设吉长铁路办法之宗旨完全正是防俄策略。

瞿全权：宗旨上原本主要为防俄，此外吉林为吉省首府，铁路亦有必要自办，故吉林将军之上奏两次均获批准。对此政府现无法奏请作出变更，此点还望谅察。

小村男爵：两次批准皆是满洲之命运前途未卜时作出也。

内田全权：因上奏两次已得到批准为由，难以应允我方要求云云，实不解其意。原本我等全权之权限非如此狭小，遇有为两国利益之事，自应深入磋商。若非如此，则无秉承大命之价值。甚至让渡与俄国有条约之租借地岂非早已决定乎？仅以贵国内部已上奏批准之类为托辞，并无不可讨论之道理，我等商议之事均需上奏后成立，故须以大局为重，详细奏明其理由，接受皇帝圣裁即可。

且第七款内安奉及新奉、吉长铁路事项，乃应贵国之请方便起见分为三部分商讨，于我方而言为不可分割也。原本此皆为军事关联事宜，对于日本动员如此大军，付出极大牺牲一事，贵国应承我方要求本非难事。此条分为三部分，故看似提出诸多要求，但三者相加仅为三百二十八英里，所提要求决不过分。此等情形望请贵全权体察，应允我方要求。

袁全权：比较上述三段铁路之各自距离，安东至奉天段最长，其他两处最短，故贵全权之希望为向贵国让与十分之六有余，仅十分之三有余留于我方。双方协商必须公平相待，其中最长部分已向贵全权作出让步。贵国付出众多伤亡及巨额军费之事，我方不胜铭感，亦深为惋惜。然贵国以此战结果位列世界第一等国家，于韩国独占所有利益，又自俄国获取众多利权，与此三大利益相比，该铁路之事于贵全权视之岂非不入法眼之小问题乎？此外，以我方之情形，本来将军一职为地方上最具权势者，对于拥有此权力者两次上奏获准之事，我等即便身为全权，碍难奏请变更。现既难以立有定论，仍应待明日再行商议。

小村男爵：可也，则明日再议。但即便如贵全权所言，该铁路距离不长，且贵国已在距离上作出十分之六有余之让步，只是本来问题不在于论距离之长短。日本之所以重视吉长铁路，缘于此乃日俄媾和条件之一，俄国既对此无异议，只需贵国允诺日本立可修筑。该铁路之必要性不亚于安奉铁路。众所周知，战争时制敌机先，可迅速向对方出兵者将赢得胜机，鉴于此必要我方意欲不计损益敷设该铁路。日本政府即出于以上两个理由极为重视该铁路，故此等情形望贵全权多加斟酌，以副日本政府期望为盼。今日暂且讨论至此，俟明日答复后再定是否续议。

（下午五时四十五分散会。）

【附件第一号】

中国全权大臣声明：自愿俟东三省军事平定后，即将平定地方按自治全权妥筹经理，以期治安。并按自治全权在东三省地方兴利除弊，认真整顿，使中外民商得安居乐业，同享中国政府妥实保护之益，至应如何整顿办法，悉由中国政府自行酌办，不许外国人稍有干预。

【附件第二号】

中国全权大臣声明：自愿俟东三省日俄两国撤兵后，即将撤兵地方按自治全权妥筹经理，以期治安。并按自治全权在东三省地方兴利除弊，认真整顿，使中外民商得安居乐业，同享中国政府妥实保护之益，至应如何整顿办法，悉由中国政府自行酌办。

第十三次正式会议谈判笔记

一九〇五年十二月八日下午三时三十分开议

列席者与上次相同,庆亲王因病未到。

(两国全权大臣于会议节录第二号、第三号、第四号、第五号画押。)

瞿全权:前日贵全权称希望阅看达桂将军之奏折,今日已携来,此为省略前文仅誊抄重要之处副本也。

(此时瞿全权将副本递予小村全权【附件第一号】。)

小村男爵:多谢。关于吉长铁路事宜,前次会议贵全权称将商酌后再行答复,不知可有方案否?

袁全权:昨日就此事政府内已进行妥慎商酌,其结果仍无特别良法,但将前日之意见详切拟添。如贵全权所述,本铁路之工程费用实际需要六百万两以上。中国所拟预算两百万两,为三分之一,不敷之资金果能筹措否尚不可知。故如前次提案所示,不敷之资金可向贵国贷借。且依贵国宗旨,该铁路之目的在于防御,中国可聘用贵国技师,如此便于贵国了解采取何种举动。而铁路业务联络亦将商定不有损贵国之铁路,且敷设所需料物将与汉阳铁厂之产品及他国产品比较,日本料价低廉或是相等时,可向日本商家订购。如此既可达成防御之目的，对双方亦为最佳选项，故经再三讨论拟成此案。

（此时袁全权将修正提案交予小村全权【附件第二号】。）

小村男爵：此与日前贵全权主张之方案相同，并无差别。

袁全权：然也，并无大差。中国国内既已有地方官奏请获批，不可将其全盘否决，故斟酌后拟成此便宜之法。昨日贵全权曾声称中国自办是为防止俄国提出要求，而试图用同样办法对待日本，从本提案可知中国并无此意。此为向日本示以让步，即使俄国有所要求，亦可表明惟此乃不可退让，故两者差别甚大。

小村男爵：此条与日本所期望相差甚远，实难应允。本问题彼此尚须考究，容暂行搁置，改日再议。

袁全权：亦请贵全权考量中国公务及国体方面尽量可行之办法。

小村男爵：可也。大纲第七款尚有一问题未定。

袁全权：此为小问题。

小村男爵：非也，此乃重大问题。关于新奉铁路，本大臣日前提出折衷方案，但协商未达成一致，之后对此问题贵全权可有新方案乎？

袁全权：如前日详述，该铁路与中国皇室关系綦重，贵全权之提案碍难允诺。中国已在安东至奉天距离最长之铁路问题让步，以副贵国期望，就此短途铁路还望允诺由中国自设。至于辽河以东两国铁路之连接，可聘用两名贵国技师担任其责，联络方面当不成问题。我方至此多有让步，已不能再退一步。

小村男爵：此等程度之让步，与吉长铁路同样难以满足日本之希望，故碍难应允。还请贵全权再行熟察，此条亦应缓议。

袁全权：知悉。

瞿全权：惟我方实无较此更优之法。

小村男爵：继而为大纲第十款渔业权问题。

瞿全权：然也。

小村男爵：此条两国全权大臣之意见亦有分歧，故暂作缓议。

瞿全权：知悉。

小村男爵：续议贵全权之拟增条款，即第一条铁路护路兵问题。此条数日来迭经商酌，贵全权之宗旨已了然也，之后可有新方案乎？

袁全权：本条亦经政府内部充分商讨，外国士兵驻留关系地方治安及人民安否，故对中国而言，为关乎国家之重大问题。且与俄国协定之铁路条约内亦未允诺，数日来政府内商酌之结果，现拟有此办法。

（此时袁全权将修正案递予小村男爵【附件第三号】。）

前一段说明中国之主旨，后一段参酌贵国之提案也。

小村男爵：众所周知本问题与俄国有关，牵连日、中、俄三国间关系，故只凭借日中两国商订，并无任何效力。

袁全权：如此于会议节录内载明，将来俄国若不允诺此条，则不予实行，如何？

小村男爵：此乃将该条全文存记会议节录内，且载明俄国若不允此条，不予实行之意乎？

袁全权：欲将全文存记条约内，将俄国若不允，则不予实行之语载入会议节录内。

小村男爵：本件如两位全权大臣所知，经日俄两国磋商两次已然订妥，故不与俄国磋商，只由日中两国商定，乃日本政府不可为之问题。

袁全权：此具体指哪一点？

小村男爵：撤兵期限及铁路护路兵之事，业经两次日俄间协商确定，故日中之间协商终究无法变更。

袁全权：但我方仅希望尽可能缩短撤兵期限，并非由我方决定期限。护路兵一事亦与俄国公使谈及，其曾允诺若巡警队则无妨。

小村男爵：所谓巡警队只是名称改动，实质未变。

袁全权：即便仅名称改动，较之士兵更为体面。

小村男爵：璞科第个人之意见尚不了解，俄国政府整体意见及军方之考虑于朴茨茅斯和谈及满洲日俄两军总司令会议上已有充分了解。

瞿全权：此事为璞科第于外务部向庆亲王及本大臣所言，其称非个人意见，向俄国政府亦提出如上建议。之后向唐会办亦作同样表示。

小村男爵：然此事日俄之间已经订约，若俄国提出交涉之请，日本自当与之协商，但不可由日本提出更改。因该问题涉及俄国，还请贵全权再行考量有无不致影响此层关系之协定办法，此条可先行搁置。

瞿全权：虽确实涉及俄国，总之中国为地主，此事关乎之前宣布未经中国允诺之权利决不承认之声明，此为所拟方案之基础。

小村男爵：地主之说连日来曾屡次提及，贵国虽为地主，但亦须明了满洲为日俄两国交战之区域。

瞿全权：然战事既已告终，岂非应恢复原状乎？

小村男爵：战事虽已终结，但仍然必须承认此处曾为战地之事实。且满洲乃靠日本之力夺回,根据日本之意见延长撤兵期限,或是多定护路兵人数皆可任意而定。若不能首先充分了解现今之条件出于日本极力争取之结果,则无法磋商。

瞿全权:此事我方虽亦须考虑,但贵国曾宣称无论战时还是战后,决不侵犯中国主权。

小村男爵:本来日本即无损害贵国主权之意,若以侵害为宗旨,则任何协商皆无从谈起。

瞿全权:贵国当断然不至于有如此之举。

小村男爵:然也。正是抱有不侵犯主权之念才可协商,如无此考虑最初即不予相商,按日本之意随心所欲行事矣。

瞿全权:此应是各国环视之下,贵国出于如此行事关乎贵国名誉之考虑也。

小村男爵:总之铁路护路兵一事已知悉贵全权之意,还请仔细考察有否与俄国所约不致有何牵涉之良法,可容后再议。

袁全权:感谢贵全权厚意。

小村男爵:续议贵全权拟增条款第三条。

内田全权:关于本条,因贵全权曾称欲了解日本占领区域而呈上地图,尚未闻知贵全权对此之看法,不知迩来有何方案乎?

袁全权:贵国所呈两国占领区域图及福岛少将所定撤兵顺序议定书业已详细阅看,据此本大臣以为撤退期间过长,撤退距离甚短,且极为迟缓。然土地之人民饱受兵燹荼毒,又苦于土匪侵扰,故若派兵避免前往日军驻扎之处,而赴无日军处征剿土匪,既可救百姓疾苦,亦可挽回生产力,增加生产物,同样有利于贵国军队。之前俄军驻奉天及现驻吉林、黑龙江等地,即便清军前往该处征讨土匪时,俄军不仅毫无不满,反而襄助我等,故希望贵国方面在日军占领地几十里之外亦可让我方派兵救民于水火。须声明者我方虽为征讨土匪,但非派出大军,顾及两国交谊及两国武官之亲密关系,特决定为少数部队。若大部队或有不便之处,数百人左右至千人以下当无大碍,应不会招致贵国猜疑。

内田全权:占领区域内撤兵颇为迟缓一事,乃因两国军事当局者预判形势后所定之最优办法,大军对阵须将军备、粮食等均运往前线,而整顿此等物资甚为困难,自当花费众多时日。因此前线进展颇为迟缓,至后期可极为迅速整理,故最终需十八个月完成。

其次,贵大臣所称满洲百姓疾苦等语,仔细思量当知事实并非如此。战时诚然炮火交加时百姓多受其苦,但实际两军均花费巨资,百姓亦从中获取极大利益。现已实现和平,两军相对驻扎,未再给百姓造成苦难。贵大臣意欲出兵征剿土匪,实际上占领期间保障该地安宁为占领军之责任,贵国派军队前往该地时,将有彼我权限之争,致生冲突之虞,反给民众等带来纷扰。因此本大臣等体谅贵大臣之考虑在先,拟成一修正案,即日军撤退之地将逐一通知贵国,由贵国派兵前往该地,占领地如由日军保护,可维持秩序,彼此皆有便宜之处,故还望贵全权仔细考量该方案予以允准。

袁全权:征讨土匪为地方政治之一端,故中国自有其权。土匪一时聚集百人或八十人之众即作恶祸害百姓,若日军前往讨伐,即作鸟兽散,或混入百姓之中,孰为土匪孰为百姓,客军因语言、情形等不明难以辨别,故良民亦有受苦之不测。而彼我军队权限冲突之事,如相距现驻军处十里左右时则无此等担忧。且于远离军队之处施以行政,亦无招致贵国猜疑之理由。如昔日联军驻扎北清时,驻地六英里以外由中国自行管理,六英里以内不得进入。当时联军之干涉尚且达如此程度,然今日贵国为友邦,自中国租借之东三省划定战地区域,允许中国派兵至区域之外应无窒碍。

内田全权:贵全权所言讨伐土匪为地方事务,此乃明显对占领地之意义缺乏了解。占领军拥有最高权力,地方官亦隶属其管辖。本来日本既占领满洲,无疑即拥有占领权,地方官之吏治性质上亦隶属此。而所称土匪聚众百八十人,一旦征讨即四散,颇有困扰之说,当下日军对占领区域内之事,下至各村,诚比贵国军队了解更深,而贵国不派大军,辽阔土地内如派至土匪藏匿于何处实难推测之地方又无实效,反而不如委托日军更为安全。至于援引联军之例亦有大谬。联军旨在救援北京使馆,只需守住铁路线,其他归还中国自无窒碍。然日俄战争目的全然不同,日军现在满洲作战,因此接收地方行政,除铁路线以外,山间野地均须占领,实质上与联军之例完全不可相提并论。

袁全权:适才贵全权所称占领权,战时虽有该权力,但战争结束所谓占领亦告终结,其权力自当消灭。至于地方土匪,如匪徒人数众多当由日军讨伐,如只是少数自不能一一征讨。现奉天方面已有日军无法顾及之例,事实上贵国军队无法兼顾一众五十人之土匪,对此清军则不在话下。两国既为友邦,故占领结束时自与战时不同,如不采取友善行动将甚有困难。且百姓一向深受土匪之苦,战时虽力有未逮,但战后亦必希望由清军前往征讨,予以保护。然贵国身为友邦,如战争结束后仍不允许清军征讨,彼等亦难以安心。而所称与联军目的有别之事,原本联军有借机生事之嫌,尽管如此但对中国尤属宽大,然日军反而有严苛之感,故极有必要早日令东三省百姓安心。若非如此,百姓失望,将反而因日本占领军受苦,故还望日本采取较联军更为宽大之措施。

内田全权:贵全权所言战争终结即占领结束乃大有误解,占领应持续至撤兵结束,占领期间日军自有维持治安之责任,他国军队如欲至该处尚有归还占领地区之情况。此并非是否归还占领地之讨论,而是已定撤兵期限,经十八个月撤兵结束后自可由贵国自由处置。撤兵未完期间即为占领地,维持占领区域内治安即日本之责任,日本为避免与贵国发生冲突,提出俟撤兵结束即行通知,决非与联军相比宽严程度之问题。更何况日本并非永久拥有占领权乎?

袁全权:俄军占领满洲时,彼对吏治未置一词,此次我方亦碍难允诺将吏治权让与日本。此次提案只是于日军驻扎之处设限,不可进军而已,仅于无日军驻扎之处施行吏治,难以允诺完全将吏治权交予日本。

内田全权:非也。现日本施行吏治之处亦尽可能委任中国人,惟原则上占领权高于地方官之吏治而已,非军事上必要之事务亦尽量交由地方官处理,日军并非随意插手任何有关贵国吏治之事。

袁全权:日军之主要目的为防俄,土匪与日本并无关系,故设定十里或八里不可靠近日本军队之距离限制,除此之外区域归由地方官自治亦无窒碍乎?

内田全权:此指派兵之事乎?

袁全权:然也,即由我方征剿土匪,但非派遣大部队。

小村男爵:日本之撤兵并非一时,而是分为三期,每期撤兵后解除占领时通知贵国,则该区域可任由贵国出兵。然未解除占领状态地区,维持秩序安稳乃日本政府之责任,此责任当由日本履行,无须劳烦贵国军队。如此日军未解除占领期间,维持该地区治安为日军之责任,如借助外国军队之力,则无法履行该职责,实际上将被视为日军之疏忽,故不可采取上述行动。贵国维持秩序安稳之责任不在日本占领地,应在其撤兵地区即解除占领地区全力履行此责任。而所谓贵国派兵者,原本就对贵国军队人数有所限制,故与其派往日本占领地区内进行协助,不如派往解除占领地区尽责更为重要。虽然贵大臣认为恢复和平后应立即解除占领,但事实并非如此。即使战争终结,占领附带之权利将存续至撤兵完成时,此亦为各国所公认。现日本占领地内不准外国人进入,且除营口以外不准设外国领事,外国人之旅行尽管贵国与外国之条约允许,但日本依然禁止,此等措施外国政府亦都予以承认,故战争终结而占领并未结束。日本在完成撤兵之前拥有占领地之权利及义务,其义务之一即维持地方治安,假如不从满洲撤兵,维持秩序为日军之责任,即抱着如此信念行动。因此,战争虽已结束,并不意味着立即解除占领。而我方之修正案已尽量满足贵全权之期望而拟成,故本大臣无法再作让步,还望予以同意。

袁全权:总之中国作为地主及友邦,贵国不应以外国或敌国相待。若撤退期限短,或一次撤退数百华里,我方当无任何窒碍,惟此次议定书约定一次仅撤退数十里,期间中国无法自卫,并由贵国军队行使占领权,且不止在奉天省,俄国于吉林、黑龙江二省亦同样如此,我方之困难不知伊于胡底。我方希望贵国以友邦相待,此为担忧俄国之故。方才贵全权担心我方限制兵数,故分兵或有不足,但我方为分兵讨伐土匪所派者均为一百、二百之少数兵力,并非减少我兵力之意,故当无窒碍。贵全权提案中撤兵后由中国接收乃当然之理,此事不可或缺,不应强称之为让步。

小村男爵:然也,此为日本正式通知,明示撤退地区之主旨也。

袁全权:此事即便无此条,仅执行其手续亦理所当然。

小村男爵：此不过是制定手续而已，如不明示撤退哪一区域，地名等不甚明了，两国军队有或生误会之虞，此乃预防之举。

（此时袁全权向瞿全权表示应予以让步，瞿全权则称应断然拒绝。）

内田全权：适才贵全权所称地主之论或将中国视为敌国等语，日本自然决无侵犯主权或以视之为敌国之意。惟大战之后如此行事乃当然之结果，贵全权等不可抱有宛如无此次战争之想法。此等事宜无须反复相互辩驳，撤兵完成前全部交由我方，还望从大局考虑。实际上大军从前线撤退通过各地方时，中途遇有贵国为征讨土匪而派出之少量兵力，彼我争夺权限，反而会酿成冲突。若考虑到如此情形，当不至于发生此等权利相争之问题。

袁全权：出于与贵国之敦谊，中国未将日本视为他国，如土匪为大部队之众，自当由贵国军队征讨，但对于小部分土匪，贵国军队或有不甚所长之处。惟担心百姓或对贵国产生不满，故对于贵全权之提案，现应依照我方意见作若干修改。

小村男爵：可也，如有方案还请示之。

（此时袁全权进行修改后交予小村全权。）

（其修正案经讨论后又作修改，最终定稿为附件第四号文案，而该修正案因中国全权大臣撤回未存留记录。）

袁全权：原案不作丝毫改动，仅于末段添加此节，即我方吏治权断不可相让，有土匪时可派相当之兵队，无土匪之处则不派兵。

小村男爵：维持占领地秩序为日本之责任，自当尽心竭力执行。本大臣惟恐现日军驻留各地，且自北方逐渐南下之际，限定一定之距离有困难之处。若照贵全权方案，反而有损两国交谊。众所周知，兵乃凶器，切实担心凶器之间将起冲突。限定一定之距离甚为困难,万一贵国士兵有必要进入时,由该地之日军总司令与贵国地方官协商而定即可,但相距一定距离时,日军始终在移动,故有冲突之虞。为两国敦谊,此事不可不防,应由贵国地方官与该地日军总司令协商最为妥当。

袁全权:日本军队与清军当无冲突之可能,若无土匪亦不必派兵,正因有土匪才提议派兵。而地方官与日本总司令应行协商之事望存记会议节录内,此乃不欲俄国知晓之故。如俄国得知,恐吉林、黑龙江地方亦采取同样措施。

瞿全权:我方提案全文列入条约之内,协商之事不欲外界知晓,故希望存记会议节录内。

袁全权:不仅与贵国,与俄国订约时亦希望如此。

小村男爵:然在此处作结,协商等语存记会议节录内。

袁全权:此与联军时采取同样办法,内田公使曾亲历此事。

内田全权:当时极力促成。

小村男爵:二十华里不甚准确,改成英里如何?

(唐会办说明二十华里即六英里。)

袁全权:希望改为地方官向日本总司令知会之语。

小村男爵:知会不妥,应使用协商。俄国方面若不事先协商即行派兵,不仅不会允许,或有被袭击之可能,届时将引发事端。对于俄国,有必要同样与日本使用协商。

袁全权:征讨土匪一事,俄国并无异议。

内田全权:如此则更无窒碍乎?订明与日本协商,对俄国任意行事亦无丝毫不可。若需援引前例,岂非有必要进行协商乎?

袁全权:如订明须与日本协商,俄国方面亦向我方提出同样要求则颇为难办。

瞿全权：俄国日前声明须照日本同等条件订约，对贵国虽可信任，但对俄国决不可信。

小村男爵：然则此条款仍然保留，至于派兵时应由地方官与该地日军总司令协商之语存记会议节录内。

瞿全权：会议节录应当双方均秘不公开。

小村男爵：本来如此。

（此时袁全权书写存记会议节录草案后递予小村男爵。）

（因此案被废弃，未存留记录。）

小村男爵：保持一定距离旨在预防冲突，可将此意列入本条之附加条款公开也。

袁全权：可也。然会议节录之文案可否定为须事先知会，如不可贵全权可提出异议。

小村男爵：不可，知会一词意义不明，会议节录既秘不公开，应明确写明协商无妨。

袁全权：商酌一词如何？

小村男爵：可也。

袁全权：则将其列入会议节录乎？

小村男爵：然也，其以下部分可删去。

袁全权：甚是，此不必要也。

（小村男爵命抄录商定之文辞，由高尾亨书记生抄录【附件第五号】。）

内田全权：续议贵全权拟增条款第五条。此条既已列入附约，我方本欲删去，但贵国称希望商定营口、安东县事宜，如载入条约可完全照贵国方案，如存记会议节录内可列明详细，现仍未有定论。

袁全权：正是。

内田全权：经我方详察，此条列入条约亦无妨，惟有一处不明。为弄清此节，如修改文字可列入条约，即结尾处应由中国官员妥商厘定等语。此处与谁妥商并未明示，故改为由日中官员协商，照此列入条约亦可。

（此时袁全权将草案递予小村男爵【附件第六号】。）

小村男爵：如此即可，尚剩下二三条，待明日再议如何？

袁全权：应明日续议。

小村男爵：今日已决定两条，大有进展也。

袁全权：昨日休息一日，今日效果甚佳。

（下午六时三十分散会。）

【附件第一号】

吉林将军密奏自行筹款修造吉长铁路节略：

案照由吉林省城至长春铁路，前因俄人于修竣东三省铁路后，希冀接展，屡以为言。前将军长顺因恐利权旁落，曾于光绪二十八年六月间密折陈奏，请专归中国自办。钦奉朱批：外务部议奏，钦此。旋经外务部议覆，此段铁路筹款自筑约需工费银二百数十万两，应请旨饬下户部先筹的款银八十万两以为基础，不敷之数即由吉林就地筹集华商股分，并准户部议令将吉省自筹暨招集商股之一百八十万两，办有端绪，奏咨到部，再由部将筹备银八十万两拨给，先后覆奏。奉旨：依议，钦此。钞奏咨行到吉，钦遵在案。现在日俄和局已定，自应赶紧筹款自行兴筑。而款巨工繁，原定二百数十万两尚难敷用，因思关内外铁路现均归北洋大臣袁世凯督办，可否请旨饬下该大臣，遴派知工之员来吉，先行勘修，由吉林将军督同妥为布置应需之款。户部前既允拨银八十万两，应请旨饬下户部迅速筹备,吉省亦不派员赴领,将来即兑交北洋大臣为就近购备火车头暨铁轨之用。凡为吉林所不能承造者,悉由北洋代购,约计八十万金所差无几。木料为吉省出产,取用不竭,一面劝谕绅商招集股分,并于银圆、官帖两局余利及各公款内先其所急筹拨备用,分年酌提,可勉敷凑拨工用,不致竭蹶,俟将来商股集有若干,再行分别官商划还,以清款目等因。于光绪三十年十月十六日奉朱批:外务部知道,钦此。

【附件第二号】

由长春展造至吉林省城一路,应由中国自行筹款筑造,如须贷借洋款,可先向日本政府贷借。中国自造亦可延用日本工程师以资襄助,所需料物如日本料价与中国暨他国相较计数减少或相等,亦可向日本商家订购。

【附件第三号】

拟改请增第一款:

中国政府为维持东方永远和平起见,视日、俄两国所订十八个月撤兵之期为太缓,应请日本国政府将现驻军队设法减期撤退,愈速愈妙。

中国政府为保全主权、治安暨担任保护铁路之责,所有东省铁路应由中国自行设法竭力保护,日本留驻护路兵队未经中国允许,应请概行撤退,并将该铁路仍交由中国保护。

日本国政府声明并非长久留设护路兵,且甚愿名数从少,但满洲地方现未布置妥协,为保护日本国人命产业起见,暂留巡捕若干名,专为保护长春至旅顺口铁路之用,毫不牵碍中国地方治理之权,亦不擅出铁路界限以外,并承允俟满洲地方静谧后,所有外国人性命产业中国自能保护,日本国立即与俄国同时将此项巡捕队一律撤去,至撤去之期至迟不逾撤兵后十二个月。

【附件第四号】

日本军队未撤地方倘有土匪扰害闾阎,中国地方官亦得以派相当兵队前往剿捕,但不得进入日本驻兵界限二十华里。

【附件第五号】

中国地方官在未撤兵地方派兵剿匪,须先商酌日本驻扎武官,以免误会。

【附件第六号】

所有奉省已开办商埠之营口暨虽允开埠尚未开办之安东、沈阳各地方,其划定日本租界之办法,应由中、日两国官员另行妥商厘定。

第十四次正式会议谈判笔记

一九〇五年十二月九日下午三时十二分开议

列席者与上次相同,庆亲王因病未到。

内田全权:今日续议贵全权拟增条款第六条。

袁全权:可也。

内田全权:关于本案,贵全权应有答复,不知可有方案乎?

袁全权:还未拟有成案,应与贵全权商议后再定。贵全权方案虽称务速饬令,但如不明示期限我方甚是为难,故希望订明为两个月或是三个月左右。

内田全权:如日前所说明,时至今日终进入开始撤兵时期,故在此无法明定期限,应俟小村大使回国后尽快确定,此点还请贵全权允诺。

袁全权:去年中历七月时分,内田公使曾就占领营口答复外务部称,营口因军务关系及占领后时日尚浅诸事未有端绪,希望暂缓派遣地方官。暂缓为一时之事,故认为不会太久,事到如今已是一年后,允诺派遣地方官自应是当然之事。且去年六月曾就营口事宜照会驻天津总领事伊集院(彦吉),其回复称军事以外事务日本政府虽希望尽可能交由地方官,但无法立即付诸实行,故应商妥后再行答复。

内田全权：方才所述本公使之回答如贵全权说明，当时确实希望尽快令贵国道台赴任之意，但之后随着该地施行军政，因战时有必要对俄国人严加取缔，又因其他状况使得推迟贵国道台赴任更为适宜。此后八月贵国一度催促此事，但我方只反复解释前述原因，之后再无收到贵国催促，我方亦因诸般需要故一直搁置。然今日战争已经结束，又启动撤兵这一新事业，如变更迄今之组织将有不便，故无法立即允诺。然恢复和平，营口全部归还贵国之时，亦希望道台可从速赴任，我方之宗旨已体现在该方案中，还望贵全权知悉。

袁全权：当时为战时，各地日本军政官终究不希望将地方事务交还我地方官员，此点本大臣多有了解，亦知悉军事上运输军粮及取缔俄国密探有所不便，故作为友邦明白即便再三催促亦只是往来照会，当属徒劳，因此未再行催促。然今日战争既已结束，撤兵之时期亦与当时大为不同。当时所称暂缓地方官赴任仅是一时，现已逾一年，而如今又称将务必尽速，又再等一年以上或未可知。且营口为中国之地，尽管各国领事等均驻此地，但无中国地方官岂非甚为不便之奇状乎？贵国亦不以为奇耶？

内田全权：此等情形多有察知，故允诺务必尽速。所谓尽速即尽可能从速，此前因战时之诸般情况已作说明，现虽与战时不同仍新有别情。若信任本大臣等，必定于撤兵前实现，故决无有意拖延之举。确定期限一事若不与军事当局者协商则无法推进，此点还望谅解。

小村男爵：此条约决定之期限事宜，应与军事当局商议后尽快推行。本大臣返回日本后将立即与相关官署协商尽快实行，但在此终究无法承诺具体时期。

袁全权：本大臣等充分信任贵全权等所述，惟之前声称暂缓现已逾一年，现又称尽速但无确定时期，故见者实难有所期待。因此难以照此决定。

小村男爵：原本去年占领营口，当时日本政府旨在所采取军事行动尽量不介入满洲之行政，故承诺如事态允许营口地方官亦可从速派驻。然去年自占领营口以来，大量外国船舶往来，故恶疫流行，我当局极力扑灭，虽历经困难终有成效，幸而未波及满洲。若非如此，一两个月内将折损数万士兵。营口外国船舶往来频繁，为预防及消灭疫病，宜采取军政措施。而营口军事上之重要地位于战时感受日深，故直至今日仍维持现状。因现今仍有大量军队驻扎该地，故军队卫生最为受到重视。

然而去年占领时与今日之情况大有不同。去年占领以来，营口重要性不断凸显，即军队增加，军需品之运输亦随之增加，营口地位之重要性不断提高。今日为撤兵日常进行大量运输，此并非如占领当时每日增加，而是每日减少其数量，则重要性亦相应降低，即与去年完全相反。故此次相较于当时之困难更易于协商，应俟条约签订后立即磋商，但此时断难立即确定期限。

袁全权：贵全权所言预防恶疫一事，联军驻天津时本大臣亦尽力严防，仍难轻易根绝，之后本大臣任职直隶以来，采取严密措施，竭力完全扑灭，终告奏效。三年以来均无疫病，若信任本大臣，该扑灭办法较联军更为简单，实效明显，故如日前所作声明，我方于营口将尽十二分之力，必要时可聘用日本医师，地方官亦全力协助贵国军政官。且如之前所言，所任命官员将甄选可与日本军队协同配合之人物，而预防事宜方面，中国人之管理可由中国官员负责,较双方语言不通之日本军队更为方便。如派遣上述人物,将有助于日军,决无窒碍。故期限之事如不能于条约内载明,存记会议节录内如何?

小村男爵:此事自最初已屡次申明,确定期限一事实难应允,如可允诺,条约款项或会议节录内皆可。虽为无妨大碍之事,但事实上难以允诺。故条约正文内仍保留原案,可将日本全权同意条约缔结后立即磋商确定期限事宜等语存记会议节录内。

内田全权:贵全权所言此前照会称暂时但已逾一年,现今又称务必尽速,尚需多久仍未可知,此乃两者情形全然有别之故。当时回复时之考虑,因周知之情形不允而未能实施,今日随撤兵之进展营口重要性逐渐降低,故可以实行,此解释无论如何都在情理之中。而本国土地上驻有各国领事,却无地方官赴任一事不甚体面之语,此乃战时已无贵国地方官,但各国领事尚在,故现今并无不甚体面之处。

瞿全权:此乃我方意欲赴任,而贵国不允也。

小村男爵:此文案若有不完善之处,则不将全文列入条约,将其详细修改后列入会议节录内如何?

袁全权:如无期限,仍为同样之结果。

小村男爵:如方才所述,此处无法确定期限。

袁全权:务速之语为何意?

小村男爵:如条约签订,应先就期限及防疫法等事项如何进行拟订方案,迅速磋商,待商定后立即实行。即便贵国地方官前来赴任,事实上亦无法立即着手防疫等事,多少会有过渡时期。如因交接时预防手段出现疏漏,导致疫病发生传染波及内地,将难以收拾。日本政府对此最为担心也。

袁全权：防疫事宜此前已有天津之经验，且日本医师众多，故应如何处置现在即可商议。

唐会办：所谓从速乃此意否？

（书写 as soon as possible 示之。）

内田全权：然也。

小村男爵：As soon as possible or with the least possible delay.

瞿全权：营口以外亦有众多贵国人民，其他各地亦有同样关系，然为何只重视营口？

内田全权：现在所谈营口之事，因营口为军队之关口也。

瞿全权：地方官绝无妨碍运输及卫生之举。

内田全权：并非妨碍。日本并非拒绝贵国地方官赴任，惟现今刚开始运兵，故难以确定期限。我方希望贵国地方官从速赴任，可在运兵期间与军政官进行协商。

瞿全权：是指名为文韫者现不可出任道台乎？

小村男爵：非也，并无此意。贵国政府选定之人我方将欣然接受。

内田全权：惟临近派遣时，还望提前协商，营口驻有各国领事，与彼等之关系等亦望事先协商。

瞿全权：可也。

内田全权：若非如此，贵国地方官将面临巨大困难。

瞿全权：无论如何，此事如照贵全权方案商定，传至外界将大为困扰。

袁全权：实际上当时称此乃一时之事，故此次和平实现后抱有地方官定可前往之期待，如期限未定，朝野上下都将质疑全权大臣有何作为。

瞿全权：中国人民之程度今日已大为提高。

小村男爵：若论人民之程度，日本则远甚也。

袁全权：例如定为四个月，估算略微宽裕如何？

瞿全权：毕竟为副一般之瞩望，希望设定一定时期内。

小村男爵：相较定四个月或是六个月，定为尽可能从速或许反而更快实现。

（袁全权、瞿全权、唐会办等考虑草案，唐会办频繁修改文案。）

唐会办：此段极难从英文译至汉文。

小村男爵：本大臣认为从汉文翻译成其他语言亦甚难。但我方语言极为灵活，我方已成功翻译所有术语。

内田全权：贵国翻译时可采用我方词语。

唐会办：然之，但有时极为奇特。[1]

（此时袁全权将草案交予小村全权。）

（因之后成为废案，未存留记录。）

内田全权：此案列入会议节录内乎？

袁全权：否，此为大纲第六款之修正案。若与条约约款分开，不可列入会议节录，则将全文列入会议节录内亦可。

小村男爵：此案内"照旧"之语，将引起突发冲突。缘于贵国地方官前往赴任，我军之占领权仍处于持续状态，若地方官照旧，即依照战前行事，则将与军政官发生冲突。故将此"照旧"二字删去，改为"视事"如何？

唐会办：贵全权之意为撤兵之前不能恢复以往状态乎？

---

① 此处唐绍仪与小村寿太郎、内田康哉对话为英文。

小村男爵：然也。其他地方官亦同样如此。

（此时袁全权再次修改方案【附件第一号】。）

袁全权：汉文亦颇为精确。

小村男爵：可也，应将此存记会议节录内。

袁全权：费心竭力终于议定也。

内田全权：此办法甚佳，极为佩服。

（一同大笑。）

小村男爵：继而议日本拟续加条款第三条之电信相关内容。

袁全权：可也。

小村男爵：第三条关于电信之我方提案为在北京至营口之中国电杆上加挂一线，袁全权已就此事说明中方困难之处，因此我方撤回该提案。

袁全权：多谢！

小村男爵：关于旅烟海线事宜，贵全权之修正案大体同意。惟海线相关之详细章程须另行商议。

袁全权：可也。

小村男爵：关于铁路沿线电线，亦撤回我方相关提案。既然贵国与俄国之间已有明文协议，殊无必要再列入条约之内，应予以撤回。至于归还拳乱前存在之中国电线，其后详细调查知悉拳乱以前之电线已不复存在。贵国之电线于拳乱时已被拳民破坏殆尽，之后俄军新设电线亦在此次战争中或被毁坏或被拆去，现存之电线均为日本新设，并无拳乱以前之物。但团匪以前使用之附属房屋尚存，如仍有在使用者，并非用于电信事务，而是充作军队之宿舍，撤兵时当同时归还贵国。其他相关者如上所述，亦无必要特地列入条约，故我方拟续加条款第三条内，惟有旅烟海线仍须协商,其宗旨已载明此修正案内。

（此时小村男爵提出该方案【附件第二号、第三号】。）

袁全权：电信相关如新奉线及安奉线已被日军占领,其他或有尚存,此等希望由中国赎回。除局所外,线路尚存之处将电线恢复,亦可用于地方行政。现吉林将军已与俄国交涉,以一万五千卢布向俄国赎回吉林至海龙府间五百余里电线,故贵国拥有之我方线路亦希望赎买后进行恢复。

小村男爵：复原一事贵国可任意处置,但安东奉天之间电线已于俄军撤退时被破坏殆尽,现存之物均为日本敷设。以上即为日本之调查情形。

袁全权：据称安东县至凤凰城之间尚有现存之物。

小村男爵：非也。俄军撤退时早已率先破坏,此后若调查发现贵国电线仍有现存者自当归还,但眼下尚不明了,必须之后进行调查。贵国自行调查后如明确所在,当随时磋商。

袁全权：新民屯至奉天段部分,如内田全权所知原先即是中国之物,还请归还。

小村男爵：此事当如贵全权所愿付诸实行。但目前仍是军事占领时期,若不与军事当局者商议,仅本大臣等无法决定。故新民屯奉天段确认如有贵国电线尚存,其他地方亦发现有电线存留,自当随时协商归还事宜。然日中两国政府所订条约仅涉及旅烟海线,其他贵国电线如仍于满洲留存,归还自是理所当然,故无须于条约内载明。

袁全权：新民屯奉天段电线此前未被俄国占领,日军占领该地后才占有该线。本大臣曾就此事询问福岛（安正）少将,其称一个月之后当可归还,然至今仍未见归还。因此奉天地方官又向日本当局询问,得到回复称此为外交官事务,不予受理。如今询问贵全权,又称须与军方确认。如此往复无所适从,还望有一确切答复。

内田全权:新民屯奉天段电杆上添设一条中国电线之事,不管如何定当磋商。但占领结束前是否归还电线事宜,若不与军事当局者商议则无法答复。

袁全权:俄国已借中国赎买吉林海龙西丰①电线之机,提出欲与奉天相连,进而连接新民屯奉天段,直达北京。现存电杆上添设一线之事,因电杆陈旧故无甚把握。

内田全权:关于本案,即便未于条约内订明,电线相关事宜自可妥商。

袁全权:因外交官与军方彼此推诿,最终仍无定论,还望今日可以确定。

内田全权:然电信一事,实际情况仍不明了。

袁全权:电信与铁路均耗时甚长。

内田全权:即便电线就此了结,铁路仍未可知。

(大笑。此时袁全权拟成草稿。)

(此稿又成废案,因中国全权撤回,未存留记录。)

内田全权:租借地有贵国之电线否?

袁全权:然也,其他租借地均有。香港、青岛亦有之,且旅顺、大连两地原来亦有电局。

唐会办:奉省电局中,旅顺、大连湾之局收入最多,以此堪与省内其他各局收支相抵。

---

① 《日本外交文书》误记为"西封"。

小村男爵：此文案与前日之提案大有差别。

袁全权：此前之提案为总括大体情况，此次乃详细记录方之说明。

小村男爵：如最初所述，此次条约内须订约者惟有旅烟海线，其他为事实问题，满洲内中国之物日本并无擅取之意，撤兵同时自当归还贵国。

袁全权：海线一事，德国、美国等一向提出诸般要求，但都予以拒绝。此次与日本以条约订定实为首次，故将来公布此条约时，各国定当立刻群起要求。故依贵国之愿，如将其列出条款，希望亦同样列明中国之期望。若不将其列入条约内，还望与海线协议相同，双方共同存记会议节录内。

小村男爵：原先日本仅就海线事宜希望与贵国协商，现就此多次会谈不甚明智，故我方提案现全部撤回。

内田全权：原本种种要求及讨论出现之根源，在于我方提出拟增条款第三条，因此撤回该提案则无应议之问题。但撤回之意非协定长期拖而不决，而是电线事宜可随时协商。

（此时袁、瞿全权长时间密谈。）

袁全权：贵全权之意为将可随时随事商议之语存记会议节录内？

小村男爵：存记于内无妨。既为无须列入条约之事，我国之意如贵全权所述。

袁全权：则将适才所述存记会议节录内。

（此时袁全权拟成文案，小村男爵稍作修改后命郑书记官抄录修改之处，后递予袁全权。）

（此等各文案均成为废案，且并无副本，未存留记录。以下版本与定稿文本相同。)

小村男爵：(面向唐会办。)唐侍郎当知铁路沿线有日本电线，故此事不仅涉及中国，亦与日本有关，且必须为互惠关系。

内田全权：旅烟海线必须包括在内。[1]

(中国全权等听闻此语，即商议修正之处，修改完毕后提出。)

袁全权：仅贵全权提案之内容，似过于宽泛，故稍作修正。

(袁全权将修正案递予小村男爵。)

小村男爵：如此细致显得甚为麻烦。总之概述双方应协商之意岂非更佳？

袁全权：概括而述恐有误解之虞。

小村男爵：并无此虑。既为遇事应协商之意，所有问题今后皆可商议，故不致有所误解，面面俱到则表述更繁。可按如下主旨，即奉天省内电线及旅烟海线事宜，两国政府应随时商定。此已足够矣，奉天省内电线多为日本政府之线，亦有贵国之线，今后用于铁路沿线之电线亦包含在内。若作细分种类繁多，反显烦琐。概括称双方随时随事协商亦可明了。

袁全权：惟日中等语，或有涉及日本内地电线之虞，故还应清楚写明为宜。

(此时袁全权又作修改后提出【附件第四号】。)

小村男爵：可也。如此我方之大纲、贵全权提出之拟增条款及我方之补充条款已再次审议完毕，可先行议结。

袁全权：贵全权补充条款第四条护路兵所需物件如何，此条尚未定夺。

---

① 此处小村寿太郎与内田康哉所述为英文。

小村男爵：此条应与护路兵相关条款共同讨论，惟铁路用品免税早经确定。

袁全权：尚有一条我方拟增条款未议。

小村男爵：此为最后追加部分乎？

袁全权：然也。

小村男爵：此条甚为困难。此条无论如何似承认日本臣民在满洲干涉贵国自治，然并无此意。惟不牵涉军事行动，日本决无干涉贵国地方吏治之意。

袁全权：既无干涉之意，将其载入条约，贵国之宗旨更显明了。

小村男爵：我国最初即秉持此宗旨，从无干涉贵国事务之意。日俄和谈时专为主张交还行政而订定协议。如有干涉之意，决不提此事而任由俄国处置，日本亦可照行。时至今日再宣布如此宗旨，不知其意何在，此条断难允诺。

袁全权：实际各地因日本军队及臣民，地方事务多受掣肘。战时虽不得已，但军事状态既已结束，还望于条约内作如此声明。

小村男爵：军事状态仍未结束，此事前日以来已屡次申明，撤兵若未结束，则军事状态亦未终结。

袁全权：然现仍采取军政行动乎？

小村男爵：然也，仍为占领状态。

袁全权：然军政官可捆缚纠问地方官及人民乎？

小村男爵：撤兵前均与战时相同，此点如多次声明为占领之权利，占领既未解除，亦为不得已之举。

袁全权：若是战时与俄国交战，贵国当可使用占领权。贵国既与俄国议和，已是亲善国家，即便战时运用占领权，和谈既已成立,以军政干涉中国吏治之事碍难允诺。且百姓等亦望无此等事。

小村男爵:现虽有所干涉,不管百姓之希望如何,此将持续至撤兵前。

袁全权:战时我方多少亦有所考量,但战事结束后仍然受到如此干涉实难允诺。

小村男爵:此乃出于占领之必要,既有驻军实为不得已。

袁全权:我政府碍难允诺。

内田全权:此乃迄今为止皆秉持该宗旨进行协商,现若反对占领权即为完全破坏会议之根本,例如征讨土匪或归还财产皆是如此。战争结束即结束占领,从根本而言如此要求实不可行。

小村男爵:此事如日前所述,日俄和约条款中既有可立即施行者,亦有不可立即施行者。如第三款难以立即付诸实行,则另订附约,约定以十八个月为限。故虽已恢复和平,第三款仍须照附约规定,即在十八个月内施行。

袁全权:顾及两国敦谊,还望避免诸如以军法处置我方人士之事。

小村男爵:此乃军事上必要举措,军管期间为不得已之举。

袁全权:战争既已结束,我方恳切坚持该主旨。

小村男爵:无论有无战争,军队驻扎期间须以保障军队安全为主,因此会干涉地方吏治。占领期间不管有无战争,其行为延续至撤兵结束交还贵国为止。故日俄和约第三款规定交还行政一事,并以附约规定以十八个月为限。

袁全权:但如奉天,贵国现甚至干涉无军事上必要之事宜。各国共通之占领权照如此行为,实乃敌国与友邦之区别也,还望免去以军法对待友邦之行为。

小村男爵：无论是否友邦，既有大量军队驻扎，则有必要考虑军队之安全，此乃不得已之举。惟有干涉非军事上必要之事，贵国若就事实相关进行交涉自当相应协商。

袁全权：与俄国和约内虽规定十八个月，但并未明文宣称十八个月内以军政管理。细节不再赘述，仅举一例说明。奉天将军派遣部下官吏本为将军职权，不得受他方干涉，但日军横加干涉，对此多方挑剔。

小村男爵：然若有此事，应照会军方，杜绝类似情况再次发生。

瞿全权：袁全权所称皆为事实，正因有此事，故希望协议，便于将来杜绝此等情形。

小村男爵：贵国若就事实相关进行交涉，自当随时协商，防止将来再有此事。

瞿全权：此等情形均来自赵（尔巽）①将军报告。

小村男爵：上述情形若迅速交涉，可随时协商。

袁全权：此前即有已被军队占领之物规定将来须交还，但之后并无履行，还望尊重中国之公私财产。例如安东县有民家及官衙遭破坏者达千栋之多，日俄和约约定尊重俄国在旅顺之公私财产，故对友邦中国亦应尊重其财产。

小村男爵：此乃理所当然，若遇有日军破坏公私财产之举，还请与军方交涉，日本政府亦希望对此加强监督。政府决无侵害贵国财产之意，但出征军队中作何举动或未可知，故若有此等情形，

① 赵尔巽：1844—1927，字公让，号次珊，汉军正蓝旗人。历任安徽、陕西各省按察使，又任甘肃、新疆、山西布政使，后任湖南巡抚、户部尚书、盛京将军、湖广总督、四川总督、东三省总督等职。1914 年任清史馆总裁，主编《清史稿》。1905—1907 年任盛京将军。

每次可通过交涉,我方将尽可能予以处分。然如照此订约,将显得侵害公私财产权为日本政府之主旨,故决难同意,且决无上述之意图。日本政府之宗旨如前所述,但大军之中或有与此相悖者,遇有此事若每次提出交涉,应据实处分。

袁全权:我方于奉天派遣官吏受到干涉,且日军于安东县毁坏民房,无偿占有木材等,就此已提出交涉。如安东县已有千栋民房被毁,众多老幼无家可归流落荒郊,极度困窘,甚至已有饿死冻死者。故再有类似情况,即便每次交涉,调查需数月之久仍悬而未决,期间又有饿死者。此事之前内田公使亦大费周章,甚难处理,故希望事先订约以寻求防范办法。

小村男爵:然日本政府之宗旨为防止此等事情发生,且不希望将来发生。达成此目的需要手段,亦是日本政府当然之责任。

瞿全权:我方固然坚信贵全权之宗旨,惟希望管控此类情形。若认为本案列入条约内会影响贵国之声誉,还请阅看我方抗议之声明文案后再行商议。

唐会办:本人将作说明。日本于安东县破坏千栋民房,中国意欲抗议如此行为。中国欲撤回提案,但须声明理由。

内田全权:贵国已提出抗议。

唐会办:中国欲解释其理由。①

袁全权:贵国以军队为主,中国以人民为基础。

内田全权:本大臣望作一辩明。安东县之事已向外务省报告,一有回复即答复贵国,我方或有欠妥之处。至于奉天干涉官吏一事还未接到贵国照会,想必当然亦是出于军队必要之举。众所

---

① 此处唐绍仪与内田康哉对话为英文。

周知,辽阳、海城有贵国地方官与俄军暗通款曲等事,有时亦有必要以军事行动介入,故如奉天亦有此干涉行为,在此应作一辩解。

袁全权:安东县之事有何缘由虽不可知,总之亦不可毁坏千栋以上民房,使百姓饱受风霜,故本大臣等悲悯百姓之遭遇。而奉天官吏一事,如任命后另当别论,于任命前人选未定时即屡次干涉。

内田全权:安东县民房被毁一事多由修筑铁桥等而起,平时亦出于修筑铁路等必要有此举动,决非为使百姓陷入困窘而行破坏。我方必定赔付相应损失。

袁全权:如用于普通铁路,赔付相当代价,应遣散百姓后再行破坏。然赔款仅付小部分,亦有未赔付部分,亦有言称赔付实则不付者,此等决非正当之手续。

小村男爵:相关情况将由政府调查后再行处分。

袁全权:尽可能希望将来杜绝此事。

小村男爵:自是当然。

袁全权:明日抄录抗议宗旨后,再请阅看。

小村男爵:可也。今日到此为止,明日下午三时再议。现尚有三项问题,分别为铁路、护路兵、渔业权相关事宜。

袁全权:今日一日颇为心平气和。

小村男爵:全有赖贵全权。

瞿全权:乃贵全权一言定局。

(下午六时二十二分散会。)

【附件第一号】

向驻营口之地方官,虽在日本军队由该处撤退以前,俟此约一定后应由驻京日本公使会同外务部从速订立日期,俾使原有之中国地方官迅速赴任视事,至因该港日本军队尚多,务须商同订立验疫防疫章程,以免传染。

【附件第二号】

第三条:

清国政府ハ旅順芝罘間ノ海底電線ヲ租借期限間、日清両国ノ合同経営ト成スコトヲ承諾ス、其詳細ノ事項ハ別ニ協定スヘシ。

【附件第三号】

第三条:

中国政府允由旅顺至烟台海底电线在借地限期内作中、日暂行合办,至于详细章程应另行商订。

【附件第四号】

嗣后凡有关乎奉天省陆线暨旅烟海线事件①,可随时随事彼此商定办法。

----

① 《清季外交史料》卷 194 误记为"海线交接事件",该表述实为第二十次正式会议临近尾声时,才由袁世凯提出修改建议而商定。

第十五次正式会议谈判笔记

一九〇五年十二月十日下午三时十五分开议

列席者与上次相同,庆亲王因病未到。

袁全权:昨日我方所述抗议一事,为顾全体面,简述之前提出拟增条款之理由,另拟声明节略方案,还请贵全权阅看。

(此时袁全权将方案递予小村男爵【附件第一号】。)

小村男爵:此文案中日本臣民所指何意乎?

袁全权:既有军队人士,亦包括其他个人等,如现营口有水运公司由日本商人设立,但将日本国旗交予中国人,宣称挂有国旗者不许中国官吏染指,此等皆为实例。

小村男爵:此乃昨日相互讨论之事,若按此宗旨与我方之讨论有异,结果成为本大臣等承认贵全权之宗旨。

袁全权:最初为中国之声明,末段内载有昨日贵全权所述主旨。

小村男爵:此与昨日所述主旨截然不同,且日本臣民之语包含军队之意,此亦大有区别。

袁全权:昨日相谈甚久,欲将贵全权允诺之事载入其中。此等事项原本多与军队有关,如质问安东县毁坏民房一事,仅以军事为由一语答复，中国亦别无他法。

小村男爵：此件当仔细阅看后再行商议。

袁全权：可也。

小村男爵：连日来双方已就各自提出条款多次讨论，仍有四件未有定论，今日应就此进行协商。

袁全权：本大臣等亦愿如此。

小村男爵：第一项为吉长铁路事宜，此条双方主旨明确，无须再行讨论，希以一合适办法达成妥协，遂拟成修正案，即该铁路由贵国政府经营，其敷设及营业委托日本。如此前所述，该铁路对日本极其重要，其理由亦再三申明，因敷设该铁路为媾和条件之一，媾和不仅有利于日本，亦有利于中国，因此最终达成协议。且此项对将来满洲之防御至关重要，我方极为重视，然贵国政府亦有自身考虑，故我方不强求全部接受，而是退让一步，铁路为贵国所有，其敷设及营业委托日本，如此双方之期望均可实现，还请贵全权考虑。第二项为新奉铁路事宜，欲将其分为两段，辽河以东采取与安奉铁路相同办法，因此拟成另案。第三项为铁路护路兵事宜，此项多次讨论无果，如日前所述在不变更日俄和约范围内，可寻求有无折衷办法。

撤兵期限及护路兵事宜，众所周知已是日俄两国订定事项，现欲行变更断难允诺。然尽可能缩短撤兵期限，及尽可能从速撤回护路兵亦是日本政府之宗旨，日前所呈日俄和谈会议笔记节译本亦可佐证，故俄国若同意此事，日本亦可立表赞成，但无视俄国碍难允诺。故在不影响日俄和约范围内欲妥订一办法而拟成此案。

关于护路兵此案并非政府训令，乃吾等两位以全权之责提出。

此三案还望贵全权详察,铁路事宜若接受本大臣等提案,护路兵事宜可照所拟方案允定,并将有争议之渔业权事宜撤回。护路兵一事如此前所述,虽非出于政府训令,但本大臣等可负责允诺,且渔业权事宜亦可负责撤回。因此,还请贵全权妥细考察此三案,若于明日下午会晤前尚无定论,明日可休会,待后日有确切回复再行会晤。兹有三案之日文及汉文译本。

(此时小村男爵将六份文件递呈【附件第二号、第三号、第四号、第五号、第六号、第七号】。)

袁全权:铁路及护路兵事宜贵国政府极为重视,护路兵之事亦是中国提出之首要条款,因此明日将仔细商讨,明日傍晚前当知会是否于后日开议。

小村男爵:知悉。除此之外,我方实无再行让步之办法,故商讨时还望谅察。

袁全权:我方亦暂无良法。今日议决尚早,贵全权可有其他未尽事项乎?

小村男爵:并无。问题颇为简单。

(下午三时五十二分散会。)

【附件第一号】

中国政府声明:中国与日本国素敦友睦,此次日俄不幸失和,系在中国疆土构兵,现日俄既经修好,在东三省已无战事,日本国待撤之兵队虽仍有占守通例,而军法从事之例自不应仍旧施行。乃近日日本国臣民在奉天省时有干预中国地方官吏治暨损坏中国公私产业等情,日本国全权大臣亦视为非所应为,允将此声明各意转达日本国政府,迅速设法约束在奉天省之日本臣民,益加敦睦,勿致再有干预中国吏治暨损坏官民产业各事。

【附件第二号】

吉林長春間鉄道ハ清国政府ノ事業トシテ之ヲ経営ス、但シ其建築及一定ノ期限間営業ハ、南満州鉄道会社ニ委託す。

【附件第三号】

由长春至吉林省城铁路作为中国政府事业办理，惟其造路一切并所定限期内所有该铁路营业事宜，应委南满洲铁路公司经理。

【附件第四号】

奉天新民屯間鉄道ハ遼河ヲ以テ分界トシ、同河以東ハ総テ安東県奉天間鉄道ノ例ニ準スヘキモノトス、遼河架橋ハ双方分担スヘキコト。

【附件第五号】

由奉天省城至新民屯铁路以辽河为划分之界，在河东应按照安奉铁路办法一律办理，至于辽河搭桥事宜应由彼此合办。

【附件第六号】

日本国政府ハ撤兵完了後、露国政府ニ於テ清国ノ希望ニ応シ、其鉄道守備兵ヲ撤退スルコトニ同意シタル時ハ、同時ニ自ラ其鉄道守備兵ヲ撤退スヘキコトヲ承諾ス。

【附件第七号】

日本国政府允俟日本国军队全行撤完后，如在俄国政府按照中国所期望允将护路兵队撤退，日本国政府亦可将护路兵队同时撤退。

第十六次正式会议谈判笔记

一九〇五年十二月十二日下午三时十八分开议

列席者除上次人员外，庆亲王亦有出席。

庆亲王：日前交涉事项大体都已商妥，惟有吉长铁路、新奉铁路及铁路护路兵三项尚未商定。就此等事项，中国政府亦已充分核查，但仍有难以允诺贵国提案之处，故今日继续协商。我方经详细商讨拟成修正案，还望顾及两国敦谊，此等问题充分协商后可得永久之解决。故此修正案亦经种种考量拟成，碍难再行让步，还请贵全权谅察。

小村男爵：当阅看之。

袁全权：现呈上所拟办法。

（递呈修正案三件【附件第一号、第二号、第三号】。）

小村男爵：查此修正案较前日瞿、袁两全权拟交办法相差无几。

庆亲王：然吉长铁路向日本贷借资金，聘用日本技师及采购材料之事为本案所确定也。

袁全权：此前为借款时先与日本协商，此次为必须向日本商借。技师亦当即确定聘用日本人，材料之前为可订购日本物品，此次亦确定全部经由日本商家投标购入。

小村男爵：庆亲王殿下迄今虽未列席具体商议，但本大臣等已向袁、瞿两全权详述日本重视吉长铁路之理由一事，想必亦有了解。

庆亲王：皆有闻知。

小村男爵：诚如殿下所知，此乃日本与俄国媾和条件之一，且将来满洲有事之际需要此铁路，务必进行修筑。而修筑此路，又须与长春至旅顺铁路联络。仅凭吉长铁路，预期无法单独经营，而此又是日俄达成和议条件之一，和平对日本自无需言，对贵国亦大为有利。虑及将来，该铁路对日本极为重要，若按贵国所拟办法，日本政府终究难以满意。

庆亲王：先就吉长铁路而言，土地为中国所有，日俄媾和之结果虽由贵国修筑此铁路，但俄国并无与贵国自由定夺此事之理由。此次贵全权所拟办法为日本掌管所有经营事宜，但满洲防御原应由两国同心协力推行，铁路亦应由两国共同经营。而中国仅仅出资，经营全部交由日本，则有失平衡，与该宗旨不符。

小村男爵：资金方面日本亦可出资，经过一定年限即为贵国之物。

庆亲王：期限不应由贵国设定，且所谓期限指铁路完全交还中国之期限乎？

小村男爵：然也，此为中国收回铁路之期限。

庆亲王：如从他处贷借资金敷设之铁路，是指分年偿还本息之期限乎？

小村男爵：然也。如年限定为十五年，年限过后则全部归贵国所有，期限内以贵国名义交由日本经营，本息偿还之期限过后即为贵国所有。

庆亲王：就我方资金贷借办法，如资金全额为三百万两，中国出资二百万两，不足部分一百万两向日本贷借之办法，亦有现时尚不清楚具体金额，仅贷借不足部分之办法。

小村男爵：资金之贷借全额或半额皆可由贵国而定，惟其贷借条件等仍需进一步协商，本会议只是协定其大概。

庆亲王：贵全权所拟办法大体恕难同意，铁路经营等参照南满洲铁路之例我方碍难允诺，如订立协议还望比照关内外铁路办法。

小村男爵：此非参照南满洲铁路之例，乃组织南满洲铁路会社，由该公司进行管理之意。

庆亲王：资金应由中国筹集，不足部分向日本贷借，技师亦从日本人中甄选，由中国核查后聘用，其他事项亦参照关内外铁路由中国自营。

内田全权：该铁路我方重视之处为经营也，其理由正如此前会议充分阐述，出于将来防御及营业损益之需要，须与南满洲之铁路相连。因最为重视经营，贵全权之修正案内未包含此要点，故本大臣等终究难以允诺。

袁全权：贵全权所述两点为防御与营业损益，该铁路原本过往两年来俄国诉诸武力迫我允诺，但中国坚拒，故现亦无法允诺贵国。而贵国与俄国之和约声明，俄国于东三省无独占权，由此并无仅贵国可享其权利之理。何况作为地主之中国自身既不能经营，亦不能合办，岂非不公平乎？

内田全权：贵全权所述俄国诉诸武力两年来不断要求但贵国坚拒，故不能允诺日本。然贵国拒绝之理由日本知之甚详，故日俄和谈时约定将来日本要求此铁路时,俄国并无窒碍,其声明乃为避免贵国因此遭俄国无理滋扰而特意作出。

袁全权:该铁路中国之前已有所计划,时至今日亦在计划之中,现将其全然舍弃,让与贵国决难实行。故希望与贵国合办,聘请技师,贷借资金,此乃出于敦谊向贵国让步,同为合办若得贵国承诺,不亦公平乎?

内田全权:方才尚有数语未述,俄国于日俄和约内声明无独占权,并非就吉长铁路而言,乃指俄国在满洲欲享有如吉林全省之矿山权等排他独占权,并非指如吉长铁路等距离。所谓日本不可独占,应彼此合办之语,此为当然之事,亦为我方宗旨,即前日修正案所拟合办办法,铁路为贵国所有,其经营委托日本。然如按贵国方案依照山海关内外铁路办法,则仅名义上为合办,并无实效,不能达到防御及营业之目的,故我方实难满意。

袁全权:适才贵全权所言独占类似俄国不许他国利益均沾,只可自己独占之意,若吉长铁路按贵国所拟办法,我方作为地主决不允许,此岂非只可贵国独占之意,较俄国之独占更甚乎?如照此提案,经营委托南满洲铁路会社,于中国无任何利益,岂非与安奉铁路相同乎?我方提案大体上中国资金不足时应向日本贷借,又聘用日本技师,即以此为条约大体内容,细目另行协商,除此之外别无他法。

内田全权:关于独占之意,恐为袁全权之误解。此为对外国,非对贵国而言。其乃俄国于满洲独占贵国利权,不许外国插手之意。日本对于铁路之要求,相较俄国在满洲享有之权,距离甚短,俄国现有铁路长达一千余英里,日本接受俄国让渡者为四百五十余英里,此次要求之安奉铁路内奉天至辽河段,及吉长铁路合计不过三百三十英里左右,实为短距离也。与俄国之要求相比,还望接受日本之要求。至于我方之修正案,此乃日本所示大纲,并无悉数独占利权之意。日本欲与贵国共享利权,其细目当另行商定,自当欣然与之相商。

庆亲王:方才内田全权言及俄国与日本之比较论,此不应成为向中国索取对日补偿之理由。日本之宗旨为保全东洋大局,故我方亦抱有同一主旨。如袁全权所述,铁路资金与技师照前述办法,详细参照关内外铁路办法,技师可由日本人、中国人共同组成,极为公平,若按贵全权所拟办法,碍难协商。

内田全权:有一事须先申明,方才比较日俄铁路之英里数,决无向贵国索取补偿之意。若误解为日本提出无理要求则颇有不妥,如此前所述此次方案为顾全将来大局所拟,原本非计较长短,比较日俄线路长短亦只是为说明距离甚短,即便作如此让步当无窒碍之意。

庆亲王:敷设时可聘用日本技师。

内田全权:仅以向日本贷借资金、聘用技师、采购材料,即如迄今为止之关系,并无合办之实。贵国宗旨为参照关内外铁路之例,空有合办之名而无实效,碍难允诺。

庆亲王:我方认为关内外铁路办法稳妥且公平。

小村男爵:日本重视该铁路之缘由,连日来已向两位全权再三说明,且两位全权亦认为该铁路为将来保全满洲所必需。然对此一直拒绝我方要求,以自前年来贵国已有经营该铁路之计划为最重要之理由,我方虽知悉数年来已有这一计划,但此并非出于军事上、经济上之需要,完全只是充作拒绝俄国要求之口实。吉林将军再三上奏亦可佐证,日前瞿大臣递交之达桂将军上奏为最后之理由。该上奏时间为光绪三十年十月,即去年,由日期可知日俄两国仍在交战之中,然据正文主旨似是日俄媾和成立前后所上,有前后矛盾之嫌。贵国拟定自造吉长铁路计划明显为防俄之策,至今日日本发动此场大战,战胜之结果满洲全土重归贵国所有,即便如此,仍以对待俄国相同之策防备我日本,其意何在殊难理解。

庆亲王:关于铁路事宜,不可舍弃中国,仅有日本独享权利。如东清铁路亦是哈尔滨以南归日本,以北归俄国。此外出于中日两国敦谊,订立安奉铁路协定,此乃我方因交谊而让步。故吉长铁路虽为中国自营,实际技师聘用日本人,材料购自日本,又建立其他种种关系,完全并非合办,实际岂非对日本大为有利乎?

小村男爵:如前所述,此非一时之利益问题,乃将来保全满洲之问题。此协商并非出于如购买材料、得一时之利等小处考虑,而是关乎是否可保全满洲之大问题。

然我方提案如贵全权所知,并非意欲将该铁路据为己有,即属中国自身经营,只是限定年限,如十五年内委托日本营业,其目的包含合办宗旨。尤其日本为完全达到目的,仅由日本经营当为最佳之策,然前日来听取两位全权意见后再行让步,希望由贵国经营,在一定年限内委托日本之会社,此即合办之宗旨。若贵全权所拟提案决非排斥日本,而是以日中合办之宗旨,果真如此双方可在以该铁路作为日中合办事业这一点上大体达成一致,则应有合办之办法。但依照现拟办法,合办一事有名无实,故日本政府碍难允诺。

庆亲王:若合办年限如何设定?

小村男爵:实际上据日本大体观察,该铁路虽十分必要,但尚未实地测量,故所需资金或工程难易程度仍未可知。贵国想必亦未经实地测量,故是否确实需要数百万两,或工程难易程度亦不清楚。详细事项必须待实测明了后方能确定,因此详细可待日后磋商,今日仅确定根本之大体宗旨足矣。

庆亲王:贵全权亦考虑尽可能妥商而定,我方亦希望达成协议,故还望基于我方提案协商细目。

小村男爵:如此无法体现合办之宗旨。该铁路无论如何尚无法立即开工,如以一年后估算,因现仍被俄国占领或无法进行实测,尚需相当时日,无需今日商定详细条款,只需拟定大概。如此本条可定为该铁路按日中两国合办事业经营,详细章程另行商定。至于经营时期俟线路情况清晰后再定细目,即资金如何筹措,工程、营业、技师等事项应日后再行商定。

庆亲王:不应太过笼统,现希望更为细致,应有详细规定。

瞿全权:若过于笼统,双方都有困难之处。

小村男爵:本大臣认为大体协议足矣,应无困难之处。如贵全权认为不可太过笼统,应更为详细,还望先拟一办法,我方再就此表述意见。

庆亲王:我方大体之办法如先前之修正案所示,在此基础上再追加详细条款。

小村男爵:如此与合办之宗旨不符。

袁全权:运用中日两国资金,聘用日本人,岂非与合办并无差异?

内田全权:经营事宜未有任何体现,即仅提及技师,简而言之并无铁路相关之行政权。如修建车站,经济上或认为不必要之举,但有他日军事上所必需之事项,须殚精竭虑制定此类条款。

袁全权:既聘用日本技师,可彼此交换想法,随时协商。参照关内外铁路之例,如筑路相关之外国技师金达①为英国人,运输事务亦有英人弗利②,遇事皆与彼等协商,议定其事后商业自然运转,即经营如何进行可随时商议。与此相同,吉长铁路若亦聘用日本人技师,可与之随时协商,如车站等事宜可照此办法确定。

内田全权:技师负责技术性事宜,故应为进行指示、监督之人。不知金达职责如何,若照此办法只是技术事宜而已。

袁全权:关内外铁路总局内事务相关职位以上设有总办,监督所有事务,此外尚有干事长,此为怡和洋行之代理人。另有工程处主管,若有铁路相关重要事宜,即由此等人士商定,大致事务均由总办决定,其监督经理一切。

内田全权:总办为贵国人乎?

袁全权:然也,为中国人候补道台梁如浩。

内田全权:总办之上有督办大臣,即铁道大臣等,然届时日本无任何实权,即按照贵大臣等之下设总办,其下再有技师之顺序,并无任何权力。

袁全权:与工程相关之权限绝不小,工程全部都交由技师负责。

内田全权:仅任命而已,既称为合办,至少权限需要平等。否则意见相左时,被任命者无法胜出。

袁全权:现怡和洋行统管股东,遇有重大事件由其推出人选,可陈述关于铁路利害问题之意见,故若与日本合办,日本可成为大股东,同样推选代表,陈述意见。若如此贵全权亦声称不甚明了,

---

① 金达(Claude William Kinder):1852—1936,英国铁路工程师。先后担任开平矿务局、唐胥铁路、北洋官铁路局总工程师,在中国铁路修筑、培养铁路人才等方面发挥过重要作用。
② 弗利(John Edward Foley):曾任关内外铁路车务总管。

资金方面可参照关内外铁路借款章程。唐侍郎之前曾担任总办，熟知实际情况，如有必要可由其进行说明。

（此时日本全权等就修正案进行商议。）

小村男爵：基于方才本大臣所述宗旨，试拟成此方案。

（小村男爵提出修正案【附件第四号】。）

庆亲王：此条当仔细斟酌后明日答复。另外尚有两条，待此条议定后再行商议，还请将我方修正案带回详察。

瞿全权：方才所述吉林将军上奏日期应为光绪三十一年十月，三十年为誊抄失误，有一字脱落。此乃最近之事。

小村男爵：若为三十一年，应恰好是本大臣抵达北京当日，越发证明此为防日之策。

庆亲王：吉林路途遥远，将军当无从得知贵全权等抵达北京。

袁全权：日俄和谈成立后，吉林将军当即上奏。

小村男爵：今日庆亲王亦列席会议，故本大臣再次强调，如此前屡次所述，日本政府极为重视该铁路，此点还望贵全权多加斟酌。

庆亲王：中国亦决不会轻视此事。总之贵国主旨在于东洋之和平，我方亦然，故望亦可对地主之中国留有余地。

小村男爵：本当如此。则明日下午三时续议。

（下午六时三十分散会。）

【附件第一号】

由长春展造至吉林省城一路，应由中国自行筹款筑造，如须贷借洋款即向日本政府贷借，并延用日本工程师以资襄助，所需料物亦可向日本商家开标订购。

【附件第二号】

由奉天省城至新民府日本所筑造行军轨路，应由两国政府派员公平议价售与中国，另由中国改造铁路，允在辽河以东延用日本人二名协助经理，以期接洽。此外各处军用轨路应一律拆去。

【附件第三号】

拟改请增第一款：

中国政府为维持东方永远平和起见，视日俄两国所订十八个月撤兵之期为太缓，应请日本国政府将现驻军队设法减期撤退，愈速愈妙。

中国政府为保全主权、治安暨担任保护铁路之责，所有东省铁路应由中国自行设法竭力保护，日本留驻护路兵队未经中国允许，应请概行撤退，并将该铁路仍交由中国保护。

日本国政府声明并非长久留设护路兵，且甚愿名数从少，但满洲地方现未布置妥协，为保护日本国人命产业起见，暂留巡捕队若干名专为保护长春至旅顺口铁路之用，毫不牵碍中国地方治理之权，亦不擅出铁路界限以外，并承允俟满洲地方静谧后，所有外国人性命产业中国自能保护，日本国立即与俄国同时将此项巡捕队一律撤去，至撤去之期至迟不逾撤兵后十二个月。

【附件第四号】

由长春至吉林省城铁路作为中日两国合办事业，其资本半数应由日本公司筹出，至于详细办法，容日后再行商订。

第十七次正式会议谈判笔记

一九〇五年十二月十三日下午三时十分开议

列席者与上次相同。

庆亲王：昨日商议之件，已拟成修正案，还请阅看。

（此时将修正案递予小村男爵【附件第一号】。）

小村男爵：（熟读之后。）此方案愈发欠妥。

庆亲王：此案与昨日相比更为详细，昨日所拟办法内借款事宜未臻完善，此案载明不敷之数不论多少，均向日本贷借，具体金额俟实地调查后再行确定。

内田全权：昨日已申明对依照山海关内外铁路之例不甚满意，即山海关内外铁路全部为外资，今日贵全权所拟办法较山海关内外铁路合同更为不如，愈加偏离我方期望。

庆亲王：资金不敷之贷借、技师之聘用及材料皆供自日本，今日亦同样全部由贵国而定。

内田全权：山海关内外铁路合同写明贵国向英国贷借二百三十万英镑，即全部资金，彼此主旨迥异。

唐会办：彼为一千六百万两。

袁全权：最初北京至锦州线路由中国资金敷设，后因敷设锦州至营口及新民屯线路、北京至锦州多条线路而资金不足,故贷借英国资本。

内田全权:总之援引山海关内外铁路之例,我方目的无法达成。

袁全权:北京至山海关内外铁路之情况最近专由中国资金敷设,为延长线路而向英国借款,此乃最近之例。吉长铁路我方亦希望自身经营,但因资金不足,故论及借款关内外铁路之例极为恰当。贵全权之提案虽称出资半数资本,但因未经实测,又有山川等地形因素,无法作为标准,故半数以上或以下仍未确定,中国自身筹措半数以上或未可知,故不可事先确定半数。

小村男爵:此并非精确宣称半数资本,惟表示标准而已。

袁全权:我方所称不敷之数亦相同之意。

小村男爵:不敷之语甚为暧昧,例如若声称有一两不敷,岂非亦为不敷乎?

庆亲王:所谓一两之差,决无此等事实。

(响起笑声。)

袁全权:中国之大体财力贵全权亦知晓也,故所需借款金额贵国应可概算得知。

庆亲王:假如需三百万元,我方预计筹措金额不及一半,或即便筹得一百八十万,我方仍计划向贵国贷借半数即一百五十万两。

小村男爵:此案与昨日我方提案存在根本性差异,故对此碍难允诺,还请斟酌我方办法进行协商。

庆亲王:我方大体参照山海关内外铁路局之协议,再行酌情商榷,贵全权或认为在此基础上无可斟酌之处,但还望充分谅察。

内田全权:贵国希望援引山海关内外铁路之例,我方毋宁更希望参照山东省内允诺德国之铁路办法。

庆亲王：两者大为不同。

内田全权：虽有不同，但允诺我国比贵国在山东允诺德国更有充分依据。

瞿全权：我方希望勿采用该方案。

内田全权：此乃需订立合办办法之缘故也。

庆亲王：毕竟此乃幕后之合办，不显露于表面。

内田全权：然修正案空有合办之名，实际并非如此。

庆亲王：山海关内外铁路局之协议内英国资本家享有极大权力，可在诸多方面进行干涉。

内田全权：应如小村全权所述再行斟酌。

庆亲王：与英国公司之合办亦请贵全权详察。

小村男爵：续议新奉铁路之件，就此前日已提交我方所拟办法。

庆亲王：关于该铁路，如前日袁、瞿两位全权所述，因我皇帝谒陵时需乘坐之线路，以辽河为界，河东划为贵国铁路之事碍难同意。

小村男爵：该铁路与安奉铁路性质相同，故希望可按照相同办法处理，除此之外别无他法，还请考量以副日本期望。

庆亲王：辽河以东铁路贵国虽希望参照安奉铁路，但新奉铁路应由中国自造，故贵全权之要求实难允诺。

小村男爵：以辽河为界划分乃因辽河与奉天之关系极为重要，若不能与安奉铁路采取同一办法，则我方目的难以达成。

庆亲王：我方所拟最终方案为辽河以东线路可聘用日本技师两名，其可接受补助，此为通融办法也。

小村男爵：技师只是受雇于人，并无任何权力，以此决难满意。

内田全权：还望考虑该铁路之历史，俄国极力反对新民屯至奉天线路相连，日本出于军事需要连接新奉，若无战争，本不能实现。故我方将其与安奉铁路视为一体，不应分割，但鉴于贵国之困难情形，特接受贵国对辽西即新民屯之要求，决定让步至以辽河为界。故希望贵全权等充分斟酌此路之来历及我方妥协之宗旨。

庆亲王：贵国重视该铁路，中国亦同样重视。将来皇帝谒陵时，若如贵全权所拟办法达成协议，恐贻人口实，故无论如何须由中国自身经营。而中国自营于贵国利益并无窒碍，若让与贵国，我方实感困难，碍难允诺。

内田全权：若参谒祖陵为从前一贯之行为，自当予以考量，但迄今并未实行。且该铁路设有一定年限，如经过此期限自成为贵国所有。而我经营期间内若皇帝前往谒陵，当充分给予方便，应无任何窒碍。

袁全权：我方之所以重视乃因道光年间此路成为谒陵路线，且平时护送帝室之画像及玉牒亦须经过此路线。其次，安东县至奉天长达六百里之铁路已应允贵国之要求，新奉铁路仅七八十里，故该段短途线路顺便应由中国自营，仅此碍难允诺。

小村男爵：日本对该铁路之重视程度，连日来已屡次申明，想必贵全权亦充分知悉，而贵国之宗旨我方亦已了解。但依照贵全权所拟办法，日本重视之主旨无法贯彻，如此将完全成为贵国之铁路，故实难应允。本大臣等认为除我方现再行斟酌其他方案，亦请贵全权等酌情重新考虑之外，实无他法。

庆亲王：贵全权虽尽量争取妥商之宗旨，但所拟合办办法我方断难允诺,即便考虑其他酌商办法,应务必根据我方中国自营之宗旨。

小村男爵:若无战争,即无此铁路问题。正因战争才起此问题,若两国全权之间无法达成妥协,该铁路只得恢复战前之地位,如此则不符两国之利益,还望商妥一折衷办法。

袁全权:若铁路相连,该铁路于奉天既可与中国之铁路,亦可与贵国线路相连,并无不同。要之,该铁路仅为一百余华里,又需大行架桥工程,营业上利益难以确保,正是在知晓此情况基础上希望由中国自营。

小村男爵:故有必要协调两国之意见,若非如此将恢复战前之状态,即两国均不修筑此铁路,此应非贵国本意,亦非日本本意,故望设法考量妥定之法。本大臣等亦多加斟酌,亦请贵国熟察,容后再行商议。

袁全权:该铁路对中国亦极为重要,因此必须自设。贵全权虽称双方均不修筑,但我方作为地主敷设铁路乃中国自由,故贵国反对敷设之语实难同意。

小村男爵:战前之状况如何?

袁全权:其时逢拳乱,故未能敷设,原本已计划敷设。

小村男爵:非拳乱之结果,乃俄国与贵国已有协定之故。

庆亲王:并无协定。

小村男爵:实际庆亲王殿下亲自签署之条约内有明文。

庆亲王:并无明文。

(此时袁全权称该条约已成废约。)

瞿全权:乃中国自营,不允诺别国之明文也。

小村男爵:否,并非如此。《交收东三省条约》第四条第三节有此协定,还请熟读。①

庆亲王:此条约俄国并未履行。

小村男爵:不论是否履行,总之为贵国皇帝批准之条约。

庆亲王:尽管如此,但对方并未履行。

内田全权:若无此场战争,今日贵国已失去满洲矣。

袁全权:毕竟俄国未如约撤兵,此条约未被履行。

内田全权:俄国未履行条约,故其结果非如铁路此类小问题,而是满洲脱离贵国掌控。此乃实际情况,并非空谈。

庆亲王:(瞿、袁两位全权亦发问。)何时脱离?

内田全权:非谓何时,实际情况如此。

瞿全权:贵全权此言有损两国敦谊也。

小村男爵:毕竟俄国阻止东清铁路与山海关内外铁路相连,旨在自身单独垄断满洲之利益。若俄国时至今日仍占据南满洲,显然决不会允许新民屯至奉天之联络。日本有别于俄国,既允许此路线之联络,亦不欲垄断满洲之利益,秉持线路相连有利于彼此之宗旨。此次战争之结果,才使得可与关外铁路相连,现正欲商议其联络办法。还望斟酌此等情形,顾全彼此交谊,考虑一折衷办法。

袁全权:贵全权重视联络之意自可信任,中国自身敷设铁路,亦可于奉天实现相互连接。安奉铁路六百里已让与贵国,此段短途铁路归于我方亦公平也。

小村男爵:此事连日来已再三说明,现无必要重复矣。

① 中俄《交收东三省条约》第四条第三节规定,"至日后在东三省南段续修铁路,或修枝路,并或在营口建造桥梁、迁移铁路尽头等事,应彼此商办"。《日本外交文书》内误记为"第三条第四节"。

庆亲王：贵全权修正案以辽河为界碍难允诺,总之应由中国自身敷设,可就其他办法进行协商。

小村男爵：总之还望彼此再行考量,定一妥协办法,容另日再议。

瞿全权：此条则暂行搁置。

小村男爵：然续议护路兵事宜。

庆亲王：关于此件,贵全权之主旨为俄国撤去时日本亦照行,但他日中国向俄国交涉时,俄国当提出如日本撤去俄国亦照行,结果漫无止境,故除此办法外,可有切实办法乎?

小村男爵：关于铁路护路兵事宜,已与俄国有成约,仅凭日本断难改变。且此事日本曾向俄国力争,其结果正如和约内规定。若中国向俄国交涉,俄国同意变更,则日本可随时应允,故现今除我方所拟办法外别无良法。

庆亲王：签订《交收东三省条约》时,小村、内田两位全权曾就铁路护路兵事宜忠告称,不应允诺俄国,应由中国自行保护。今日贵国依照与俄国之条约,亦设护路兵,为得中国许可,而与当时之言论大相径庭。俄国为蛮不讲理之国,贵国作为友邦不应有此种道理。今日贵国如就此事先示以楷模,中国可基于此与俄国交涉。若俄国不予允诺虽无可奈何,但还望日本出于文明主义,率先应允此条。

小村男爵：铁路保护事宜,中国若能完全胜任,日本自无任何异议,故日本表示若俄国撤去,日本亦无条件撤去。然日俄和谈时,俄国原希望不对护路兵设限,但日本尽力将其限制为一基罗迈当十五名。而日本并无永久驻留护路兵之念,故如俄国同意,随时即可撤去。但日俄间已定之事仅凭日本之考虑无法变更,如贵国照会俄国,其予以应允,日本亦可允定,则贵国以此与俄国交涉大为方便。若日本宣称将作出与俄国同等让步,大体上俄国如同意,日本亦同意,除此之外别无他法,故前日所拟我方办法还望就此采用。

庆亲王:总之,此事贵国前提为如俄国允诺,而我方主张为如照会俄国,应声称日本若同意。正因撤兵期限未定,故希望诉诸两国敦谊达成协议。如日本与俄国相互推卸责任,最终仍无法妥定。

小村男爵:日方可承诺如俄国同意撤去护路兵,日本即同意,但俄国无法作出类似承诺。无论如何,日本可明确约定,如俄国同意,日本亦表示同意。

庆亲王:若俄国宣称如日本同意,自己亦同意,此仍无甚差别也。

小村男爵:日本在条约内言明如俄国允诺,日本亦同意,则俄国无法作出如日本允诺之表示,此事在条约内已言明。

瞿全权:此难以说清。

小村男爵:虽谓难以说清,但亦是事实。因日本言明如俄国同意,自己亦同意,故俄国无法作同样表示。

袁全权:日俄和约附约第一款之英文翻译应有此意。

(此时出示 reserve themselves the right 之表述。)

小村男爵:然也。其后该条明确日俄两国满洲军总司令协商确定护路兵每一基罗迈当不超过十五名。

袁全权:根据此和约条文,日俄两国有自设护路兵之权,即便日本一名护路兵都不设,俄国亦不能表示异议。但如超过十五名,俄国当有反对之权,即所谓双方各自保有权利。

小村男爵:此为其后依照和约确定满洲之兵数所作约定,两国均有恪守之义务。

袁全权：毕竟条约为根本，东三省之协议乃由其衍生之枝叶，故根据此根本宗旨，日本于理所为可不必忌惮俄国。

小村男爵：否，不可也。此乃日俄间已确定之事，无法变更。

袁全权：关于此护路兵，因事关东三省之安危治乱，故中国视之为重大问题。此前本大臣递予贵全权之方案内，此条为本次会议之首要问题。而贵全权此前之方案与此次所拟办法并无太大区别，我方则以上次所拟办法为主。

小村男爵：按照最初我方之方案，俟贵国自能完全保护时，日本政府即声明撤兵。然贵国不予允诺，故考量后退让一步，此次所拟办法内为便于贵国与俄国交涉，如俄国同意，日本亦表示同意之语，与最初方案大有区别，决非同样办法。我方认为此次方案已充分让步，日本政府之宗旨清晰明确，此外别无良法，还请考虑照此允定。

内田全权：且本件并非如昨日说明之单纯案件。此乃在无日本政府训令情况下，由吾等全权委员提出如允诺我方关于铁路之两方案，则可应允此条，即贵国以此协议与俄国相商时，尽管或给予俄国变更条约之口实甚为危险，但为贵国之方便，本大臣等可担负此责。而贵国又可将此作为与俄国交涉极为有利之武器。

袁全权：东三省之乱正出于驻军，我方不愿今日仍有兵队驻留。关于贵全权所拟办法，所谓和约规定贵国自有留置护路兵之权，但贵国不涉及俄国亦可撤回护路兵，俄国应不会有所异议。而所拟办法第一案，称中国有完全保护之实力时再行撤回，但并无明确时期。第二案称需俄国同意，颇为困难，因与俄国协商是否有成效尚未可知，其亦无时期，故我方只得坚持最初所拟办法。然如前所述，撤兵之前撤回护路兵虽难以实行，惟希望撤兵后一定时期内撤回护路兵。现所拟办法前段为中国之声明,随后申明贵国之宗旨,故当由本大臣说明后,双方再行酌商。

(此时袁全权手持该方案进行说明。)

日本政府声明非长久留设护路兵且愿人数从少之语为贵全权之前所述,东三省地方中国自身尚未能充分保护时,日本为保护日本臣民生命财产起见,可暂留巡捕队若干名专为保护长春至旅顺铁路。设巡捕队一事并非中国突然提出,而是璞科第于外务部向我方切实所言。

护路兵毫不牵碍中国地方治理之权,亦不擅出铁路界外为声明中国主权所必需,若有干预地方吏治,或与百姓争执等保护目的以外之事将甚为棘手,应同时向日本军队及俄国军队声明切勿发生此等事项。

俟东三省地方秩序恢复,中国可自行保护时,日本应与俄国同时将巡捕队撤去,此为载明连日来我方之主张。

末段巡捕队撤退之期至迟不逾十二个月,乃因经多次协商,如无期限则无协定之效,特作如此规定。

以上各点如贵全权有反对之意见,还请列出彼此商讨。

小村男爵:如最初所述,贵全权所拟办法之宗旨已清楚知悉。但日本于日俄和谈时已尽可能就撤兵期限及护路兵进行限制,一定程度上已达成此目的。如非日本尽力,俄国撤兵期限将更为长久,亦无护路兵人数之限制。正因日本之尽力才取得如此结果,而此次所谓若俄国同意,日本亦应同意撤去护路兵等语,我方实不能担负超出上述范围之责任,此点还望贵全权察知。且此问题牵涉日俄两国关系,两国中日本首先决定宗旨,即此案仅限定日本,所谓若俄国同意,日本应可随时应允,则剩下惟有俄国。如贵国与俄国交涉达成一致,日本自当应允,此主旨还望谅察。故如对我方提案无法妥协,此问题应就此暂且搁置,否则无论对日本,还是对俄国,此事无法达成一致,两国均悬而不决,则将导致三国之间永无签署协定可能。如此案贵国不予允诺,将如庆亲王所担忧,与日本相商时则云俄国不同意,与俄国相商时,则云日本不同意,永无决定之日。如同意此案,至少日本已确定,否则必拖而不决。

庆亲王:此问题与日本交涉尚且如此困难,故与俄国协商,彼必一如往常狡黠应对,且推托于日本,以致无果而终。故望如袁全权所述,制定详细办法。

小村男爵:若如我方所拟办法,声称俄国若同意,日本即同意,故俄国断不会说出日本若同意之语。单日本方面而言,此问题已确定也。

内田全权:若日本单方面与贵国商定,俄国当乐观其成。无论是军队,还是护路兵,均不惮中国而设。然日本宣称若俄国亦同意时,贵国可向俄国直言日本应允撤去,故俄国亦应撤去。贵国之地步已甚为牢固也。方才庆亲王殿下称日本于俄国撤兵问题时,曾言不应设护路兵,现则态度有别,前后矛盾。现今日本之宗旨与当时决无变化,即日俄和谈时坚持主张俄国之护路兵应维持少数,且缩短撤兵期限,在此基础上如方才所述给予贵国对俄交涉之有利武器,上述情形还望贵全权察知。

庆亲王:既然秉持如此宗旨,若再不明确期限,他日与俄国协商时即便称日本同意撤回护路兵,亦无法达成我方希望,故务必订明期限。

内田全权:相较确定期限,本方提案实为更佳。如期限定为三年、五年,在此之前不可撤回。如不定期限,反而可能更早撤回。

俄国声称一年后撤回,日本亦可立即声明一年后撤回。若不订明,贵国可向俄国宣称,日本亦可作出与俄国相同承诺。

袁全权:不希望外国军队驻留满洲,乃我国上下共通之愿望,即认为驻军遑论俄军,即便是日军亦甚为危险。当然日俄战争时,中国希望日本胜利,其一为希望他日得到日本帮助之故,其二为往年小村大臣、内田公使曾劝告拒绝俄国设护路兵,即不让俄军驻留。此次和约亦贯彻这一宗旨,订明撤兵期限及限制护路兵事宜。然关于撤回护路兵事宜,现若甚至无法与贵国协商,则俄国更不可能。故此时还望当以切实办法进行商议。

庆亲王:此前璞科第拜访外务部时,就军队驻留满洲一事,中国曾拒绝允诺,其即称此非士兵,可视为巡捕,故我方所拟办法内改为巡捕,如此则易于与俄国协商。今日虽已充分讨论,还望贵全权进一步权衡。

小村男爵:虽会就此斟酌,但除我方之前提出方案外,别无良法。且须向贵全权说明,若不采用我方办法,日中之间此事不决,则该问题永无商定之期。若不在此商定此问题,还望充分考虑会带来何种后果。若采用我方办法,日本单方面即可确定,希望贵国在此基础上再与俄交涉,虽伴有一定困难,但克服困难与俄相商,或有解决之道。然若在此仍无法确定,最终将失去机会,本大臣等虽旨在考查是否有妥协之法,但无法达成一致时之结果,还望贵全权等考量。

瞿全权:惟只是笼统言之,如俄国璞科第一般亦同样与日本言辞暧昧,我方则甚是为难。

小村男爵:此言并无道理。

内田全权:若俄国与日本作出同样承诺,则此问题完全解决。

瞿全权：毕竟期限未定碍难允诺。

内田全权：期限即刻可定。

庆亲王：虽说期限亦可定，然若照全权所拟办法文意，如俄国承诺，贵国是否立即确定期限，本大臣等……

（此语因正值彼此谈话混杂，日本全权大臣未能听清。）

庆亲王：总之，还望贵全权再行考量，本大臣等亦再行斟酌。

内田全权：就袁全权所述办法，初始部分即有名无实。我方一旦约定必然履行。而如巡捕队，开战前俄国只是修改士卒军服之肩章即称为巡捕，此乃有名无实。我方则如约履行，不喜如此有名无实之举。

袁全权：我方对十八个月撤兵期限之声明理由为此期限过长，全国舆论虽均表示反对期限过长，但此前商议结果知悉变更期限极为困难，故只是单纯声明我方之希望。而巡捕队之事，中国从未许可俄国于东三省驻军，故即便事实上将士兵乔装充作巡捕，我方终究只是承认其为巡捕，若有巡捕之外举动，亦可对其诘责，此亦只是表达我方希望。

庆亲王：此事应明日再议，我方亦再行斟酌，亦请贵全权考量。

小村男爵：明日下午三时如何？

袁全权：希望定为后日再议。明日本大臣等充分进行商讨。

小村男爵：可也。后日下午三时再议。

（下午五时三十五分散会。）

【附件第一号】

由长春至吉林省城铁路由中国自行筑造，不敷之数允向日本国贷借，其借款合同按照中国山海关内外铁路局向中英公司借款合同办法。

第十八次正式会议谈判笔记

一九〇五年十二月十五日下午三时十二分开议

列席者与上次相同。

（首先中国全权大臣提出有关吉长铁路之修正案【附件第一号】。）

小村男爵：此条列入会议节录之意乎？

袁全权：然也。该线路两年来坚拒俄国之请，现仍处于撤兵之前，希望尽量不要列入条约之内。

庆亲王：会议节录应与条约有同等效力。

袁全权："届时"指撤兵之后。

小村男爵：关于新奉铁路，有何新办法否？

（此时庆亲王答曰"然也，在此"。提出该问题之修正案【附件第二号】。）

小村男爵：关于铁路护路兵事宜，可有新办法？

庆亲王：有，已另拟办法。

（提出关于该件之修正案【附件第三号】。）

内田全权："此外各处军用轨路应一律撤去"指何意？除此之外并无其他铁路。

袁全权：此指沿东清铁路干线敷设于农田中之军用铁路。

小村男爵：此铁路为暂时所设。

袁全权：然也,但农民等耕作时甚感不便。

（此时双方协商条文表述。）

内田全权：（面向唐会办。）唐大臣,贵处可有与汇丰银行所订山海关内外铁路合同之副本？

唐会办：有之,在此。①

（提出该合同副本【附件第四号】。）

小村男爵：此护路兵之修正案已详阅之,大致尚可,惟文案尚需简略,如过于细致日本恐多生异议,难以商妥,故只需体现大体宗旨,文案可简化之。因此拟成修正案,还请阅看。

（提出日方修正案【附件第五号】。）

庆亲王：此点中国十分重视,希望尽可能将来不致产生误解。我方提案中所载事宜,皆已参酌贵全权历次以来之方案。参照贵国决非永久驻留护路兵之宗旨,首段内我方之声明即便略加简略,此意希望务必保留,而末段载明护路兵不得干涉地方治理,且不可擅出铁路界外,旨在预防日后产生纠纷,可保永远和平。

小村男爵：前段贵国政府之声明对日本政府并无效力,因此无需列入。后段为当然之事,不必载明将来亦不会产生误解。

鉴于我国数年来采取之满洲政策,上述事项应已众所周知,予以承认似将令人怀疑日本政府之宗旨,若致日本抱有不满,不如删去为宜。

袁全权：前段为对我方极为重要之条款,故即便简略亦望务

———————

① 此处内田康哉与唐绍仪对话为英文。

必保留,以向各方告知我国作出如此声明。表述之修改均可商议,其宗旨务必列入。末段为希望避免将来误解,永远不起衅端,如不同意列入条约正文,至少希望列入会议节录内。

小村男爵:条约与会议节录并无任何不同,惟如此表述日本政府之真意将受到怀疑,甚为不可。且只需贵我两国敦谊长存,相信将来不致产生如此误解。

袁全权:对我方而言,此案相较贵国,毋宁是需要以此办法应对俄国。将来正欲向俄国明确提出此点,其缘由在于俄军向来擅出铁路守护区域,威胁百姓或掠夺物资等骚扰行为不计其数,此事明显为防俄必要之举。若对贵国明订此事,亦可同样要求俄国订定。此案经两日协商,已尽量参酌贵国宗旨修改拟定,若无法列入条约正文,还望列入会议节录。

小村男爵:贵全权之意已知悉。若为应对俄国希望载明此事,此易办到。日本当初即秉持可照俄国允诺予以同意之宗旨,若俄国可照此约定,日本亦无丝毫窒碍。然现欲将此事于条约或会议节录内订明,日本自会产生中国是否怀疑日本之情,故实难在此协定此事。本日可先确定护路兵大体事宜,其他枝节之事应俟将来贵国与俄国交涉结果再定。

袁全权:此事有别于撤兵问题,还请勿将其关联至与俄国交涉之结果。但若贵全权认为如此协定不妥,还望作一声明,表示应加强约束避免将来军队有此行为。

小村男爵:上述行为日本无意为之,实难自行声明。若有此意,声明将来不为或有必要,本来即无意,无法自行声明无此打算。

袁全权:日俄之护路兵合计约三万人,即俄国两万余人,日本一万余人,我方甚为担忧或因此产生不测事端,故我等全权须考虑消除人心疑惧不安之办法。若可商定护路兵既不骚扰民众,又不干预行政之协议,当可稳定人心。现今普通民众对此点抱有疑念,故希望订明以安民心。

小村男爵:关于贵全权希望载入会议节录之语,会议节录本非应公开之物,仅限贵国政府知晓,此等理所当然之事即便未订定协议,亦必如前述。会议节录最终既不予公开,载明于内当无稳定人心之效。

庆亲王:应稍加修正,改为由日本声明并无此意。

(该案虽经提出,但因成为废案予以撤回,未存留记录。)

小村男爵:日本毫无此念,因此不能声明。铁路护路兵只限于守护,此外不会有任何逾矩之事。

瞿全权:此本为我方之希望,但贵全权声称无此行为。对此例如本条约第一条及第二条,我方虽要求删去,但依照贵全权之请存入会议节录内。对此之回报,还望可将此条列入会议节录以副我方期望。

小村男爵:第一条及第二条日本原希望载入条约正文,因两位贵全权之说明而让步同意列入会议节录,对此日本政府并不满意。

然此事须视与俄国交涉之结果而定,如最初所述日本将依照贵国与俄国之协定照办,此乃前日来会议已明确之,故本问题届时再定亦可也。现欲订明此事,似显得已作好铁路护路兵永远驻留之准备。贵国与俄国交涉约定立即撤去,或附加年限约定撤去,但如留存本项,将被认定有永远驻留之意。

袁全权:撤兵问题与日俄两国有关,须与俄国协商而定,但此项性质不同,仅此欲不与俄国协商而先确定。若贵全权预计撤兵后一年左右可撤去护路兵,此项当立即删去。惟此项出于稳定民心之考虑,贵全权声明护路兵不行逾矩之事亦非难事。

小村男爵:有关铁路护路兵整体事宜,即撤退期限及撤退前种种限制,应全部俟贵国与俄国交涉之结果而定,如达成协议日本将完全照办,故理应届时再定。然贵全权务必要求现即作出声明,不仅毫无必要,亦似对日本政府有疑,我国政府甚感不快,碍难允诺。故本大臣数日来希望仅先确定主要讨论之点,即我方修正案所示。故此案前后之声明可对表述略作修改后,同意存入,即惟有修改日俄两国在满洲所留铁路护路兵等语,后段护路兵等语亦须删去。

庆亲王:前段可按贵全权所述修改,后段列入会议节录内如何?

小村男爵:如此并无区别。

袁全权:中国极为重视此项,数日来协商后尽可能以副贵国主旨而拟成此条,即便为会议节录仍希望存记于内。而撤兵与约束护路兵举措分别为不同问题,当然决非不信任贵国真意,但所有原先与俄国有关之事,若中国向俄国交涉协商不定,则大有困难。且迄今协商各事项中,亦有与俄国并无任何关系而商定者,故此事亦希望不牵涉俄国而定。如吉长铁路曾拒绝俄国之要求,若此项亦声称需与俄国协商,终究不可商定。

小村男爵:吉长铁路之事不可作为例子,关于该铁路,俄国于日俄和谈时曾明言日本敷设亦无窒碍,终究不应作为参照。前段声明可照适才修改成立,但后段与以往不同,可俟将来订明期限时再定,故惟有删去。然护路兵事宜,前日我方已提出最终方案,当时曾言此提案为我两位全权负责提议,尚未经政府承认,若贵全权允诺我方有关新奉铁路及吉长铁路之期望,护路兵事宜亦可照我方之最后方案应允。但既然吉长铁路及新奉铁路之问题仍未同意我方要求,本问题在此亦无法商结。

庆亲王:关于铁路事宜,我方已提出吉长铁路之修正案,不知贵全权如何考虑?

小村男爵:此案之主旨与我方提案相背殊甚,故应审酌后再行答复。

庆亲王:然贵全权对吉长铁路及新奉铁路之考虑与我方之宗旨相差甚远乎?

小村男爵:然也,与我方宗旨相去甚远,故更需斟酌。

瞿全权:前日贵全权曾言及我方修正案与贵国主旨大体一致。

小村男爵:上述话语从未提及,瞿全权或有所误解。如大体意见一致当无需争论,正因大体并不一致,故需讨论。前日所述为吉长铁路如以合办宗旨经营,双方一致同意所谓合办之事,即日中两国合力经营,双方对此保持一致之意。

瞿全权:我方亦同一意思。

小村男爵:然事实并非如此。

庆亲王:安奉铁路与俄国无关,基于两国敦谊虽予以允诺,但新奉铁路及吉长铁路此次所拟办法实难再行退让。惟细目鉴于两国敦谊及双方利益,仍应磋商。两国关系日益亲密,故依照贵国维持东洋和平之宗旨,还望尽可能留有可与中国协商之余地,今日之修正案请贵全权带回充分研究为盼。

小村男爵:本大臣等原本即秉持亲王殿下所述之宗旨连日交涉,为彼此两国之将来苦心寻求妥协办法。然与我方期望相去甚远,断难承允,故煞费苦心。

庆亲王:困难之处我方亦不遑多让,此次之修正案已尽可能让步而拟成,亦请贵全权尽量让步。若彼此意见分歧过大,难以商妥,还望尽可能合拢所见以便妥结,还请贵全权再行斟酌。

小村男爵:关于现今铁路事宜之修正案,还应多加考量。此案仍有不明之处欲向贵全权确认。

庆亲王:此事尚且不急,铁路之事还请充分斟酌。护路兵事宜彼我双方之方案均碍难应允,亦请考虑有无折衷办法。

小村男爵:铁路护路兵之事,前段修正后可同意列入,末段终究难以允诺。

庆亲王:末段我方可进行修正,如不列入条约正文,还望存入会议节录内。

小村男爵:自政府视之,不分条约正文与会议节录,相关事宜并无不同,终难应允。

庆亲王:我方亦费尽心思,碍难允诺贵全权之方案。

内田全权:此项事宜原有前例,无需担心,即拳乱后驻屯之各国军队现虽仍未撤退,但众所周知并无出界限之外干预中国地方行政或欺凌百姓之举。而日本政府亦不可能如此行事,伤害贵国人民感情。且协定实际无效之事欠妥,我国军人得知决无好感,此项应断然删去最为妥当。

贵全权希望将此列入会议节录,但会议节录并不公开,对人民并无任何效力。另一方面又声称此为对俄之手段,但为此令日本允诺不快之事,不仅我国国民大为不满,本大臣亦已极为不快。

袁全权:此事原为我方此次交涉之关键要点,朝野上下寄予重望,原先普遍考虑应由中国军队守护东清铁路,但向贵全权让步提出十二个月限期，又与贵全权讨论后再行退让，今日我方已退至壁角再无可退，正是欲达成妥商办法才退让至此。方才内田公使声称中国是否将日军与俄军同等视之，中国亦不喜将联军与本问题之护路兵同等视之，因其性质迥异也。

内田全权：言及联军乃因说明其虽无相关规定，实际亦不曾干涉，无需担心，并无比较之意，即解释我军决无擅出界外扰乱地方之举。

瞿全权：铁路护路兵问题于此次两国开议之前，即俄国之东清铁路亦未允准，将来应以中国军队负责保护为一般定论，之后多次协商之结果方至此地步。经数十日来协商仍未达成一致之处即是此要点，如不能商妥我等实无法复命。还请贵全权充分谅察我方情形，尽量勉为其难照我方宗旨允定。

小村男爵：大体尚可允诺，此处为关于枝节问题之讨论，大体删去后段即可确定。后段部分应俟商议撤兵时期时再订，现今并无必要决定。我方之意在此同样只需决定大体概要即可。

庆亲王：只需商定撤兵之事，此事即无需讨论也。

小村男爵：然也。现并无必要协定此事，日俄两国或于撤兵后立即撤回护路兵亦未可知。协议未定之事并无必要，如此将有损日本政府感情，我等全权大臣决难同意。

瞿全权：所谓无论何时协商护路兵撤去时期均无定期，故应届时再行协定之语于理不通。

小村男爵：然既未确定，其时期或将于一年或两年后来临，应届时再定，无需现在商定。设定某一期限，期间应如何处置，是否应加以限制，均应届时再定。

瞿全权：将贵全权所言一年或两年到期后，应再行商议此件等语列入会议节录内如何？

小村男爵：方才所述为应俟确定撤去铁路护路兵时协定此件。

庆亲王：此毕竟为在此之前事宜，俟协商撤去护路兵之事时，此事岂非无需商议乎？

小村男爵：护路兵撤去一事如何进行，期限为一年还是两年尚未决定。

瞿全权：一年或两年期限内护路兵撤退前，希望仅将此限制之语列入会议节录内。

小村男爵：此并无必要现时确定，应商定期限时再行协商。

瞿全权：庆亲王之意届时已无必要。

袁全权：此条中国极为重视，虽视为主脑，但随协商之结果逐渐让步，现已成为基础，进而除希望贵全权斟酌外，我方已再无退让之余地。

小村男爵：尽管如此，若照如此宗旨终碍难允诺。不论条约正文或会议节录，将此列入其内实难同意。

袁全权：还望照此主旨考虑合乎贵全权之妥当表述，或见示可允诺该主旨之方案。

内田全权：对方才瞿全权所言有如下不明之处，欲进行确认，即贵全权之意是否希望将如今之问题，俟他日确定铁路护路兵撤回期限时再行协商等语留作凭证？

瞿全权：本大臣之意为一年或两年内若撤回护路兵，即不需要此协定，但期限不明，故希望订明此事。

内田全权：所谓护路兵，照字面意思即并无守护铁路之外扰乱地方，干涉地方行政之理。如有超出职务之举动，可由两国政府订立协定。若载明如此表述不甚妥当,显得贵国始终担忧护路兵之干涉,似有示弱之感,于贵国之体面亦决非褒义。

瞿全权:铁路线既长,护路兵亦多,故与百姓及地方官接触机会势必增多,实难保证不生事端。贵国虽必有所约束,但在此订明则更为安心。若决定于十二个月期限内撤退,当然无需此协定。且与俄国协商时,如此项已定,便于我方与其以同等条件订约。即便此条列入秘不公开之会议节录,我方并未伪称不实。如无此条,即不能申明与日本商定。只是俄国铁路线甚长,护路兵亦多,故务必须将此事订定。

庆亲王:还望贵全权返回寓馆后酌情考量,如以为有碍日本政府体面之处,可将字句修改。然若既不将此条列入条约正文,亦不列入会议节录,则大有困难,越发难以商妥也。

小村男爵:毕竟照此表述实难允诺,尚需酌察后再行答复。

内田全权:另外贵全权提出关于铁路之两方案,内有不甚明了之处,为作参考还望进行确认。

袁全权:可也。

内田全权:第一,新奉铁路部分与我方之期望有根本区别,无法满意,自当明言。但为我方斟酌参考须向贵全权确认,聘用日本参赞、工程、车务各一人,其权限如何?

袁全权:参赞为铁路整体之总务相关之职,接受总办咨询给予建议;工程为施工相关,与我方技师协商;车务为掌管运输之职。聘用时应签订合同期间内有关权限之详细章程。

内田全权:如此则不止为单纯领受月俸之雇员,而是听取其意见,如不商妥不会实行,会赋予此等权限乎?

袁全权:当然,此举旨在连接两国铁路,故参赞对此表露意见,有利益者自当采用,反之即不予采纳。每月支付俸禄,不可能不征取意见,作此无益之举,须充分采用其意见。

内田全权:然世间不如此行事者亦有,徒有支付高额月俸,配备人员之举而已。

袁全权:此举是以双方联络为主旨,自当施行联络方面必要事宜,务必需要借助贵国人士之力。

内田全权:其次,我方上次提案中主张新奉铁路以辽河为划分之界,河东之敷设、经营事宜应按照安奉铁路办法一律办理。然贵全权此案之主旨为新奉铁路全线归中国所有,故实际上不会以辽河为界划分,若聘用三名日本人,对新奉铁路全线可有不妥乎?

袁全权:此事须对我方理由稍作说明。辽西因涉及山海关铁路,与英国公司资本有关,该线如聘用日本人,英国公使方面恐生窒碍。辽河以东聘用日本人无妨,惟名义上虽是辽东,实际辽河搭桥事宜亦可协商。

内田全权:明了也。

庆亲王:因路远先行告退,还请见谅。

(此时庆亲王离开。)

内田全权:车务具体为何职务?

袁全权:弗利为关内外铁路主任,负责所有列车之发车、抵达及运输事务等,其部下有德国人、英国人、中国人。

今日到此为止如何?

小村男爵:并无其他事项可议,故惟有散会。

瞿全权:还望双方意见尽量合拢,勿要相背而行。

小村男爵:此三条我等尚需少许时日进行斟酌,因此明日休会,后日下午三时续议。

　　袁全权：知悉。护路兵事宜每有修改须一一呈皇太后御览。此前协商结果及所拟办法等均由瞿全权上奏,此次将第三次上奏,终于有所变化,本大臣等亦再无可多述之言。

　　内田全权：(持附件第四号合同副本向唐会办示意。)唐大臣,此件可保留否?

　　唐会办：明日或下次会议时将交予贵全权一份副本。①

　　(内田全权将该合同副本交还唐会办。)

　　(下午六时四十分散会。)

【附件第一号】

　　拟列入会议节录:

　　由长春至吉林省城铁路,由中国自行筹款筑造,不敷之处允向日本贷借,约以半数为度,其借款办法届时再商订详细合同。

【附件第二号】

　　拟列入会议节录:

　　由奉天省城至新民府日本国所筑造行军轨路,应由两国政府派员公平议价售与中国。另由中国改造铁路,允在辽河以东由该铁路局延用日本人铁路参赞一员、帮办工程、车务各一员,以期与南满洲铁路联络。此外各处军用轨路应一律拆去。

【附件第三号之一】

　　中国政府特为声明:极盼日俄两国将现驻兵队从速撤退,并以日俄在东三省所留护路兵有损主权,有妨治安,应请概行撤去。

　　日本国政府愿副中国期望,但须俄国政府亦允将护路兵撤退,或中俄另有商订妥善办法,日本国政府允即一律照办。如满洲地

---

① 此处内田康哉与唐绍仪对话为英文。

方平靖,外国人命、产业中国均能保护周密,日本国亦可与俄国将护路兵同时撤退。再此项护路兵专为巡护长春至旅顺铁路之用,未撤以前不得牵碍中国地方治理之权,亦不得擅出沿铁路界限以外。

【附件第三号之二】

拟列入会议节录:

日本国所留长春至铁路护路兵队虽已载在本约款,但中国视为尚未妥协完善,仍将抗议之意在会议节录内列入声明。

【附件第四号】

督办中国山海关内外铁路大臣顺天府尹堂胡(以后统称督办大臣)、汇丰银行并代英国怡和洋行经理华英公司(以后统称公司)订立合同,前因筹造中后所至新民厅铁路及营口支路,并归还津榆、津卢各路所缺款项,曾于光绪二十四年四月十九日,即西历一千八百九十八年六月初七日,由督办大臣及汇丰银行代英公司在北京签订草合同,筹借英金一款,约合华银一千六百万两。草合同内并声明,签押后准限三个月,听公司定夺允否照办。嗣经公司于限满前拟就办法,通知督办大臣,允按草合同举借款项,彼此订定条款如左:

第一条:公司允代督办大臣举借英金一款,计二百三十万镑,其交付次序列后:

一、备还津榆、津卢路所缺外国各银行款项,应按合同后附列清单立即预备,或俟到期交付。兹督办大臣言明,各路应还之款项,其总数不过华银三百万两。

二、预备天津至山海关各路自立合同日起,三年内应添设各工程及增造车辆之用。此项事宜,系总工程司拟办,据共估费华银一百五十万两,应分别缓急,次第匀款兴办。

三、备款建造中后所至新民厅一路,并由此路近十三站处起,接一路至营口,又于女儿河造一支路至南票出煤处。督办大臣并允,以上各新路自立合同之日起,于三年内造成。

第二条:如建造各新路,于所借之款尚有不敷,督办大臣应即设法,或向中国政府设法,另筹款项,俾敷全路竣工之用。

第三条:北京山海关各路所有车道、车辆、一切产业及脚价进款,并新路造成后所得脚价进款,应尽先作为此次借款之保。督办大臣于借款期内,应将铁路、房屋、工厂、车辆、地段、物产等经理妥善,并随时增造车辆,务令运载等事敷用无缺。倘嗣后于前指各路商定添造枝路,或再接展,其建造之事应归铁路局承办,款项如有不敷,应向公司筹措。

第四条:此借款本息,均由中国国家作保。如付息还本到期爽约,公司即知照中国国家,应按所需之数,筹备英金,在伦敦代还公司。倘中国国家于公司按此条知照后,未能照所短本息筹还,应将所指各路及一切产业,交公司所派经手人暂代管理。俟本息还清,仍交还铁路局管理。倘所缺本息为数无多,并须通融展期不逾三月之久,为公司所愿者亦应从权办理。此办法与他合同不同之处,在于督办大臣极思将此借款本息按期付还,始终照常归中国统理此路一切事宜,是乃立合同者彼此愿念交谊之故。

第五条:此借款未清之前,凡他项借款不经由公司者,均不得再以上文所指各项作保,并由总理衙门代中国国家照会英国驻京钦差大臣,允认此合同内所指各铁路永远为中国产业,无论何国不得借端侵占。

第六条：在借款期内总工程司应用英人。至铁路办事首领人员应照现在办法，均用干练之欧洲人充当，仍应归督办大臣派委。如有办理不善或不胜任者，督办大臣可与总工程司商明撤退。倘有华人实能通晓工程事宜并车务处等事，亦应参用，毋得遏抑。倘有时须新派一总工程司，应与公司商明方可派委。并添派铁路洋账房一员，须具干练之才，于铁路各账务，均有全权布置督理。其监督收发事宜，应商同督办大臣及总工程司办理。

第七条：合同内所指各路，系属中国政府官路。如遇军务赈务，政府在各路运送兵丁、粮食，均不给价。

第八条：指明各路所有收款进款，应存天津汇丰银行。并户部遵照上谕拨给铁路经费十年，每年由山西、陕西、河南、安徽等省各解五万两之款，亦照此办理。所有经理养路应用各费，均由该局收款、进款项下开支，俟有余剩，应与各省所交之款均备还此款之用。其付息还本，应由督办大臣照银行所拟逐年归款表内数目日期，按月匀摊，以行平银兑足应付金镑，支给天津汇丰银行，俾该行按借款章程代为散给股东。至此项兑换之价，应由银行于每次到期时定夺。天津汇丰银行承办付息还本、代交股东等事，由铁路局于逐年还款，按百分之二厘五提给该行作为经手费，并列入逐年还款表内。

第九条：此借款以四十五年为期，其借本应按下文各办法自第六年为始，匀分四十年归还，务与股东相宜。

第十条：此借款按所开银数常年付息五厘，并按该本未还之尾数，随时照算。至付息数目日期，均由督办大臣按照逐年归款表内所开办理。

第十一条：还本应按借款章程在伦敦逐年掣还。除此项掣款外,督办大臣可于三个月前知照公司,另集额外股款备掣,其股票每百分之值应加二十分。至此项额外股款,仍应与借款章程内所备寻常掣款同日掣还。又额外股款掣还之后,其逐年归款表内所开息款数目,应即照改。其还本之法,仍应照本合同第九款期限数目办理。中国政府并允还本一事除按此条办理外,不作他项归还或移拨之法。

第十二条:此借款照所列银数,按九扣付与铁路局。但借款章程发出之时,倘市面情形不佳,应准公司自行跌价,不逾八八扣之数。

第十三条:现准公司按借款金镑总数发股票,由公司酌就式样及数目,发给签借各人。此项股票应悉由中国驻英伦敦钦差盖用关防,以昭明系属中国国家作保。每股票内应声明光绪　年　月　日奉旨,此借款本息悉属中国国家作保。是以特准本国驻英大臣盖用关防,以昭信守。

第十四条:凡因此借款所造股票、息票、出入款项,应永远免收中国一切税项。

第十五条:所有借款章程内详细条款及付股东利息还本等事,合同内如有未尽者,均归公司随时筹办。公司于此合同签押后,即须从速将借款章程发行,并应由总理衙门行知驻伦敦钦差,遇事与公司相助为理。

第十六条:此合同签字之后,当从速举借款项。其期以举借之本月初一日为始,至逐次分交借款,应候督办大臣拨用,在伦敦交付,均不得迟过西历一千八百九十九年三月三十一日。公司并应于第一次交款内预提一款,计英金二十五万镑,于本年英十月三十一日,或此日之前,在伦敦听督办大臣拨用,即行交付。此项预支之款,应按常年五厘五付息,俟第一次款交付时,即将此款在内扣还。

第十七条：倘遇市面情形不佳,按照办法举借款项交付,必致公司受损者,应准公司照展限期,俾得按照与督办大臣所订合同办理。如有预支之款,或交付之款,业经交与铁路局者,如遇此事,其付息还本作保之物,中国政府担保各情,仍照此合同办理。倘柏林德华银行因一千八百九十八年中国政府四厘半借款之故,必须于明年英四月之前方肯按本合同第九条办法举借款项,并应准公司将举借及交付之期,一律展缓。

第十八条：此合同签押之后,未发借款章程之前,督办大臣应将各条款奏请钦定施行。所奉上谕,应由总理衙门用照会通知英驻京钦差,勿稍延缓。

第十九条：如公司有不得已之事,可由公司将所有权利及办事之责,移交他英国公司总办或经手,或请他英国公司总办或经手代为办理,惟须与督办大臣商明,仍期联合一气。

第二十条：此合同华、英文各缮四分,一存铁路局督办大臣处,一存总署,一存英钦差署,一存公司。如有翻译辩论之处,以英文为主。

光绪二十四年八月二十五日,①西历一千八百九十八年十月初十日在北京签押。

督办中国山海关内外铁路大臣顺天府尹堂胡燏棻押印。

【附件第五号】

日本全权修正案：

---

① 《日本外交文书》误记为光绪二十四年四月二十五日。

中国政府特为声明：极盼日俄两国将现驻兵队从速撤退，并请将在东三省所留护路兵概行撤去。

日本国政府以愿副中国期望，如俄国允将护路兵撤退，或中俄另有商订妥善办法，日本国政府允即一律照办。如满洲地方平靖，外国人命、产业中国均能保护周密，日本国亦可与俄国将护路兵同时撤退。

第十九次正式会议谈判笔记
一九〇五年十二月十七日下午三时十六分开议

列席者与上次相同,庆亲王因病未到。

(唐会办递呈文件,并称"此乃前述合同副本【第十八次正式会议谈判笔记附件第四号】"。)

小村男爵:今日续议前次会议时未臻商妥之三条。首先协商吉长铁路事宜,该铁路经我等两位全权商酌,大体同意贵全权之提议。

此为折衷前日来本大臣等所持意见主旨及贵全权之主旨后所拟办法。

(此时小村男爵提出修正案【附件第一号、第二号】。)

该铁路问题如能照此办法商妥,另有与之相关希望附加声明之语,还请贵全权阅看。

(【附件第三号、第四号】。)

瞿全权:此附加声明应加于本条文案之后,抑或特别列出?

小村男爵:两者皆可,只需主旨明确足矣。当然此乃前日贵全权声称铁路事宜应全部列入会议节录内,本大臣亦同样考虑。

(瞿全权此时自言自语道,"于末段加入,则将与俄国之协定相同,故颇为难办"。)

袁全权:大体宗旨我方与其相同,惟此拟条内有工程师应由日本国延聘等语,似有不可聘用中国工程师之意。然关内外铁路可聘用中国工程师,此处应修改。

(此时袁全权修改文案,加入中国工程师亦可聘用等语。)

小村男爵:并非此意。此条并无不可聘用中国工程师之意,工程师事宜本根据贵全权原先之提案。

袁全权:"兼"字如何?

小村男爵:关内外铁路与中英公司之合同内规定,总工程司由英国人担任乎?

袁全权:按本大臣之意,可依照我方所拟办法。如参照关内外铁路合同,总工程司当然为日本人。

小村男爵:可按贵全权所言而定,以二十五年为限如何?

袁全权:应加入年限。

(此时袁全权将所拟办法交予小村男爵【附件第五号之一】。)

小村男爵:此主旨可也。年限一事应如何设定?关内外铁路合同订明借款偿还期限为四十五年,五年后可分四十年偿还,然此为贵国政府可全额还清之意乎?

袁全权:二十一年后可全额还清。

唐会办:二十一年后。

内田全权:中国可偿清借款?

唐会办:可偿还溢价债券。①

袁全权:此为参酌中英借款合同而定,如允诺则二十五年云

———————

① 此处唐绍仪与内田康哉对话为英文。

云可随时参酌商定。需要参酌乃因英镑之计算不同,情形亦有所差别,加入仿照、参酌等语较为稳妥。

年限定为四十年亦可,原本我方希望缩短年限,因此低于四十年亦可协定。

唐会办:我方有另一……

内田全权:另一何物?

唐会办:另一秘密约定。

小村男爵:此点有所不知。

唐会办:二十一年后中国可偿清借款。[①]

袁全权:所谓在吉林省城一带不允许他国筑造铁路,亦不与他国人合办经营铁路,我国断无此事,俄国曾以兵力相逼亦未允准,我方无需约定此项。

小村男爵:贵全权之宗旨虽然如此,但为使日本政府安心,此声明即便不列入条约正文,仍希望加入会议节录内。相信贵全权决无允诺他国之意。

袁全权:关于此点,还请相信中国。如此若提出新拟办法,则需进一步讨论,即非仅我等可决定。一经评议,当会延迟。若无此段,其他正文自可立即商定。

小村男爵:评议多少有所耽搁亦不得已。

瞿全权:若他日有允许他国人之事,当由我等二人负责。

小村男爵:原本我方提案为吉长铁路完全由日本经营,后退让一步由两国合办,进而又改为名义上由贵国经营,日本出资一半才告商妥,故其结果需要此附加声明。若由日本经营,决不会应允

---

① 此处唐绍仪与小村寿太郎、内田康哉对话为英文。

俄国,即便其以武力相逼亦可防护。然此问题既然如此解决,其结果有必要加入此声明。且并不列入条约,而是存入秘不公开之会议节录内。若贵国政府改变主意,贵全权等责任自然重大,若载明原本即与贵政府主旨一致之事,负责当不难做到。

袁全权:我方若载明此条,即意味主权受他人限制,另一方面明言不允许他国人,即意味由日本独占。实际上中国断无与他国合办之事。

(此时袁全权与瞿全权进行商议。)

袁全权:如将双方所述列入会议节录内,可否不以条款列出?

小村男爵:即便不以条款列出,若明示将来照此办理亦可。

袁全权:作为表述记载虽可,但不欲作为条文留存。

小村男爵:岂非相差无几乎?

袁全权:中国主权受限及由贵国独占,将倍感难办也。

小村男爵:独占之语甚难理解,若他日吉林地区敷设铁路,不与他国合办,必须与日本合办可称之为独占,但本大臣等决非此意。若只是声称不与他国合办,决非独占之意。

袁全权:还望作为谈话列入记录。

小村男爵:可也。如此亦可允诺。

(于是小村男爵研究此条之前提条款。)

内田全权:我方提案为预设敷设铁路所需资金不足而拟成,然贵全权之方案内有"不敷之数"等语,如此并无不敷时则不行贷借之意乎?

瞿全权:我方与贵全权所拟办法作同样解释。

内田全权:我方提案与此不同,我方提案中以资金不足为前提,与贵全权假设资金有不足之情况大为不同。

瞿全权：我方并不如此认为。我方提案中若承认"若有不敷"或能如贵全权所解释，但写明以半数为度岂非无妨乎？还望相信我方。

内田全权：则相同也。

小村男爵：关于关内外铁路，据唐侍郎称有经过二十一年即可偿清全部借款之密约，然此密约并未反映在本条内，此应如何处置？

袁全权：我方希望年限定为二十五年，应加入二十五年字样。

（此时袁全权在文案中加入二十五年表述，并交予小村男爵【附件第五号之二】。）

（小村男爵与内田全权进行协商。）

唐会办：当时签订关内外铁路借款合同时并未预想到该铁路会如今日之发达，故期限设定较长。若知如今日之繁盛，则不会定如此长期年限。

小村男爵：照此表述未满二十五年是否亦可偿清借款？

袁全权：否，既定分期二十五年，还应分为二十五年还清，将来缔结合同时偿还金额将列表注明。

内田全权：但中英合同规定偿还期限为四十五年，若照此承认时，据另订条款又可解释为年限内可自由全部还清。此种情况必须避免。

袁全权：然已明确规定分期二十五年。

内田全权：中英合同中虽明文规定四十五年，写明五年后分四十年还清，但又另订条款，如溢价可提前全部偿清。故若以此为准，将产生误解，即指此层关系也。

袁全权：既已写明二十五年为分还完毕之期，此事参照中英合同,贵全权无需担心。

唐会办:即便未满二十五年欲偿清借款,写明此句后亦不可行。

小村男爵:如此宗旨可也,亦符合我方之意。

袁全权:即便经过十五年欲全部偿清亦不能也。

小村男爵:可也。

袁全权:讨论甚久之问题终有一项告一段落。

内田全权:山海关内外铁路借款合同内写明工程师、理事等聘用欧洲人,如以此为准,本条之铁路当聘用日本人,此举可乎?

袁全权:然也。为此参酌商订等语,即缔结合同时将该处改为日本人。

内田全权:此处必须为日本人之意乎?

袁全权:然也。决无聘用西洋人之语也。

小村男爵:聘用俄国人如何?

(大笑。)

袁全权:大使阁下如愿意,聘用俄国人亦可。

(一同大笑。)

小村男爵:其次为新奉铁路事宜,关于该铁路虽经妥细考察,我方仍无可折衷双方期望之妥当办法,故还请允认按照与吉长铁路相同办法,大体作为贵国政府铁路敷设之主旨。因此兹提出两个方案,还望从中择一允诺。其一,希望大体按照吉长铁路办法订定协议;其二,如若难以实行,希望将新奉铁路事宜留待日后再议。

袁全权:若此条成为悬案,中国作为地主需敷设该铁路,现乃贵国之军用铁路,必须协商其处置办法。

小村男爵：此案并非长期搁置不行协商之意。此次会议结束后仍欲进一步磋商，或可定于十二个月后，决非成为永久悬案。

袁全权：还望就撤去军用铁路事宜订立协议。

小村男爵：该问题可届时再行商议，即新奉铁路相关所有问题不需在此全部商定，此次谈判结束后再行协商或是按吉长铁路办法协定，此两种方法皆可，希望从中择一商定。军用铁路之处置应俟协商整体问题时，即日后再行磋商，不应单就此事现在商定。故希望将此条留待条约缔结后另行开议。

袁全权：总之此条铁路作为皇帝谒陵路线之铁路，我方实难允诺他国敷设。

小村男爵：既然如此，我方希望采取与吉长铁路同样办法，由贵国经营进行敷设。

袁全权：我方宗旨为吉长铁路向贵国借款敷设，而此条无需借款，希望由中国自营。

瞿全权：毕竟虽承诺两国铁路相互联络，但无法允诺该铁路之借款。总之两国铁路相互联络，由我方完成联络即可乎？

内田全权：如从商业方面利益言及联络，毋宁不联络对南满洲铁路更有利。然该铁路之联络须从大局着眼，辽河以东为军事上必要之地，故提出希望采取与安奉铁路相同之办法，决非主要只是为无意义之联络。

瞿全权：如联络则包括防御事务。

内田全权：然也。具有双重意义，此正是最终提案援引吉长铁路之例缘故。

袁全权：撤兵后，该铁路必须由我方行使主权立即敷设，故有必要明确如何拆去军用铁路。

小村男爵：现距撤兵仍有时日，无需在此商定，待日后协商尚有充分时间。

瞿全权：此条即便暂行搁置，将来我方仍然计划自造，故迟早需协定该问题。

袁全权：不管现在还是将来，我方充分讨论之结果，若照此方案施行，无论经过多少时日亦是一样，别无妥当办法。

小村男爵：再过十二个月日本或贵国亦有良法或未可知。此次会议本大臣等除按照吉长铁路之例外别无良法。如此后十二个月详加考察，或有其他折衷办法，现在此穷究结论，除我方提案外实无他法。故不得已希望暂时延期，待日后不久再行商议，至撤兵前可达成一致。

袁全权：此事已是贵全权提案以来多次研究之结果，故如贵全权所述嗣后另议一事现难以遽行答复，尚需再妥细斟酌后回复。

小村男爵：还请贵全权再行斟酌。前日贵全权之提案难言满意，我方最初之方案为该铁路与安奉铁路一律办理，知悉贵国无法允诺之理由后退让一步，提出该铁路归贵国所有，其他事宜按照吉长铁路同样办法办理，除此之外别无他法。而前日贵全权之所拟办法，日本政府实难满意。贵全权如另有方案自可提出，否则如不同意按吉长铁路之办法惟有暂且将此问题延期再议，还望考量后再行答复。

袁全权：贵全权就此可有何提案？

小村男爵：我方并无新提案，除将依照方法自安奉铁路改为吉长铁路之外别无他法。即照此办法商定由贵国自造，参照吉长铁路之例办理，实无别法。

内田全权：方才贵全权声称该铁路与吉林线不同，不需要外国资本，但之前我方已投入资金敷设军用铁路，且架设铁桥所需费用亦不菲，故如参照吉长铁路办法，双方均投入资金即可。

袁全权：贵国已投入资本建造之物，当依照我方提案估价赎回。总之，该路线中国视为至要，故虽经多次磋商除此之外仍无良法，实难再行斟酌。

小村男爵：还请多加考量。再次为护路兵事宜，此亦为多次商讨之问题。我方已按照前日贵全权所拟办法，参酌其主旨修改后拟成两条，还请阅看。一条为列入条约正文，另一条希望将贵全权提案之末段列入会议节录。

（此时小村男爵提出两条办法【附件第六号、第七号、第八号、第九号】。）

袁全权：列入条约正文之条款可照此允定，惟关于铁路护路兵一事，因东三省土地辽阔，还望载明为长春至旅顺之铁路护路兵。另有日前我方提案中所列声明一节，还望与贵全权协商。

小村男爵：关于我租借地内铁路之守备，并无与贵国相关之处。

袁全权：日俄和约内有提及长春至旅顺铁路之语。

小村男爵：此乃关于俄国让与日本权益之语，然旅大租借地内之铁路日本既已受让自俄国，其守备当由日本自由安排，与贵国无关。

袁全权：如此则写入至金州，明确地名如何？

瞿全权：如写明至长春以南某地点亦可。

袁全权：应写明自长春至租借地界。

小村男爵：护路兵之驻屯地既已明了，无需列出地名。

袁全权：惟东三省地方所指较为笼统，太过宽泛。

小村男爵：然应改为南满洲乎？

袁全权：南满洲则将包括安奉铁路。

小村男爵：然应包括在内。

袁全权：此与俄国亦有关系，故……

小村男爵：改为自长春至旅大租借地界如何？

袁全权：可也。

小村男爵：界限则分明也，即至界外之意。

瞿全权：如此最为妥当。

（此时袁全权修改后交予小村男爵【附件第十号】。）

（小村男爵手指中国提案之末段"第十八次正式会议谈判笔记附件第三号之二"。）

小村男爵：此条还请撤回。此次议约各条款内我方不满意者岂止一端，如将其逐条列入会议节录内将不胜枚举。

袁全权：此条有别于其他条款，完全撤去护路兵一事原为我方宗旨，未得贵全权同意，后又预定期限，亦未得应允。此事我方视为至要，故协商后欲附加此声明，可为他日再行会商留有余地，实难当即撤回。

小村男爵：他日协商之余地，凭本条约足矣，且会议期间迭经会商所定条款为双方相互妥协之结果，须先行满意方能订定。至于双方皆将不满商议事项之意留诸将来，则有违和衷妥商之宗旨，如与贵全权同样将表明不满之意存留甚是欠妥。

袁全权：此条若不确定期限，我方甚感困难，故希望设法达成协议，但经数次协商仍无法订定期限，因此内部一致希望附加此声明作一折衷办法。如此条仍难确定，仅凭其他已定条款尚不充分，又不得不重新回到原先之方案，为此徒费时日。贵全权困难之处亦是我方困难所在。我方出于以上考虑，如内部一致则可担负自身责任，只需将贵全权认为不妥字样进行删改。此事对双方而言皆为最大难题。

内田全权：与其将此等不平之语诉诸我方，不如将其诉诸贵国相关人士更为必要。诉诸会议节录外更为妥当。

（袁全权此时修改字句，将文案交予小村男爵【附件第十一号】。）

小村男爵："抗议"字样不甚妥当。

袁全权：毕竟上文语意颇重，末段未显突出。

小村男爵：现稍作修改如何？"抗议"二字不可。

内田全权：最终"抗议"二字凸显语意之重。

袁全权：中国"抗议"之词重则可用于向皇帝抗议，亦可用于一般无妨。

小村男爵："抗议"二字于日本语意极重。

（此时袁全权再次修改文案。）

袁全权：如过于注意字句之修改，我等亦感困难。

（袁全权提出修正案【附件第十二号】。）

小村男爵：可也，如此则无抗议。

唐会办：抗议之意为何？

内田全权：Protest.

唐会办：贵国可有此单词？

内田全权：有之。

唐会办：法律用词？

内田全权：然也，法律及外交用词。

唐会办：我国尚无,此乃新词。①

瞿全权：英国公使萨道义好用此词。

袁全权：自萨道义处学得此词。

小村男爵：贵全权学得不好之事,故颇难办也。

（一同大笑。）

袁全权：另有一事须作声明。

小村男爵：又为抗议乎？

袁全权：此条为代替政府及人民加入,作为我方之地位不得不作出声明之事。

（提出声明方案【第十五次正式会议谈判笔记附件第一号】。）

小村男爵：此条如此之主旨自当同意。

（小村男爵言毕提出修正案【附件第十三号】。）

袁全权：此大致可也,惟"军务"之"务"字有战争之意,希望改为"军用"。

小村男爵：可也。还请阅看我方补充条款第四条,内有免税一事,虽已确定铁路材料免税,但护路兵所需用品免税一事未定,须俟护路兵事宜确定后再定。现护路兵事宜已定,故其所需用品亦希望同样适用免税。

袁全权：铁路材料免税一事东清铁路条约内有规定,且军需用品一贯当属免税,无需另行规定。此外,内田公使曾以公文照会外务部,称撤兵前护路兵军需品应免税,有此足矣。

小村男爵：所谓军需品,是否专指军械、弹药,粮秣等不包括在内。

---

① 此处唐绍仪与内田康哉对话为英文。

袁全权：非也，士兵食粮及其他军衣等一切物件均包括在内。有致外务部之照会即可，故无需专定此条。

小村男爵：如此可也。

袁全权：然此款可全部删去乎？

小村男爵：否，第四条铁路材料一事已定，然因军需品之说明显然不需另定条款，则仅该部分可予撤回。

袁全权：可也，然是否删去该部分？

小村男爵：此补充条款第四条按前日所定即可。

（此时袁全权提出第四条确定文案【附件第十四号】。）

袁全权：如此可否？

小村男爵：可也。

袁全权：大体已经商定。

小村男爵：尚有一项未议定，即新奉铁路事宜。此条可暂时搁置，留待日后再行协商，或按照吉长铁路办法办理，抑或另有良法，此三种情况应明日续议。

袁全权：可也。

瞿全权：该铁路为皇帝出行路线，实有极大困难，还望尽可能按照我方拟定办法订定。

小村男爵：将来皇帝若巡幸满洲，届时无论该铁路还是守备及其他一切事项，自当交由贵国负责。但皇帝未巡幸满洲时，即俟满洲全域平靖时，届时当不交由贵国。

袁全权：皇陵事宜因风水说甚为棘手。

内田全权：正是顾及其论说才提出最终之方案，即按照英国之山海关内外铁路合同办理，英国人既可，当无日本人不可之论。

袁全权：然该铁路我方宗旨为中国自营。

内田全权：吉长铁路亦同样为贵国之铁路。

袁全权：应仔细斟酌后明日再议。

小村男爵：新奉铁路事宜如能妥协，两全权提出之问题可全部商定，双方合计共十四项条款。最初贵全权之答复声称分为正约及附约，现仍将十四条分为正约及附约之意乎？

袁全权：当整理此前之文件后再行商议。

小村男爵：（面向唐会办。）贵全权之答复内将条款分为两类，一是需批准之正约，二是附约。我方认为最佳办法为将我方议和大纲第四款作为正约，其他条款列入附约或会议节录内。①

（唐会办向袁全权翻译小村男爵所述。）

袁全权：我方亦如此考虑，关于未臻完备之声明，是否列入会议节录内？

小村男爵：然也。

袁全权：此乃贵全权交付之日俄两军司令官有关撤兵期限、人员、地区相关协议及地图之汉文译本，里数等不明之处已由坂西向福岛少将确认。其正确与否还请贵全权查阅。

（此时提出于四平街缔结之日俄撤兵手续议定书、附属备忘录及地图之汉文译本。）

小村男爵：稍后定当阅看。

袁全权：今日先到此为止。

小村男爵：明日续议可也。

内田全权：该铁路可谓我方之生命，故还望贵全权玉成。

袁全权：此乃所有铁路中我方视为至要者，故甚难允诺。

---

① 此段小村寿太郎话语为英文。

内田全权：其他铁路虽有不满意之处仍然商定，惟有此路仍请尽量应允我方期望。

袁全权：此需细加考量，无法立即答复。

小村男爵：明日需要批准正约前段及末段之规定，应准备带来相关文案。

袁全权：知悉。

小村男爵：关于条款顺序，贵全权与我方之提案有所混淆，或又有拟增条款，还应商议此十三四项条款顺序如何调整。

瞿全权：我方亦考虑其顺序，届时再行商议。

（下午五时三十分散会。）

【附件第一号】

長春吉林間鉄道ハ清国自ラ築造シ、技師ハ日本人ヲ備聘スヘク。又資金不足ノ数即チ約半額ハ、日本会社ヨリ借入レ、二十五箇年ヲ以テ年賦完済ノ期トナス。其他借款契約ハ凡テ清国関内外鉄道局ト清英組合トノ借款契約ニ準シ、之ヲ弁理スヘシ。

【附件第二号】

由长春至吉林省城铁路由中国自行筑造，但工程师由日本国延聘，所需款项不敷之数即约略总数之半，可向日本国公司借贷，以二十五年为分还完毕之期。此外借款合同均按照中国山海关内外铁路局向中英公司借款合同订办。

【附件第三号】

清国政府ハ吉林地方ニ於テ別国人ニ鉄道敷設権ヲ与ヘ、若クハ別国人ト共同シテ鉄道ヲ敷設スルコトナキ旨ヲ自ラ進ンテ声明ス。

【附件第四号】

中国政府特自声明：在吉林省城一带地方不将筑造铁路之权允许他国人，并不与他国人合办筑造铁路。

【附件第五号之一】

列入会议节录：

由长春至吉林省城铁路由中国自行筹款筑造，不敷之数允向日本国贷借，约以半数为度。其借款办法届时仿照中国山海关内外铁路局向中英公司借款合同参酌商订。

【附件第五号之二】

列入会议节录：

由长春至吉林省城铁路由中国自行筹款筑造，不敷之数允向日本国贷借，约以半数为度。其借款办法届时仿照中国山海关内外铁路局向中英公司借款合同参酌商订，以二十五年为分还完毕之期。

【附件第六号】

清国政府ハ满州ニ於ケル日露两国军队并ニ铁道守備兵ノ可成速ニ撤退セラレンコトヲ切望スル旨ヲ言明シタルニ依リ、日本国政府ハ清国政府ノ希望に应センコト欲シ、若シ露国ニ於テ其铁道守備兵ノ撤退ヲ承諾スルカ、或ハ清露两国间ニ别ニ适当ノ方法ヲ协定シタルトキハ、日本国政府モ同样ニ照弁スヘキコトヲ承諾ス。若シ满州地方平靖ニ归シ、外国人生命财产ヲ清国自ラ完全ニ保護シ得ルニ至リタル时ハ、日本国モ亦露国卜同时に铁道守備兵ヲ撤退スヘシ。

【附件第七号】

因中国政府声明极盼日俄两国将驻扎东三省军队暨护路兵队

从速撤退,日本国政府愿副中国期望,如俄国允将护路兵撤退或中俄两国另有商订妥善办法,日本国政府允即一律照办。如满洲地方平靖,外国人命、产业中国均能保护周密,日本国亦可与俄国将护路兵同时撤退。

【附件第八号】

日本国全権委員ハ満洲ニ於ケル鉄道守備兵ハ其撤退以前ニ有リテ、漫ニ清国ノ地方行政権ニ牽碍セス、又擅マニ鉄道区域外ニ出テサルヘキコトヲ声明ス。

【附件第九号】

日本国全权大臣声明:驻留满洲地方护路兵队在未撤以前,不至辄行牵碍中国地方治理之权,亦不擅出沿铁路界限以外。

【附件第十号】

日本国全权大臣声明:驻留由长春至旅大借地界之护路兵队在未撤以前,不至辄行牵碍中国地方治理之权,亦不擅出沿铁路界限以外。

【附件第十一号】

拟列入会议节录:

日本国所留长春至旅顺护路兵队虽已载在本约条款,但中国视为尚未完备,应将抗议之意在会议节录内列入声明。

【附件第十二号】

日本国所留长春至旅大借地界之护路兵队虽已载在本约条款,但中国视为尚未完备,应将此意在会议节录内列入声明。

【附件第十三号】

中国政府声明:中国与日本国素敦友睦,此次日俄不幸失和,系在中国疆土构兵。现日俄既经修好,在东三省已无战事,日本国

待撤之兵队虽仍有占守通例，乃近日日本国臣民在奉天省时有干
预中国地方官吏治暨损坏中国公私产业等情，其系并非军用必需。
果有此项事件在日本全权大臣亦视为非所应为，允将此声明各意
转达日本政府，迅速设法约束在奉天省之日本臣民，益加敦睦。其
系并非军用必需者，勿致再有干预中国吏治暨损坏官民产业等
各事。

【附件第十四号】

中国政府允南满洲铁路所需各项材料，应豁免一切税捐厘金。

第二十次正式会议谈判笔记

一九〇五年十二月十八日下午三时二十二分开议

列席者与上次相同,庆亲王因病未到。

(会议最初为关于上海暴动①之谈话,中国全权大臣派邹嘉来右丞前往外务部。)

袁全权:关于新奉铁路事宜,对于贵全权昨日所交拟条办法,甚感困难,昨夜至今晨经妥细斟酌已拟成方案,还请阅看。

(此时将修正案交予小村男爵【附件第一号】。)

瞿全权:除此办法外我方再无退让余地。

小村男爵:前段大体上与我方所述依照吉长铁路办法之主旨相差无几,故对此并无异议。然参酌商订等语之后部分还望删去,因除安东县至奉天及奉天至新民屯外并无军用铁路,其他皆为临时敷设之短途轻便铁路,最初即准备撤回,故俟撤兵时将一并拆去,无需特行订定。至于电线一节为其他问题,日前已定明将来协

---

① 1905 年 12 月初,广东已故官员黎廷珏的妻子黎黄氏携带婢女十余人途经上海返回广东原籍,因被人诬告贩卖人口而被租界巡捕房拘捕。上海会审公廨审理此案时,发生了英国陪审官侮辱中国会审员事件,激起公愤。12 月 18 日上午公共租界的中国商铺开始停业罢市,并有大量民众在租界巡捕房和市政厅前举行示威,而租界当局的武力镇压导致冲突升级,造成中国民众死伤 30 余人。

商,故应待日后随时商议,无需在此列入。因此本条应只商定前段之有关铁路事宜。

袁全权:此两段军用铁路及其他短途铁路将于撤兵时一律撤去之事,还望在协定中列明。因乃战时军队占领人民土地敷设之铁路,为尽快交还土地,故望可载明撤兵同时一并拆去。至于电线事宜,因与铁路关系密切,亦请列入协定。总之安奉铁路已照贵国主旨允诺,而吉长铁路之问题甚为困难,最终亦已商定。然新奉铁路问题尽管颇为棘手,昨日贵全权提出所拟办法,且不宜因此事影响谈判进展,故再行让步允诺之。新奉铁路我方希望尽快着手,电线亦欲同时推进,且其与铁路关系紧要,删去末段一事碍难允诺。

小村男爵:除军用铁路外其他均为短途,且为人力推车,故撤兵时一并撤去自属必然。若日本有意不予撤去,将与要求新奉铁路及安奉铁路敷设权同样公然向贵国提出。既不作要求,即明显为撤兵时自当同时拆去之意,故无需另行订定。

袁全权:如此则将撤兵时一并拆去此节列入会议节录内,如何?

小村全权:无妨,事实应如上所述。

袁全权:可也。

小村全权:但电线事宜应为可随时商议,尤其新奉间电线一事,虽听闻日来已成为一大问题,但无论如何总有处置办法。惟不必现时就此商议。

袁全权:此电线因与铁路关系紧要,本大臣希望必须尽可能立即着手。此前已商定必要时可随时协商,但恐或推迟至十二个月。现据吉林将军报告,吉林奉天间电线已开始着手联络,则新民屯奉天间亦有必要从速着手联络。铁路及电报皆为亟须修建事宜,故希望贵全权应允列入。

小村男爵:此事不必于此处订明,缘于此条约签署后至贵国着手接收军用铁路期间仍有借款问题、条约批准等,尚需相当时日,应届时再行协商。借款问题如未确定,亦无法着手。而电线一节既已商定嗣后遇事随时商议,且已向日本政府报告,若要求现仅就此事特行订定甚感困难。

袁全权:关于铁路之三项条款均已商定,电线事宜一经确定希望立即着手。本大臣等在三处铁路方面已同意贵全权之宗旨,因此还望务必允诺我方提出之条款。

内田全权:此事并未包括在此前提出之三处铁路相关办法内,应属新问题。此事应照此前议定之方案办理,至于希望在新奉间电杆上加挂一线之事,本大臣既任日本公使,明日即将外务部照会电达本国查照办理,以期勉副中国政府期望。总之会议之既定事项已向政府报告,现欲行增改甚为困难。

袁全权:昨日我方提出方案为襄助日本之用,今日所拟办法亦允诺贵全权之期望,故应加上电线事宜。若贵全权不予应允,惟有退回至前日方案,此外别无他法。

小村男爵:然铁路问题整体应仍照已商定办法,即如昨日我方之提案所示,按照吉长铁路办法办理或留待日后再行商议。如退回至昨日贵全权之方案,我方实难应允,惟有请放弃此念,容日后再行妥商。

袁全权:至奉天之铁路为中国主权由中国自营,此事此前已有计划,因拳乱而延宕至今,因此中国可要求拆除军用铁路。若该问题就此成为悬案,留待日后商议,则必须要求立即拆除军用铁路。而内田公使适才提及电线事宜,如有该承诺亦可。

内田公使：指添设一线乎？

袁全权：即允诺后段电线事宜即可。

内田公使：本大臣意指电达日本政府，尽快查照办理以副贵国之期望一事应可允诺。

袁全权：此事预计大概需多久？

内田全权：此事福岛少将曾知晓实情，并与贵全权谈及，当非难事。但我等并非直接相关，故实难保证可在一个月或五十日内办成。

小村男爵：此事内田公使电达外务省，外务省联络陆军省，再由陆军省电达满洲军，应花费相当时日。然本大臣如回国自清楚此事，若回国前仍未有眉目，即当尽力赶速催办以副中国政府所愿。

袁全权：福岛少将曾言一个月内可有回信，至四个月后今日仍无音讯，可知福岛少将之言亦难以信服。

小村男爵：如本大臣回东京前仍未有眉目，当立即尽力催办，此种方式更为迅速。否则订定条约后批准亦需两个月时间，反而有所耽搁。

瞿全权：不知何时可有回复？ 有无大概时间？ 此事本非强迫希望得到书面允诺。

小村男爵：所指是否为添设一线？ 此事至迟待本大臣回国之后，但在此之前或可能已有进展。

瞿全权：若得到内田公使之照复亦可。

内田全权：此前已有照复，即回复称已向外务省请示。贵全权之希望已充分了解，当在此载入备忘录，并致电本国催办。

袁全权：此次预计可办理否？

内田全权：预期可成。

小村男爵：必可办成。

袁全权：然则相信贵全权之言，将有关此事之字句删去。

（此时袁全权将文案再作修改后交予小村男爵【附件第二号】。）

终于可告一段落，此外可有其他事项商议否？

小村男爵：再无追加条款乎？

（笑言。）

袁全权：我方亦无。

（大笑。）

小村男爵：如此问题已全部商定，依照昨日所言条约分为正约与附约两部分，已拟成正约之序言及有关批准之规定文案，还请阅看。

（此时小村男爵将文案交予袁全权【附件第三号、第四号】。）

唐会办：序言之词为何？

内田全权：Preamble.

小村男爵：Draft of preamble and clause relating to ratifications.

唐会办：此必须附以事项。

小村男爵：贵国如何翻译单词"agreement"？①

唐会办：合同。

（合同较为特殊，谓合同为"contract"者亦有之。）

内田全权：议和大纲第六款原为一条，可将其分为两条，因正约之条款数目过少。

---

① 此处小村寿太郎与唐绍仪对话为英文。

（此时郑永邦书记官与唐侍郎及袁全权就"约定"等字句展开讨论，两国委员又议定将"会商订定"改为"妥商厘定"。）

袁全权：中俄条约原约种类繁多，还望列出其中条款附在条约内。

小村男爵：本条约字句中已涵盖宽泛，照此表述即可。

瞿全权：如不附属在内日后当有不明之处。

小村男爵：原约皆有涉及，中俄两国之间有关此事缔结之条约均包含在内。

袁全权：然如租借地之边界问题及界标俄国如何确定，依条约自可明了。

小村男爵：我方皆已包括，中俄间所有缔结、由双方批准之条约或协定，皆归日本所有，若仅为修改条文表述自可，但条文之主旨既已确定，并报告政府，现再行更新颇为难办，还请照此允诺。

袁全权：此毕竟以我方与俄国之协定为参考，附在其内更为完备，且属于贵国之权利亦更完备，还应加以明确为宜。

瞿全权：我方将誊抄副本以供参考。

小村男爵：然当领受以作参考，但既定条约内已载有其主旨者，该条款作为商定内容已报告政府，故无法允诺。惟贵国送呈之约本当领受之。

内田全权：贵全权可有上述条约之法文译本？

唐会办：有之，存于官衙之内。①

袁全权：我方将附于照会内送呈。

小村男爵：可也。

---

① 此处内田康哉与唐绍仪对话为英文。

内田全权：此当为法文本原文，还望尽量送呈法文，若无法文，汉文、俄文本亦可。

唐会办：我方备有俄文、汉文及法文文本，可全部送呈。

小村男爵：有时汉文颇有费解之处，若有法文或俄文本，文意可十分清楚。①

袁全权：知悉。

唐会办：条约极多，誊写当需一定时日。

小村男爵：可日后再交付。

瞿全权：将充分仔细誊抄。

袁全权：贵全权所拟文案我方暂且收下，还需仔细阅看。如牵碍等语完全似裁判用语，此等字句还应修改。

小村男爵：条约之批准交换应两个月内于北京完成，如何？

瞿全权：两个月内可也。

小村男爵：以上为正约，尚有附约之序言及末段内实行期限等文案，还请阅看。

（此时小村男爵将上述文件交予袁全权【附件第五号、第六号】。）

袁全权：大体并无窒碍，还当仔细阅看。

小村男爵：此外附约内所载条款之顺序如贵全权所知，最初由我方提出大纲，之后贵全权提出追加条款及修正案，我方又提出补充条款修正案等，上述条款列入条约时，不宜只依照协定之顺序，因此念及各条款之性质，调整其前后顺序，暂定出一方案，还请阅看。

---

① 此处唐绍仪与小村寿太郎对话为英文。

（此时小村男爵将排序案交予袁全权。）

袁全权：知悉，还应比较斟酌双方条款之内容。

小村男爵：请阅看其中第二条安奉铁路之条款，如蒙允诺还望就字句略作修改。

袁全权：我方亦有修改之处需作商议。

小村男爵：我方希望删去文案内"一律撤去"字样，铁路既已敷设，最终当被赎买，并无撤回之理。此外，经理等语之后部分应由下一条款决定，仅限该铁路并无需写入，故应删去。

袁全权：同意删去"一律删去"字样。末段内中国政府等语因包括南满洲铁路，与安奉铁路稍有不同，故还望保留。

小村男爵：如何修改皆可，但我方认为此处无需允诺。

袁全权：我方认为此处保留更为明了。且虽为"以十五年为限"，但实际上为十八年，因此希望明确"以光绪四十九年为限"。

小村男爵：可也。

袁全权：另有"请一他国公估人"之语，但未注明出于彼此哪一方，还望加入"彼此双方"之语。

小村男爵：知悉。

袁全权：铁路联络业务之处，原案内有南满洲铁路与中国铁路联络等语，此处希望改为"与关内外铁路"联络。

小村男爵：日本之意并非如此，即安奉铁路如有可能，希望将来可从釜山连至奉天、营口或经新民屯至北京、汉口，再连至广东，即自釜山出发之火车可行至广东，或凭一枚车票可从釜山去往中国任意各处，且凭于广东所买车票可前往釜山。此等情形应如何办理，希望就此协商之意。且日俄和约内有同样条款，订明其亦不限于满洲，可持同一车票自釜山至俄都。

袁全权：然可允改为"中国各铁路"，本大臣原以为只是关内外铁路。

唐会办：铁路如日益发达，将来亦可与轮船联络也。

内田全权：世界皆如此。

小村男爵：乃一伟大想法。

唐会办：此主意甚佳，因我方正考虑此事。[①]

（此时日本委员之间就光绪四十九年于日文条约内是否应换算为明治五十六年，或是保留光绪四十九年表述之问题展开讨论，内田全权认为旧历通常晚一个月，故可保留光绪四十九年。）

唐会办：如此写贵国有所损失。

内田全权：非也，我方从中获益。[②]

（此时两国委员就地方官派兵条款内"二十华里"等语订定改为"不得进驻二十华里以内"。）

袁全权：关于安东县奉天之称谓，奉天之沈阳为以前之名，并不正确，应全部改为奉天府。

小村男爵：可也。

袁全权：会议节录内"凡军需以外所有"之语，军需为军队所需用品之意，应改为"凡军用必需以外所有"。而"嗣后凡有关乎奉天省陆线暨旅烟海线事件"末段应改为"旅烟海线交接事件"。

（此时日本一名书记官向唐会办问道"交接事件"所谓何意？唐会办答称"connection"之意。但此解释似仍有少许不明，又向中国全权大臣提问，唐会办翻译中国全权之回答称"connection and matters which concern both"。）

---

① 此处小村寿太郎与唐绍仪对话为英文。
② 此处唐绍仪与内田康哉对话为英文。

小村男爵：军用铁路撤兵时一并撤去之处所用"凡撤兵地方"之语译成日文时不甚合适,应改为"俟撤兵时"。

袁全权：可也。此外,条文之顺序仍需调整,我方所拟方案如此。

（将方案交予小村男爵。）

小村男爵：明日再就正约、附约及条款之顺序逐条确认。

袁全权：可也。

内田全权：送呈中俄原约时,还望将山海关内外铁路局与中英公司合同之誊清本公开送交。此为谈判之基础,故十分必要。且据称另有密约,如有可能还望交付密约副本。

袁全权：关内外铁路合同及吉长铁路、新奉铁路之事均定于秘密会议节录,不可公开,故与之相关文件无法公开送交。

内田全权：虽说是公开,以密函形式岂非亦可乎？

唐会办：字句有少许欠妥之处,仍欲进行修改。

小村男爵：知悉。明日欲大体议定,确定条约签署日期后,再准备誊本如何？

袁全权：可也。先签署条约草案之意乎？

小村男爵：否,签署正式条约之日。

袁全权：则不需要草案乎？

小村男爵：然也,条约若明日议定,二十日休息一日,希望二十一日左右可签署。全部议定后,本大臣需作出发之准备,故望确定该日期。

瞿全权：先定为二十五日（中历）,具体时间向庆亲王请示后再定。

小村男爵：可也,希望可安排二十一日正式签约。

瞿全权：明日面见亲王后再定。

小村男爵：二十一日任何时间皆可。

瞿全权：明日请示时间，明日会议时再行答复，明日之会议下午三时可否？

小村男爵：则定为三时。

（下午五时三十分散会。）

【附件第一号】

拟列入会议节录：

由奉天省城至新民府日本国所筑造行军轨路，应由两国政府派员公平议价售与中国，另由中国改为自造铁路，允在辽河以东，所需款项向日本公司贷借一半之数，分十八年为借款还清之期，其借款办法届时仿照中国山海关内外铁路局向中英公司借款合同，参酌商订。此外各处军用轨路，应一律拆去，其奉新间日本军占取中国电线，应从速交还。未交以前由中国在该处电杆挂线通电，其余原有各线路由中国应即分别修复。

【附件第二号】

由奉天省城至新民府日本国所筑造行军轨路，应由两国政府派员公平议价售与中国，另由中国改为自造铁路，允在辽河以东，所需款项向日本公司贷借一半之数，分十八年为借款还清之期，其借款办法届时仿照中国山海关内外铁路局向中英公司借款合同，参酌商订。此外各处军用轨路俟届撤兵时应一律撤去。

【附件第三号】

大日本国皇帝陛下及大清国皇帝陛下ハ明治三十八年九月五日、即ち光緒三十一年　月　日調印セラレタル日露講和条約ヨリ生スル共同関係ノ事項ヲ協定セムコトヲ欲シ、右ノ目的ヲ以テ条約ヲ締結スルコトニ決シ、之カ為メニ大日本国皇帝陛下ハ特派全権大使外務大臣従三位勲一等男爵小村寿太郎及特命全権公使従四位勲二等内田康哉ヲ、大清国皇帝陛下ハ……ヲ各其ノ全権委員ニ任命セリ。因テ各全権委員ハ互ニ其ノ全権委任状ヲ示シ、其ノ良好妥当ナルヲ認メ以テ、左ノ条項ヲ協議決定セリ：

第三条：本条約ハ調印ノ日ヨリ効ヲ生スヘク。且大日本国皇帝陛下及大清国皇帝陛下ニ於テ之ヲ批准セラルヘシ。該批准書ハ本日ヨリ二箇月以内ニ成ルヘク速ニ北京ニ於テ之ヲ交換スヘシ。

右証拠トシテ、両国全権委員ハ日本文及漢文ヲ以テ作ラレタル各二通ノ本条約ニ記名調印スルモノナリ。

明治三十八年十二月　日即光緒三十一年　月　日

北京ニ於テ之ヲ作ル

大日本帝国特命全権大使外務大臣従三位勲一等男爵小村寿太郎

大日本帝国特命全権公使従四位勲二等内田康哉

【附件第四号】

大日本国大皇帝陛下、大清国大皇帝陛下愿妥定明治三十八年九月初五日,即光绪三十一年八月初七日签定日俄和约内所列共同关连之各项事宜,兹定明按照上开宗旨订立条约。为此,大日本国大皇帝陛下特派全权大使外务大臣从三位勋一等男爵小村寿太郎、特命全权公使从四位勋二等内田康哉;大清国大皇帝陛下简授……为全权大臣,[①]各将所奉全权文凭校阅,认明俱属妥善,会商订定各条,开列于左：

---

① 此处底本省略了清朝全权大臣的具体姓名。

第三款：本条约由签字盖印之日起即当施行，并由大日本国大皇帝陛下、大清国大皇帝陛下御笔批准，由本日起两个月以内，应从速将批准约本在北京互换。

为此，两国全权大臣缮写日本文、汉文各二本，即于此约内签名盖印，以昭信守。

明治三十八年十二月　日即光绪三十一年十一月　日在北京立

大日本帝国特命全权大使外务大臣从三位勋一等男爵小村寿太郎

大日本帝国特命全权公使从四位勋二等内田康哉

【附件第五号】

协约案

日清两国政府ハ满洲ニ於テ双方共ニ利害関係ヲ有スル数种ノ问题ヲ决定シ置クヲ便宜ナリト认メ、左ノ如ク协定セリ：

本协约ハ调印ノ日ヨリ効力ヲ生スヘク。且本日调印ノ条约批准セラレタル时ハ、本协约モ亦同时ニ批准セラレタルモノト看做スヘシ。

右证拠トシテ、下名ハ各其本国政府ヨリ相当ノ委任ヲ受ケ、日本文及汉文ヲ以テ作ラレタル各二通ノ本协约ニ记名调印スルモノナリ。

明治三十八年十二月　日即光绪三十一年　月　日

北京ニ於テ之ヲ作ル

大日本帝国特命全权大使外务大臣从三位勋一等男爵小村寿太郎

大日本帝国特命全权公使从四位勋二等内田康哉

【附件第六号】

附约案

大日本国政府、大清国政府认明将彼此利害相涉之各项事宜

预行核定为便,所有商订各条,开列于左:

本约由本日签名盖印之日起即当施行,并本日签定之条约一经批准,本约亦视同一律批准。

为此,两国全权大臣各奉本国政府合宜委任,缮写日本文、汉文各二本,即于此约内签名盖印,以昭信守。

明治三十八年十二月　日即光绪三十一年　月　日

在北京立

大日本帝国特命全权大使外务大臣从三位勋一等男爵小村寿太郎

大日本帝国特命全权公使从四位勋二等内田康哉

第二十一次正式会议谈判笔记

一九〇五年十二月十九日下午三时二十二分开议

列席者与上次相同,庆亲王因病未到。

小村男爵:关于条约各款之顺序,照昨日贵全权所拟方案大体可也,惟有贵全权所列第二条满洲忠魂碑事宜,希望往后挪移至第五条。

袁全权:可也。

小村男爵:即原第三条变为第二条,第四条变为第三条,第二条变为第五条。

袁全权:可也,其他如何?

内田全权:昨日言及之奉天新民屯间电线事宜,已电达本国。

袁全权:贵全权从速致电,本大臣返回天津前或可有眉目。正约及附约部分我方对字句稍作修改,还请阅看。

(袁全权提出修正案。)

袁全权:正约与附约应订于一处还是分别装订?

小村男爵:可订于一处。附约内有一二处字句仍需修改。

袁全权:按照此前《中日通商行船条约续约》之款式可否?

小村男爵:可也。(熟读文案片刻。)铁路材料免税之条款如此即可。(逐条阅看后。)此十二条项作为附约,还请阅看正约与附约之日文本。

袁全权:日文本当仔细察看。如中方就字句有需商议之处,将由金(邦平)书记官向贵国提出。

小村男爵:可也。如今日会议可最终确定,将立即着手誊抄。

袁全权:可否阅看日文正约及附约之序言?

小村男爵:可也。

(小村男爵将序言交予袁全权。)

小村男爵:尚有一事说明,最初开议时双方已约定此次会议事项须保密,两位全权大臣悉心注意下时至今日会谈高度保密,本大臣十分满意。此前虽已约定会议事项须保密,而会议节录事项亦应同样永远保密,彼我全权大臣已同意将此事载入会议节录内。我方希望即便条约批准之后,亦应永远保密,贵全权意下如何?

袁全权:惟列入会议节录内事项实施时,如着手推行新奉铁路、吉长铁路时,当然必须将会议节录内容告知参与者,此点还请谅察。

小村男爵:此举自是当然。惟会议节录内亦须载明节录整体应保密,但参与者虽同样保密,将来人员更迭时不知是否仍会保密,因此此事应列入本日之会议节录内,即希望注明今日会议节录内承认此条,人员即便更迭亦应明确。

袁全权:此点我方亦同样保密。

瞿全权:彼我双方都是如此,报纸尤为希望刊载此类事宜。

小村男爵:今日载入会议节录内事项之表述,应由书记官等商议。

瞿全权:惟实行上有必要时必须除外。

小村男爵：此当然也。

内田全权：有一事相告，此事并非追加条款，亦非列入会议节录之事项，但与满洲善后事宜有紧要关系。此次日本与俄国交战，支出军票，发行额达一亿日元以上，现流通额仍有五千余万日元。贵国人民有多数持有此军票，对其是否处置得当与今后满洲地方之贸易关系重大，且贵国持有者亦会因市场波动而大有利害得失。此前因军票时价一时下跌，正金银行每日为汇兑业务应接不暇，现为避免此种情况，正由正金银行专门负责完全整理军票事务。前任上海总领事小田切（万寿之助）①已加入正金银行，目前正在满洲执掌实务，日前其已来到北京，本大臣已与小田切一同面见庆亲王告知此事，即在军票整理落实前，希望奉天将军之财政举措可注意避免与正金银行之整理事务发生冲突碍及整理，并向庆亲王表示希望经双方协商后再予以推行。据当时小田切所述，其与赵（尔巽）将军面谈时，赵将军曾称已向中央政府报告意见，但庆亲王表示还未获悉，或嗣后送达。之后在本大臣要求下，庆亲王允诺将命赵将军就于奉天建立银行等事与正金银行充分协商后进行。然本日开议前本大臣接悉电报，称此次奉天将军计划出资三十万元设立官办银行，虽然还未发行纸币，但如发行钱票，结果或导致排斥军票，届时将有违原先之初衷，引发严重后果。因此为按照原旨，避免上述事态，还望贵全权下令迅速依照庆亲王此前之承诺，请其与正金银行协商后再推行财政措施，即希望贵全权从速向赵将军转告此事。

---

① 小田切万寿之助：1868—1934，字富卿，号银台。日本山形县人，外交官，银行家。历任日本驻杭州领事、驻上海总领事。1905 年加入横滨正金银行，先后出任该行驻北京董事、总裁，活跃于日本对华金融贷款领域。

袁全权：关于军票一事，贵全权来华前户部尚书曾提出欲就此订立协定，然我等因不了解具体事宜，已向赵将军询问实情究竟如何，据称日本军政官小山（洋作）曾颁布告示，宣称与赵将军协商结果可用军票缴纳地方捐税，但赵将军表示未有允诺此事，之后此事进展如何我方并不明了。且此事不仅限于日本，俄国亦同样发行众多军票，我方亦向吉林、黑龙江两省将军询问此事，但因电线不通详情亦不知晓。故此次协商因我方对此事仍有不明之处，难以按照户部要求实行，还应详加调查与外务部商议后，再与贵公使交涉。

内田全权：适才贵全权所称小山军政官与奉天将军双方有所分歧一事尚未闻知，为免双方产生此类误解，还望暂且先命赵将军应与日方协商。军票金额巨大，不仅对我方，对贵国人民亦有紧要关系，更对满洲贸易有重大影响，希望可从速颁发命令，务请先由双方商议以免有所差池。

小村男爵：关于军票一事，日本政府亦有期望，但此事已由正金银行代表小田切与庆亲王商议，故可暂不必列入会议议题，即由正金银行代表与赵将军协商。论及我方政府之期望，因已支出五千万日元，若有诸如军票信用受损之事发生，日本政府将大感棘手。原本如无正金银行与庆亲王就此事之商议，本大臣将于此次会议提出该问题，故还望可按最初小田切与庆亲王之间约定，命令奉天方面可彼我协商妥善处理。

瞿全权：此事突然提出，究竟是何情况本大臣等实不清楚，无法立即回复。适才所称庆亲王与小田切之间曾谈及此事，本大臣于外务部亦未曾听闻，因此还需向庆亲王详细确认此事。

内田全权：赵将军设立银行一事，此前我官吏认为如彼此磋商并无不可，但不通知正金银行，遽行开设使得彼我沟通不畅，最终将引发误解。此举对财政亦有巨大影响,造成双方俱损。故军票整理前,还望中方亦多加考虑利害,与正金银行商议以实现互利,即本大臣希望向赵将军告知此意。

瞿全权:总之本大臣并非此事之当局者,亦不知小田切与庆亲王之间如何商议,应先向庆亲王报告此事,询问实情。但设立银行作为地方事务乃理所当然,军票事宜应相互协商。

内田全权:此乃需要说明之处。设立银行为地方事务,故并非为此争执。惟银行如发行纸币,将对日本军票造成极大困扰。如不就此协商,对双方均有不利,双方一旦竞争,奉天将军推出之纸币亦会下跌,贵国亦会受损。如此双方俱损,引起何种麻烦亦未可知,而军票行情波动,最终将导致百姓受损。奉天之主旨有别于他省,并非论及设立银行之事,惟虑及银行发行纸币与军票之关系,如不采取措施将产生不测之后果,此点还望谅察。

瞿全权:明日将向庆亲王告知今日之事,惟事出突然,本大臣对前因后果不甚明了,故无法立即回复。

小村男爵:有劳贵全权。

袁全权:前日曾拜托审查之占领地地图及撤兵手续议定书是否已阅看完毕?

小村男爵:今日已带来。

(此时交予该文件。)

袁全权:文中可有不妥之处?

小村男爵:有少许需修改之处。

袁全权:地图如何?

小村男爵:图照此即可。

(下午五时散会。)

附录一:《中日会议东三省事宜条约》正约及附约

正约

一九〇五年十二月二十二日,光绪三十一年十一月二十六日,明治三十八年十二月二十二日,北京。

大清国大皇帝陛下、大日本国大皇帝陛下均愿妥定光绪三十一年八月初七日,即明治三十八年九月初五日,日俄两国签定和约内所列共同关涉各项事宜,兹照上开宗旨,订立条约。为此,大清国大皇帝陛下简授钦差全权大臣军机大臣总理外务部事务和硕庆亲王、钦差全权大臣军机大臣外务部尚书会办大臣瞿鸿禨、钦差全权大臣北洋大臣太子少保直隶总督袁世凯;大日本国大皇帝陛下简授特派全权大使外务大臣从三位勋一等男爵小村寿太郎、特命全权公使从四位勋二等内田康哉为全权大臣,各将所奉全权文凭校阅,认明俱属妥善,会商订定各条款,开列于左:

第一款:

中国政府将俄国按照日俄和约第五款及第六款允让日本国之一切概行允诺。

第二款:

日本国政府承允按照中俄两国所订借地及造路原约实力遵

行。嗣后遇事,随时与中国政府妥商厘定。

第三款:

本条约由签字盖印之时起即当施行,并由大清国大皇帝陛下、大日本国大皇帝陛下御笔批准,由本约盖印之日起两个月以内,应从速将批准约本在北京互换。

为此,两国全权大臣缮备汉文、日本文各二本,即于此约内签名盖印,以昭信守。

大清国钦差全权大臣军机大臣总理外务部事务和硕庆亲王押、钦差全权大臣军机大臣外务部尚书会办大臣瞿鸿禨押、钦差全权大臣北洋大臣太子少保直隶总督袁世凯押。

大日本国特派全权大使外务大臣从三位勋一等男爵小村寿太郎押、特命全权公使从四位勋二等内田康哉押。

光绪三十一年十一月二十六日

明治三十八年十二月二十二日

立于北京

附约

大清国政府、大日本国政府为在东三省地方彼此另有关涉事宜应行定明,以便遵守起见,商定各条款,开列于左:

第一款:

中国政府应允,俟日俄两国军队撤退后,从速将下开各地方中国自行开埠通商:

奉天省内之凤凰城、辽阳、新民屯、铁岭、通江子、法库门;

吉林省内之长春(即宽城子)、吉林省城、哈尔滨、宁古塔、珲春、三姓;

黑龙江省内之齐齐哈尔、海拉尔、爱珲、满洲里。

第二款:

因中国政府声明,极盼日俄两国将驻扎东三省军队暨护路兵队从速撤退,日本国政府愿副中国期望,如俄国允将护路兵撤退,或中俄两国另有商订妥善办法,日本国政府允即一律照办。又,如满洲地方平靖,外国人命、产业中国均能保护周密,日本国亦可与俄国将护路兵同时撤退。

第三款:

日本国军队一经由东三省某地方撤退,日本国政府应随即将该地名知会中国政府,虽在日俄和约续加条款所订之撤兵限期以内,即如上段所开,一准知会日本军队撤毕,则中国政府可得在各地方酌派军队,以维地方治安。日本军队未撤地方,倘有土匪扰害间阎,中国地方官亦得以派相当兵队前往剿捕,但不得进距日本驻兵界限二十华里以内。

第四款:

日本国政府允因军务上所必需,曾经在满洲地方占领或占用之中国公私各产业,在撤兵时悉还中国官民接受。其属无须备用者,即在撤兵以前,亦可交还。

第五款:

中国政府为妥行保全东三省各地方阵亡之日本军队将兵坟茔以及立有忠魂碑之地,务须竭力设法办理。

第六款:

中国政府允将由安东县至奉天省城所筑造之行军铁路仍由日本国政府接续经管,改为转运各国工商货物。自此路改良竣工之日起(除因运兵回国耽延十二个月不计外,限以二年为改良竣工之期),以十五年为限,即至光绪四十九年止。届期彼此公请一他国公估人,按该路建置各物件估价售与中国。未售以前,准由中国政府运送兵丁、饷械,可按东省铁路章程办理。至该路改良办法,应由日本承办人员与中国特派人员妥实商议。所有办理该路事务,中国政府援照东省铁路合同,派员查察经理。至该路运转中国官商货物价值,应另订详章。

第七款:

中日两国政府为图来往输运均臻兴旺便捷起见,妥订南满洲铁路与中国各铁路接联营业章程,务须从速另订别约。

第八款:

中国政府允南满洲铁路所需各项材料,应豁免一切税捐、厘金。

第九款:

所有奉省已开办商埠之营口暨虽允开埠尚未开办之安东县、奉天府各地方,其划定日本租界之办法,应由中日两国官员另行妥商厘定。

第十款:

中国政府允许设一中日木植公司,在鸭绿江右岸地方采伐木植。至该地段广狭、年限多寡暨公司如何设立,并一切合办章程,应另订详细合同,总期中日股东利权均摊。

第十一款:

满、韩交界陆路通商,彼此应按照相待最优国之例办理。

第十二款:

中日两国政府允,凡本日签名盖印之正约暨附约所载各款,遇事均以彼此相待最优之处施行。

本约由本日签名盖印之日起即当施行,并本日签定之正约一经批准,本约亦视同一律批准。

为此,两国全权大臣各奉本国政府合宜委任,缮备汉文、日本文各二本,即于此约内签名盖印,以昭信守。

大清国钦差全权大臣军机大臣总理外务部事务和硕庆亲王押、钦差全权大臣军机大臣外务部尚书会办大臣瞿鸿禨押、钦差全权大臣北洋大臣太子少保直隶总督袁世凯押。

大日本国特派全权大使外务大臣从三位勋一等男爵小村寿太郎印、特命全权公使从四位勋二等内田康哉印。

光绪三十一年十一月二十六日

明治三十八年十二月二十二日

立于北京

附录二：中日会议节录内存记条文

一、开埠章程应由中国自定，但须与驻京日本国公使妥商。（节录第二号）

二、中国政府声明：俄国在满洲北方仍旧经营之铁路，须由中国确切措办，以期务令俄国按照中俄原约实力遵行。俄国设有违碍条约之举动，应由中国严责驳正为旨。（节录第三号）

三、俟日、俄将来商议联络铁路章程时，由日本先行知会中国，中国届时可将欲派员会议之意知会俄国，同时与议。（节录第七号）

四、如松花江行船之件俄国无异议，则中国亦可商允。（同上）

五、凡军用必需以外，所有日本臣民若有意损坏、取用中国官民各项产业，应由两国政府查明，秉公分别饬令补还。（节录第九号）

六、奉天省附属铁路之矿产，无论已开、未开，均应妥订公允详细章程，以便彼此遵守。（节录第十号）

七、所有营口洋关所征税项，现归日本国正金银行收存，应俟届撤兵时交中国地方官查收。至于营口常关所征税项以及各地方捐款，原系充作地方公共各事之用，亦俟届撤兵时将收支开单交中国地方官备案。（节录第十一号）

八、中国政府为维持东省铁路利益起见，于未收回该铁路之前，允于该路附近不筑并行干路及有损于该路利益之枝路。（同上）

九、中国全权大臣声明：自愿俟东三省日、俄两国撤兵后，即将撤兵地方按自治全权妥筹经理，以期治安，并按自治全权在东三省地方兴利除弊，认真整顿，使中外民商得安居乐业，同享中国政府妥实保护之益。至应如何整顿办法，悉由中国政府自行酌办。（节录第十二号）

十、中国地方官在未撤兵地方派兵剿匪，须先商酌日本驻扎武官，以免误会。（节录第十三号）

十一、向驻营口之地方官，虽在日本军队由该处撤退以前，俟此约一定后，应由驻京日本公使会同外务部从速订立日期，俾使原有之中国地方官迅速赴任视事。至因该埠日本军队尚多，务须商同订立验疫防疫章程，以免传染。（节录第十四号）

十二、嗣后凡有关于奉天省陆线及旅烟海线交接事件，可随时随事彼此商定办法。（同上）

十三、由长春至吉林省城铁路，由中国自行筹款筑造，不敷之数，允向日本国贷借，约以半数为度。其借款办法，届时仿照中国山海关内外铁路局向中英公司借款合同，参酌商订，以二十五年为分还完毕之期。（节录第十九号）

十四、日本国全权大臣声明：驻留长春至旅大借地界内之护路兵队，在未撤以前，不至辄行牵碍中国地方治理之权，亦不擅出沿铁路界限以外。（同上）

十五、日本国所留长春至旅大借地界内之护路兵队，虽已载在本约条款，但中国视为尚未完备，应将此意在会议节录内声明。

（同上）

十六、中国政府声明：中国与日本国素敦友睦，此次日、俄不幸失和，系在中国疆土构兵。现日、俄既经修好，在东三省已无战事，日本国待撤之兵队虽仍有占守通例，乃近日日本国臣民在奉天省时有干预中国地方官吏治及损坏中国公私产业等情，其系并非军用必需，果有此项事件，在日本全权大臣亦视为非所应为，允将此声明各意转达日本政府，迅速设法，约束在奉天省之日本臣民，益加敦睦。其系并非军用必需者，勿致再有干预中国吏治暨损坏官民产业等事。（同上）

十七、由奉天省城至新民府日本国所筑造行军轨路，应由两国政府派员公平议价，售与中国，另由中国改为自造铁路，允在辽河以东，所需款项，向日本公司贷借一半之数，分十八年为借款还清之期。其借款办法，届时仿照中国山海关内外铁路局向中英公司借款合同，参酌商订。此外各处军用轨路，俟届撤兵时应一律撤去。（节录第二十号）

附录三：1932 年 1 月 14 日日本外务省公布之《秘密协定书》（日、中、英文）

満洲ニ関スル日清条約附属取極（1932 年 1 月 14 日発表）

一、長春吉林間鉄道ハ清国自ラ資金ヲ調ヘテ築造スヘク。不足ノ額ハ日本国ヨリ借入ルコトヲ承諾ス、其ノ金額ハ資金ノ約半額ナリトス。借款弁法ハ時ニ及テ清国山海関内外鉄道局ト清英組合トノ借款契約ニ仿照シテ、参酌商訂スヘク。二十五箇年ヲ以テ年賦完済ノ期ト為ス。

清国政府ハ吉林地方ニ於テ別国人ニ鉄道敷設権ヲ与ヘ、若クハ別国人ト共同シテ鉄道ヲ敷設スルコトハ断シテ之ナシ。

二、奉天府新民屯間ニ日本国ノ敷設セル軍用鉄道ハ、両国政府ヨリ委員ヲ派遣シ、公平ニ代価ヲ協議シテ、清国ニ売渡スヘシ。清国ハ之ヲ改築シテ自営鉄道ト為シ、遼河以東ニ要スル資金ハ日本ノ会社ヨリ其ノ半額ヲ借入レ、十八箇年ヲ以テ年賦完済ノ期ト為シ、其ノ借款弁法ハ清国山海関内外鉄道局ト清英組合トノ借款契約ニ仿照シ、参酌商訂スヘキコトヲ承諾ス。此ノ他各地ニ於ケル軍用鉄道ハ撤兵ノ際総テ取除クヘキモノトス。

三、清国政府ハ南満州鉄道ノ利益ヲ保護スルノ目的ヲ以テ、該鉄道ヲ未タ回収セサル以前ニ於テハ、該鉄道附近ニ之ト併

行スル幹線、又ハ該鉄道ノ利益ヲ害スヘキ枝線ヲ敷設セサルコ
トヲ承諾ス。

　四、清国ハ満洲北部ニ於テ露国カ引続キ所有スル鉄道ニ関
シ、露国ヲシテ清露条約ニ照シ努メテ遵行セシムルタメ、充分ノ
指置タ執リ、若シ露国ニシテ条約ニ違反セル行動ヲナサハ、清国
ヨリ露国ニ厳重ニ照会シテ、之ヲ匡サシムヘキ精神ナルコトヲ
声明ス。

　五、将来日露両国ニ於テ、接続鉄道業務規定ノ為商議スル
時機ニ至ラハ、日本国ハ予メ之ヲ清国ニ通知スヘシ。清国ハ其
ノ共ノ時機ニ至リ、委員ヲ派遣シテ該商議ニ加ハラント欲スル
ノ意ヲ露国ニ通牒ノ上、同時ニ該商議ニ参与スヘシシ。

　六、鉄道ニ附属スル奉天省内ノ鉱物ハ、既ニ採掘ニ着手シ
タルト否トニ拘ハラス、公平且詳細ノ章程ヲ取極メ以テ、相互遵
守ニ便ナラシムヘシ。

　七、奉天省内ニ於ケル陸上電信線及旅順烟台間海底電信線
ニ関スル接続交渉事務ハ、随時必要ニ従ヒ両国協議シテ処置ス
ヘシ。

　八、開市場設立ニ関スル規則ハ、清国ニ於テ自ラ定ムヘシ、
但シ北京駐在日本公使ト協議スルヲ要ス。

　九、松花江航行ノ件ニ関シ、露国ニ於テ異議ナキトキハ、清
国ニ於テモ之ヲ商議ノ上承諾スヘキコト。

　十、清国全権委員ハ満洲ヨリ日露両国撤兵ノ後、直ニ進シ
テ該地方ニ於テ其ノ主権ニヨリ完全ナル経営ヲ為シ以テ治安ヲ
期シ、且其ノ主権ニヨリ同地方ニ於テ利ヲ興シ弊ヲ除キ、着実ニ
整頓ヲ行ヒ、内外臣民ヲシテ生活及営業ノ安全ヲ得テ、等シク清

国政府ヨリ完全ノ保護ヲ享ケシムヘキコトヲ声明ス。其ノ整頓ノ方法ニ就テハ、総テ清国政府自ラ適宜ノ措置ヲ行フヘキモノトス。

　十一、清国ト日本国トハ素ヨリ友誼敦厚ナリ、今回日露両国不幸ニシテ和ヲ失シ、清国領土ニ於テ交戦スルニ至リタルモ、今ヤ既ニ平和成立シ、満洲ニ於テハ戦争ナキニ至レリ、而シテ撤退以前ノ日本軍隊ハ依然占領ノ権アリト雖、近来日本国臣民カ満洲ニ在リテ、時々清国地方官ノ行政ニ干預シ、又ハ清国公私財産ヲ毀損スルコトアル旨ヲ清国政府ニ於ラ声明ス。日本国全権委員モ亦若シ果シテ軍事必要以外ニ於テ此ノ如キコトアラハ、至當ノ行為ニアラスト認ムルヲ以テ、此ノ声明ノ意思ヲ日本国政府ニ転達シテ、速ニ相当ノ処置ヲ執リ、奉天省ニ在ル日本国臣民ヲ取締リ、益交誼ヲ敦クシ、軍事必要以外ニ於テ、再ヒ清国ノ行政ニ干預シ、又ハ公私ノ財産ヲ毀損スルコトナカラシムヘキ旨ヲ声明ス。

　十二、軍事用以外ニ於テ、日本国臣民カ故意ニ破壊シ、若クハ使用セル清国公私ノ各種財産ニ對シテハ、両国政府ニ於テ夫々調査ノ上、公平ニ償還セシムヘシ。

　十三、清国地方官未タ日本軍隊ノ撤兵ヲ了セサル地方ニ於テ、兵ヲ派シ土匪ヲ討伐スルトキハ、必ス予メ其ノ地方駐在日本軍司令官ト協議シ以テ、誤解ヲ免レシムヘシ。

　十四、日本国全権委員ハ長春ヨリ旅順大連租借地境界ニ至ル鉄道守備兵ハ、其ノ撤退以前ニ在リテ、漫ニ清国地方行政権ニ牽礙セス、又擅ニ鉄道区域外ニ出テサルヘキコトヲ声明ス。

　十五、営口ニ駐在スヘキ清国地方官ハ、日本軍隊該地撤退

以前卜雖、本条約確定ノ後、北京駐在日本国公使清国外務部卜協
議シテ、可成速ニ赴任ノ期日ヲ定メ、該地ニ赴キ事務ヲ執ラシム
ヘシ。該地ニハ尚多数ノ日本軍隊アルタ以テ、検疫及防疫規則ヲ
両国ニ於テ協議制定シ以テ、疫病ノ伝染ヲ免レシムヘシ。

十六、営口海関収入ハ正金銀行ニ保管シ置き、撤兵ノ時清
国地方官ニ交付スルコト。営口常関収入及其ノ他各地ノ収税
ハ、凡テ地方公共ノ費用ニ充テラルルモノニシテ、撤兵ノ時其ノ
収支計算表ヲ清国地方官ニ交付スルコト。

一、由长春至吉林省城铁路,由中国自行筹款筑造,不敷之
数,允向日本国贷借,约以半数为度。其借款办法,届时仿照中国
山海关内外铁路局向中英公司借款合同,参酌商订,以二十五年为
分还完毕之期。

中国政府在吉林地方准与别国人造路之权,或与别国人合办
造路,断无其事。

二、由奉天省城至新民府日本国所筑造行军轨路,应由两国
政府派员公平议价,售与中国,另由中国改为自造铁路,允在辽河
以东,所需款项,向日本公司贷借一半之数,分十八年为借款还清
之期。其借款办法,届时仿照中国山海关内外铁路局向中英公司
借款合同,参酌商订。此外各处军用轨路,俟届撤兵时应一律
撤去。

三、中国政府为维持东省铁路利益起见,于未收回该铁路之
前,允于该路附近不筑并行干路及有损于该路利益之枝路。

四、中国政府声明:俄国在满洲北方仍旧经营之铁路,须由中
国确切措办,以期务令俄国按照中俄原约实力遵行。俄国设有违

碍条约之举动，应由中国严责驳正为旨。

五、俟将来日、俄商议联络铁路章程时，由日本先行知会中国，中国届时可将欲派员会议之意知会俄国，同时与议。

六、奉天省附属铁路之矿产，无论已开、未开，均应妥订公允详细章程，以便彼此遵守。

七、嗣后凡有关乎奉天省陆线暨旅烟海线交接事件，可随时随事彼此商定办法。

八、开埠章程应由中国自定，但须与驻京日本国公使妥商。

九、如松花江行船之件俄国无异议，则中国亦可商允。

十、中国全权大臣声明：自愿俟东三省日、俄两国撤兵后，即将撤兵地方按自治全权妥筹经理，以期治安，并按自治全权在东三省地方兴利除弊，认真整顿，使中外民商得安居乐业，同享中国政府妥实保护之益。至应如何整顿办法，悉由中国政府自行酌办。

十一、中国政府声明：中国与日本国素敦友睦，此次日、俄不幸失和，系在中国疆土构兵。现日、俄既经修好，在东三省已无战事，日本国待撤之兵队虽仍有占守通例，乃近日日本国臣民在奉天省时有干预中国地方官吏治暨损坏中国公私产业等情，其系并非军用必需，果有此项事件，在日本全权大臣亦视为非所应为，允将此声明各意转达日本政府，迅速设法，约束在奉天省之日本臣民，益加敦睦。其系并非军用必需者，勿致再有干预中国吏治暨损坏官民产业等事。

十二、凡军用必需以外，所有日本臣民若有意损坏、取用中国官民各项产业，应由两国政府查明，秉公分别饬令补还。

十三、中国地方官在未撤兵地方派兵剿匪，须先商酌日本驻扎武官，以免误会。

十四、日本国全权大臣声明：驻留长春至旅大借地界内之护路兵队，在未撤以前，不至辄行牵碍中国地方治理之权，亦不擅出沿铁路界限以外。

十五、向驻营口之地方官，虽在日本军队由该处撤退以前，俟此约一定后，应由驻京日本公使会同外务部从速订立日期，俾使原有之中国地方官迅速赴任视事。至因该埠日本军队尚多，务须商同订立验疫防疫章程，以免传染。

十六、所有营口洋关所征税项，现归日本国正金银行收存，应俟届撤兵时交中国地方官查收。至于营口常关所征税项以及各地方捐款，原系充作地方公共各事之用，亦俟届撤兵时将收支开单交中国地方官备案。

SUPPLEMENTARY AGREEMENT TO THE SINO-JAPANESE TREATY CONCERNING MANCHURIA OF 1905 (PUPLISHED ON JANUARY 14TH, 1932.)

1. The railway between Chang-chun and Kirin will be constructed by China with capital to be raised by herself. She, however, agrees to borrow from Japan the insufficient amount of capital, which amount being about one-half of the total sum required. The contract concerning the loan shall, in due time, be concluded, following mutatis mutandis, the loan contract entered into between the board of the Imperial Railways of North China and the Anglo-Chinese syndicate. The term of the loan shall be twenty-five years, redeemable in yearly instalments.

The Chinese Government shall under no circumstances grant any concession for railway construction to any person or persons of other nationality, or construct railways in co-operation with ant such foreigners. [1]

2. The military railway constructed by Japan between Mukden and Hsinmintun shall be sold to China at a price to be fairly determined in consultation by Commissioners appointed for the purpose by the two Governments. China engages to reconstruct the line, making it her own railway, and to borrow from a Japanese corporation or corporations one half of the capital required for the portion of the line east of Liao-ho for a term of eighteen years repayable in yearly instalments, and a contract shall be concluded, for the purpose following, mutatis mutandis, the loan contract entered into between the Board of the Imperial Railways of North China and the Anglo-Chinese Syndicate. All the other military railways in different localities shall be removed with the evacuation of the regions.

3. The Chinese Government engage, for the purpose of protecting the interest of the South Manchuria Railway, not to construct, prior to the recovery by them of the said railway, any main line in the neighborhood of and parallel to that railway, or any branch line which might be prejudicial to the interest of the above-mentioned railway.

4. China declares that she will adopt sufficient measures for securing Russia's faithful observance of the Russo-Chinese treaties with regard to the railways which Russia continues to possess in the

---

[1] 此段声明未见载于《满洲事变及上海事变相关公开文件集》,但存于《1.満洲ニ関スル日清条約並附属協約(満洲ニ関スル日清密約)》,亚洲历史资料中心(JACAR),典藏号: B04013460100;《満洲ニ関スル日清協約及附属協約締結一件(北京条約)》,B.1.0.0.J/C2,外務省外交史料館。兹根据该档案补录。

northern part of Manchuria, and that it is her intention, in case Russia acts in contravention of such treaty stipulations, to approach her strongly with a view to have such action fully rectified.

5. When in the future, negotiations are to be opened between Japan and Russia for regulation of the connecting railway services (Article VIII of the Treaty of Peace between Japan and Russia), Japan shall give China previous notice. China shall communicate to Russia her desire to take part in the negotiations through commissioners to be despatched by her on the occasion, and Russia consenting shall participate in such negotiations.

6. With regard to the mines in the Province of Fengtien, appertaining to the railway, whether already worked or not, fair and detailed arrangements shall be agreed upon for mutual observance.

7. The affairs relating to the connecting services as well as those of common concern in respect of the telegraph lines in the Province of Fengtien, and the cables between Port Arthur and Yentai shall be arranged from time to time as necessity may arise in consultation between the two countries.

8. The regulations respecting the places to be opened in Manchuria, shall be made by China herself, but the Japanese Minister at Peking must be previously consulted regarding the matter.

9. If no objection be offered on the part of Russia respecting the navigation of the Sungari (by Japanese vessels), China shall consent to such navigation after negotiations.

10. The Chinese Plenipotentiaries declare that immediately after

the withdrawal of the Japanese and Russian troop from Manchuria, China will proceed to take, in virtue of her sovereign right, full administrative measures to guarantee peace in that region and endeavor, by the same right, to promote good and remove evil as well as steadily to restore order, so that the residents of that region, natives and foreigners, may equally enjoy the security of life and occupation under the perfect protection of the Chinese Government. As to the means of restoring order, the Chinese Government are to take by themselves all adequate measures.

11. While relations of intimate friendship subsisted as at the present time between China and Japan, Japan and Russia had unfortunately engaged in war and fought in the territory of China. But peace has now been reestablished and hostilities in Manchuria have ceased. And while it is undeniable that Japanese troops, before their withdrawal, have the power of exercising the rights accruing from military occupation, the Chinese Government declare that certain Japanese subjects in Manchuria have resently been observed to sometimes interfere with the local Chinese administration and to inflict damage to public and private property of China.

The Japanese Plenipotentiaries, considering that, should such interference and infliction of damage have been carried beyond military necessity, they are not proper acts, declare that they will communicate the purport of the above declaration of the Chinese Government to the Government of Japan, so that proper steps may be taken for controlling. Japanese subjects in the Province of Fengtien and promote the fiendly relations between the two nations, and also for preventing them in future, from interfering with the Chinese administration or inflicting damage to public or private property without military necessity.

12. In regard to any public or private property of China which may have been purposely destroyed or used by Japanese subjects without any military necessity, the Governments of the two countries shall respectively make investigations and cause fair reparation to be made.

13. When the Chinese local authorities intend to despatch troops for the purpose of subduing native bandits in the regions not yet completely evacuated by Japanese troops, they shall not fail to previously consult with the Commander of the Japanese troops stationed in those regions so that all misunderstandings may be avoided.

14. The Japanese Plenipotentiaries declare that the Railway Guards stationed between Changchun and the boundary line of the leased territory of Port Arthur and Tailen, shall not be allowed, before their withdrawal, to unreasonably interfere with the local administration of China or to proceed without permission beyond the limits of the railway.

15. Chinese local authorities, who are to reside at Yingkou, shall be allowed, even before the withdrawal of the Japanese troops, to proceed to that place and transact their official business. The date of their departure is to be determined, as soon as possible after the definite conclusion of this Treaty, by the Japanese Minister to China in

consultation with the Waiwupu. As there is still in that place a considerable number of Japanese troops, quarantine regulations as well as regulations for the prevention of contagious diseases, shall be established by the authorities of the two countries in consultation with each other so that epidemics may be avoided.

16. The revenue of the Maritime Customs at Yingkou shall be deposited with the Yokohama Specie Bank and delivered to the Chinese local authorities at the time of evacuation. As to the revenue of the native Customs at that place, and the taxes and imposts at all other places, which are to be appropriated for local expenditures, a statement of receipts and expenditures shall be delivered to the Chinese local authorities at the time of evacuation.

图书在版编目(CIP)数据

1905 年东三省事宜谈判笔记／薛轶群整理. -- 上海：
上海古籍出版社，2024. 10. --（近代中外交涉史料丛刊
）. -- ISBN 978-7-5732-1322-8

Ⅰ. D829. 313

中国国家版本馆 CIP 数据核字第 2024EV4671 号

本书是国家社科基金一般项目《明治时期日本驻华外交官的情报活动与对华
决策研究》(22BSS024)、国家社科基金重大项目《1912 年至 1937 年间日本驻
华使领商务报告整理与研究》(20&ZD236)的阶段性成果。

近代中外交涉史料丛刊

1905 年东三省事宜谈判笔记

薛轶群　整理

上海古籍出版社出版发行

（上海市闵行区号景路 159 弄 1-5 号 A 座 5F　邮政编码 201101）

（1）网址：www.guji.com.cn

（2）E-mail：guji1@ guji.com.cn

（3）易文网网址：www.ewen.co

浙江临安曙光印务有限公司印刷

开本 890×1240　1/32　印张 12.25　插页 4　字数 275,000

2024 年 10 月第 1 版　2024 年 10 月第 1 次印刷

ISBN 978-7-5732-1322-8

K·3690　定价：62.00 元

如有质量问题,请与承印公司联系